Digitalen Wandel gestalten

Andrea Lochmahr · Patrick Müller ·
Patrick Planing · Tobias Popović

Digitalen Wandel gestalten

Transdisziplinäre Ansätze
aus Wissenschaft und Wirtschaft

Andrea Lochmahr
Hochschule für Technik Stuttgart,
Stuttgart, Germany

Patrick Müller
Hochschule für Technik Stuttgart,
Stuttgart, Germany

Patrick Planing
Hochschule für Technik Stuttgart,
Stuttgart, Germany

Tobias Popović
Hochschule für Technik Stuttgart,
Stuttgart, Germany

ISBN 978-3-658-24650-1   ISBN 978-3-658-24651-8 (eBook)
https.//doi.org/10.1007/978-3-658-24651-8

Die Deutsche Nationalbibliothek verzeichnet diese Publikation in der Deutschen Nationalbibliografie; detaillierte bibliografische Daten sind im Internet über http://dnb.d-nb.de abrufbar.

Springer Gabler
© Springer Fachmedien Wiesbaden GmbH, ein Teil von Springer Nature 2019
Das Werk einschließlich aller seiner Teile ist urheberrechtlich geschützt. Jede Verwertung, die nicht ausdrücklich vom Urheberrechtsgesetz zugelassen ist, bedarf der vorherigen Zustimmung des Verlags. Das gilt insbesondere für Vervielfältigungen, Bearbeitungen, Übersetzungen, Mikroverfilmungen und die Einspeicherung und Verarbeitung in elektronischen Systemen.
Die Wiedergabe von Gebrauchsnamen, Handelsnamen, Warenbezeichnungen usw. in diesem Werk berechtigt auch ohne besondere Kennzeichnung nicht zu der Annahme, dass solche Namen im Sinne der Warenzeichen und Markenschutz-Gesetzgebung als frei zu betrachten wären und daher von jedermann benutzt werden dürften.
Der Verlag, die Autoren und die Herausgeber gehen davon aus, dass die Angaben und Informationen in diesem Werk zum Zeitpunkt der Veröffentlichung vollständig und korrekt sind. Weder der Verlag noch die Autoren oder die Herausgeber übernehmen, ausdrücklich oder implizit, Gewähr für den Inhalt des Werkes, etwaige Fehler oder Äußerungen.

Gedruckt auf säurefreiem und chlorfrei gebleichtem Papier

Springer Gabler ist ein Imprint der eingetragenen Gesellschaft Springer Fachmedien Wiesbaden GmbH und ist Teil von Springer Nature
Die Anschrift der Gesellschaft ist: Abraham-Lincoln-Str. 65189 Wiesbaden, Germany

Vorwort

Die Digitalisierung gewinnt in nahezu allen Lebensbereichen dramatisch an Einfluss. Das führt zum Teil zu disruptiven Veränderungen in Prozessen und Strukturen von Organisationen und Märkten. Solche Veränderungen sind das Thema dieses Buches, mit direktem Bezug zu Informationstechnologien, zu Industrie 4.0 und weiteren, vielfältigen Digitalisierungsaspekten.

Die Nutzung von Methoden und Systemen für den digitalen Wandel in der gesamten Wertschöpfungskette, insbesondere aus dem Blickwinkel der beteiligten Partner, stand für die Herausgeber bei der Auswahl der Beiträge im Vordergrund.

Im Rahmen des digitalen Wandels können Hochschulen für Angewandte Wissenschaften sowohl Intermediär zwischen den unterschiedlichen Akteuren als auch Initiator für innovative Ideen, Ansätze und Lösungen sein. Der vorliegende Band verdeutlicht diese Rolle anhand einer Vielzahl von Beiträgen zu aktuellen industriellen, finanzwirtschaftlichen, psychologischen, gesellschaftlichen bzw. gesellschaftspolitischen Gestaltungsmethoden sowie zu Steuerungs- und Strukturkonzepten des digitalen Wandels. Beiträge, die in den vergangenen Jahren an der HFT Stuttgart entstanden sind.

Das Buch spannt dabei einen Bogen von aktuellen Ansätzen der Digitalisierung in Unternehmen bis hin zum Konzeptionellen. Es hat zwei zentrale Anliegen: Erstens, zu veranschaulichen, wie Digitalisierungsprojekte erfolgreich in der betrieblichen Praxis umgesetzt werden können, und zweitens, zu evaluieren, wie weit fortgeschritten die Digitalisierung mittlerweile ist. Dies nicht nur im Arbeits- oder Hochschulumfeld, sondern auch in vielen privaten und öffentlichen Bereichen des Lebens. Die Autoren zeigen auf, welche vielschichtigen Implikationen die Digitalisierung für heutige Organisationen, Strukturen, Prozesse und Menschen hat. Wir als HFT Stuttgart möchten dazu beitragen, die digitale Transformation nicht nur zu diskutieren und darauf zu reagieren, sondern eine proaktive Rolle einzunehmen. Wir möchten damit über die vorgestellten Projekte hinaus einen Beitrag zum transdisziplinären Diskurs zwischen der Hochschule und ihren Anspruchsgruppen leisten.

Stuttgart, im November 2018

Prof. Rainer Franke
Rektor
Hochschule für Technik Stuttgart

Herausgeberverzeichnis

Prof. Dr. Andrea Lochmahr studierte Wirtschaftswissenschaften an der Universität Regensburg und war danach 12 Jahre bei der Audi AG in unterschiedlichen Positionen in Vertrieb und Logistik tätig, zuletzt war sie insbesondere für die strategische Ausrichtung der Audi Logistik zuständig. Seit 2008 ist sie Professorin für die Fachgebiete Logistik, Operations Research sowie Produktion und Einkauf an der Hochschule für Technik in Stuttgart. Seit 2014 ist sie Co-Leiter des Zentrums für Nachhaltiges Wirtschaften und Management (ZNWM). Sie ist neben der Lehre in zahlreichen regionalen und überregionalen Logistiknetzwerken als wissenschaftliche Beraterin und Fachexpertin tätig, u.a. im AKJ Automotive, der Gesellschaft für Produktionsmanagement GfPM, im Logistik-Netzwerk Baden-Württemberg oder im Logistik-Cluster des Wirtschaftsministeriums Baden-Württemberg. Ihr Forschungsschwerpunkt ist umweltorientierte Logistik mit Schwerpunkt Automobillogistik. Erste Ergebnisse sind in ihren Büchern „Handbuch grüne Logistik" sowie im „Praxishandbuch grüne Automobillogistik" dokumentiert. Zudem ist sie wissenschaftliche Leiterin des Logistiklabors an der Hochschule für Technik, in dem u.a. VR-/AR-Technologien zum Einsatz kommen.

Kontakt: andrea.lochmahr@hft-stuttgart.de

Prof. Dr. Patrick Müller ist seit 2012 Professor für Wirtschaftspsychologie – HRM an der Hochschule für Technik in Stuttgart. Er studierte Psychologie und Betriebswirtschaftslehre in Mannheim und Waterloo, Kanada. Er promovierte anschließend an der Universität Mannheim zum Thema Bildung von Gerechtigkeitsurteilen und deren Auswirkung auf ökonomische Entscheidungen. Nach der Promotion forschte und lehrte er als Assistenzprofessor an der Universität Utrecht in den Niederlanden. Anschließend arbeitete er in einer internationalen HRM-Beratung und als Führungskraft im Recruiting eines großen Dienstleistungsunternehmens. Er berät Unternehmen zu Themen des Talent Managements und ist Autor zahlreicher wissenschaftlicher Publikationen zu wirtschaftspsychologischen Themen.

Kontakt: patrick.mueller@hft-stuttgart.de

Prof. Dr. Patrick Planing ist Professor für Wirtschaftspsychologie an der Hochschule für Technik in Stuttgart. Sein Forschungsschwerpunkt liegt im Bereich Akzeptanzforschung und Innovationsmanagement. Vor seiner Berufung im Jahr 2017 hatte er mehrere verantwortungsvolle Positionen bei der Daimler AG inne. Unter anderem übernahm er im Lab1886 die Entwicklung neuer Geschäftsmodelle und hat sich zuletzt als Manager in der Konzernstrategie mit den strategischen Potenzialen der Digitalisierung beschäftigt. Er berät Unternehmen im Bereich Innovationsmanagement und Digitale Transformation und ist Autor zahlreicher wissenschaftlicher Publikationen zu wirtschaftspsychologischen Themen.

Kontakt: patrick.planing@hft-stuttgart.de

 **Prof. Dr. Tobias Popović** hat eine Professur für Allg. BWL, insb. Corporate Finance, Capital Markets, Risk Management im Studienbereich Wirtschaft de HFT Stuttgart inne. Seit 2010 ist er Ethikbeauftragter und von 2010 bis 2017 war er ebenfalls Nachhaltigkeitsbeauftragter der HFT. Seit 2014 ist er Co-Leiter des Zentrums für Nachhaltiges Wirtschaften und Management (ZNWM). Zu seinen bevorzugten Forschungsgebieten zählen Genossenschaftswesen, Sustainable Innovation und Entrepreneurship sowie Sustainable Finance. Für Gastvorlesungen zum Thema Sustainable Finance war er u.a. von der Universidad de Oviedo sowie der Tatung University in Taipeh eingeladen. Vor seiner Hochschultätigkeit war er für die DZ BANK in Frankfurt sowie als Verwaltungsratsmitglied bei der Banco Cooperativo Español in Madrid tätig.

Kontakt: tobias.popovic@hft-stuttgart.de

Inhaltsverzeichnis

Vorwort V

Herausgeberverzeichnis VII

1. Einführung – Digitalen Wandel gestalten 1

2.0 Open Innovation erfolgreich implementieren 9

2.1 Neue Formen der Leistungserbringung im digitalen Zeitalter: eine Gegenüberstellung des internen und externen Crowdsourcings 11
    2.1.1 Einleitung 12
    2.1.2 Theoretischer und empirischer Hintergrund zu Crowdsourcing 12
    2.1.3 Studie zum internen Crowdsourcing 14
        2.1.3.1 Anwendungsbereiche und Erfolgsfaktoren des internen Crowdsourcings 14
        2.1.3.2 Chancen und Risiken des internen Crowdsourcings 15
    2.1.4 Studie zum externen Crowdsourcing 16
        2.1.4.1 Auswirkungen von externem Crowdsourcing auf Projektergebnisse und betriebliche Prozesse 16
        2.1.4.2 Auswirkungen auf die interne Belegschaft und unternehmensinternes Wissen 17
    2.1.5 Vergleich beider Crowdsourcing-Arten und Handlungsempfehlungen für Unternehmen 18
    Die Autorinnen 19

2.2 Motivationsfaktoren im Crowd-Engineering: Was Entwickelnde im Open-Source Kontext wirklich wollen 23
2.2.1 Einleitung – die wachsende Relevanz von Open Innovation 24
2.2.2 Motivation 24
    2.2.2.1 Motivationsaspekte und Motivationstheorien 24
    2.2.2.2 Motivationsfaktoren im Open-Source Kontext 26
2.2.3 Empirische Erhebung – Motivationsfaktoren im Crowd-Engineering 27
    2.2.3.1 Erfolgsfaktoren eines funktionierenden Crowd-Engineerings 27
    2.2.3.2 Handlungsempfehlungen 29
2.2.4 Diskussion 30
2.2.5 Zusammenfassung und Ausblick 32
Die Autoren 32
Danksagung 33

3.0 Organisationen verändern 35

3.1 Erforderliche Anpassungsleistungen des Human Resource Managements im Kontext agiler Arbeits- und Organisationsformen 37
3.1.1 Einführung 38
3.1.2 Agile Arbeits- und Organisationsformen in Unternehmen 38
3.1.3 Auswirkungen agiler Arbeitsweisen auf Kernbereiche des HRMs 39
    3.1.3.1 Kernbereiche des HRMs 39
    3.1.3.2 Personalgewinnung im agilen Kontext erfolgt teambasiert und setzt auf ein agiles Mindset 40
    3.1.3.3 Leistungsmanagement im agilen Kontext braucht flexible Teamziele und kontinuierliches Feedback 41
3.1.4 HRM als strategischer Austauschpartner, Gestalter, Berater und Prozessbegleiter 43
3.1.5 Schlussbetrachtung 45
Die Autorinnen 46

3.2 Circle Structure in Holacratic Organizations: An Analysis of How to Process Tension into Change 49
3.2.1 Introduction 50
3.2.2 The Management System 'Holacracy' 50

3.2.2.1 Influences on Holacracy 50
3.2.2.2 Definition of Holacracy 51
3.2.2.3 Circle Structure 52
3.2.2.4 Concept of Tension 53
3.2.3 Tensions in Holacratic Organizations 55
3.2.3.1 Types of Tension 55
3.2.3.2 Emergence of Tension 56
3.2.3.3 Mechanisms of Tension 56
3.2.4 Conclusion 58
The author 58

3.3 **Chancen und Herausforderungen bei der Verwendung von Predictive Analytics im Talent Management aus Sicht von Mitarbeitenden** ... 61
3.3.1 Einleitung 62
3.3.2 Hintergrund 62
3.3.2.1 Verwendung von Predictive Analytics im Talent Management 63
3.3.2.2 Chancen und Herausforderungen von TA 63
3.3.2.3 Die Sichtweise der Mitarbeitenden auf die Prozesse des HRMs 64
3.3.3 Methodik 66
3.3.4 Ergebnisse 66
3.3.5 Diskussion und Interpretation 69
3.3.6 Implikationen 70
3.3.7 Zusammenfassung 71
Die Autoren 71

3.4 **Change of the Role of a Controller through Business Analytics** 75
3.4.1 Introduction 76
3.4.2 The Development of Controllership 76
3.4.3 Digitalization and How It Changes Controllership via Business Analytics 78
3.4.4 The Development of Business Analytics as Indispensable for Future Controllership 79
3.4.5 Redefinition of the Role of a Controller towards a Business Partner 81
3.4.6 Summary 83
The authors 84

4.0 Digitale Finanzdienstleistungen zukunftsorientiert gestalten 87

4.1 Digitale Transformation durch FinTechs am Beispiel digitaler Plattformen für Schuldscheindarlehen 89
    4.1.1 Einleitung 90
    4.1.2 Methodik und Struktur des Beitrags 90
    4.1.3 Schuldscheindarlehen als hybride Finanzierungsinstrumente 91
        4.1.3.1 Charakteristika von Schuldscheindarlehen 91
        4.1.3.2 Klassische Akteure auf dem Schuldscheinmarkt 92
        4.1.3.3 FinTechs als „New Entrants" auf dem Schuldscheinmarkt 93
        4.1.3.4 Strategische Optionen für FinTech-Plattformen im Zuge der digitalen Transformation 94
    4.1.4 Bewertung der strategischen Optionen anhand von Erfolgsfaktoren 95
        4.1.4.1 Einhaltung regulatorischer Vorschriften 95
        4.1.4.2 Aufbau eines Netzwerkes 95
        4.1.4.3 Solides Fundament 97
    4.1.5 Handlungsempfehlungen, Fazit und Ausblick 98
    Die AutorInnen 99

4.2 Digitalisierung im Zahlungsverkehr – Eine kritische Analyse der Chancen und Herausforderungen für Banken 103
    4.2.1 Einleitung 104
    4.2.2 Methodik und Struktur 104
    4.2.3 Transformation des Zahlungsverkehrsgeschäfts von Banken durch Digitalisierung und FinTechs 105
    4.2.4 Zahlungsverkehrsverhalten von Digital Natives und Digital Immigrants 107
    4.2.5 Strategische Optionen und Erfolgsfaktoren für Banken im Kontext der Digitalisierung des Zahlungsverkehrs 108
    4.2.6 Umfrageergebnisse zum Zahlungsverkehrsverhalten der Digital Natives 109
    4.2.7 Handlungsempfehlungen, Fazit und Ausblick 111
    Die Autoren 112

4.3 Initial Coin Offerings (ICOs) als Finanzierungsalternative für Innovationen und Startups – Eine kritische Analyse unter besonderer Berücksichtigung des deutschen Kapitalmarkts .. 115

- 4.3.1 Hintergrund 116
- 4.3.2 ICOs als innovative Finanzierungsalternative 116
  - 4.3.2.1 Definition und aktuelle Entwicklung 116
  - 4.3.2.2 Voraussetzungen und informationstechnologische Grundlagen 116
  - 4.3.2.3 Ablauf eines ICOs 118
  - 4.3.2.4 Herausforderungen und Potenziale eines ICOs für Innovationen und Startups 120
- 4.3.3 Handlungsempfehlungen 121
- 4.3.4 Fazit und Ausblick 122
- Die AutorInnen 123

5.0 Logistik umweltgerecht abwickeln und Mobilität sicherstellen 127

5.1 Charging Tariffs for Electric Vehicles and the Possibility of Flexible Charging Tariffs to Optimize the Charging Infrastructure 129

- 5.1.1 Introduction 130
- 5.1.2 Possible Effect of Price Changes on Charging Behaviour 131
- 5.1.3 Flexible Charging Tariffs 132
  - 5.1.3.1 Cost-Based Approach 132
  - 5.1.3.2 Control-Energy Approach 133
  - 5.1.3.3 Supply-and-Demand-Regulated Prices 134
  - 5.1.3.4 Best Practice and empirical findings 136
- 5.1.4 Conclusion and Outlook 138
- Die Autoren 138

5.2 Grüne IT für eine grüne Logistik – Umweltorientierter Einsatz von Informationstechnologien für eine nachhaltige Logistik 141

- 5.2.1 Erhöhte Umweltansprüche an Informationstechnologien 142
- 5.2.2 Kenntnisstand zum Thema Green IT 142
- 5.2.3 Definition und Abgrenzung von Green IT 143
- 5.2.4 Das Green IT Paradoxon 144
  - 5.2.4.1 Nutzung in der Logistik 145
  - 5.2.4.2 Mehrwert und Ziele der Green IT in der Logistik 146

5.2.4.3 Erfahrungen mit Green IT im Unternehmensalltag 147
5.2.5 Fazit und Ausblick 148
Die AutorInnen 149

5.3 **Lebensmittellogistik im Zuge der Digitalisierung – ökonomische und ökologische Aspekte der letzten Meile** 151
    5.3.1 Hintergrund 152
        5.3.1.1 Bedarfssituation und Problemstellung 152
        5.3.1.2 Definitionen und Begriffe 153
        5.3.1.3 Veränderungstreiber und zukünftige Entwicklung 153
    5.3.2 Fallstudie online vs. stationärer Lebensmittelkauf 154
        5.3.2.1 Prozesse der letzten Meile 154
        5.3.2.2 Ökologische und ökonomische Aspekte der letzten Meile . 155
        5.3.2.3 Ökonomische Aspekte 158
    5.3.3 Fazit und Diskussion 159
    Die Autorinnen 161

5.4 **Wie Apps Fahrradfahren zum Erlebnis machen: Förderung nachhaltiger Mobilitätsformen mittels digitaler Anwendungen** 165
    5.4.1 Hintergrund 166
    5.4.2 Kundenwünsche und -bedürfnisse an ein E-Bikesharing System .. 167
        5.4.2.1 Ergebnisse einer Online-Befragung 167
        5.4.2.2 Akzeptanz von E-Bikesharing 168
        5.4.2.3 Fallstudie: Digitale Anwendungen und User Experience 169
    5.4.3 Diskussion 170
    5.4.4 Ausblick/Fazit 171
    Die AutorInnen 172

6.0 **Digitales Marketing kundenzentriert umsetzen** 175

6.1 **Perceived Product Risk while Shopping Online: Does Virtual Reality vs. 2D Reduce Uncertainty?** 177
    6.1.1 Introduction 178
    6.1.2 Literature Review 179
        6.1.2.1 Risk-Reduction Processes considering the Flow Theory 179
        6.1.2.2 Possibility to Interact 180
        6.1.2.3 Social Connectivity 181

6.1.3 Study 1 182
6.1.4 Study 2 183
6.1.5 Study 3 184
6.1.6 General Discussion 185
The authors 187

6.2 Chancen und Herausforderungen der Digitalisierung für den Einzelhandel – Umgang mit Cross-Channel-Kunden 191
6.2.1 Problemstellung 192
6.2.2 Zielgruppen von Einzelhandel und Online-Shopping:
Das Phänomen Cross-Channel-Käufer 192
    6.2.2.1 Definition Cross-Channel-Käufer 193
    6.2.2.2 Produktgruppen der unterschiedlichen Kaufkanäle 194
    6.2.2.3 Motive für die Verwendung der unterschiedlichen
Kaufkanäle 195
6.2.3 Der Einzelhandel der Zukunft 197
6.2.4 Handlungsempfehlungen für den stationären Einzelhandel 198
6.2.5 Fazit 201
Die AutorInnen 202

6.3 Success Factors for the Acceptance of Smart Home Technology Concepts 205
6.3.1 Introduction 206
6.3.2 SH Technology Concepts 206
6.3.3 Technology Acceptance 207
6.3.4 Methodology 208
6.3.5 Results 210
6.3.6 Discussion 212
6.3.7 Limitations 213
6.3.8 Conclusion 213
The authors 214

6.4 Digital Automation of Customer Contact Processes – an Empirical Research on Customer Acceptance of different Chatbot Use-cases 217
6.4.1 Chatbots as a way of customer communication 218
6.4.2 Theoretical Background 218
    6.4.2.1 Definition and types of Chatbots 218

   6.4.2.2 Application areas of Chatbots from a customer's
       point of view 219
   6.4.2.3 Summary and Research Objectives 220
 6.4.3 Methodology to derive Acceptance Factors for Chatbots 220
 6.4.4 Analysis and Results of the Experiment 222
   6.4.4.1 Descriptive Statistics 222
   6.4.4.2 Hypotheses Testing: Ease of use 223
   6.4.4.3 Hypotheses Testing: Trust 223
   6.4.4.4 Hypotheses Testing: Usefulness 224
   6.4.4.5 Hypotheses Testing: Behavioral Intention 225
 6.4.5 Findings on the future application areas of chatbots 225
   6.4.5.1 Implications from the Experiment Results 225
   6.4.5.2 Limitations and Recommendations for Further
       Research 226
The authors 227

Einführung – Digitalen Wandel gestalten

Der digitale Wandel bringt grundlegende Veränderungen für Wirtschaft und Gesellschaft mit sich. Diese werden das Leben, Arbeiten und Konsumieren von großen Teilen der Menschheit fundamental verändern (vgl. Brynjolfsson und McAfee 2014). Aus diesen Veränderungen ergeben sich Herausforderungen, wie das Wegfallen zahlreicher alter und das gleichzeitige Entstehen neuer Beschäftigungsfelder sowie die damit verbundenen sozialen und makroökonomischen (vgl. Kaplan 2015, OECD 2018, Arntz et al. 2018), die grundlegende Veränderung von Beschäftigungsprofilen (vgl. OECD 2015) oder die grundlegende Veränderung der Beziehung zwischen Unternehmen und ihren Kunden (vgl. Gentsch 2018). Diesen teilweise destruktiven Kräften digitalen Wandels stehen allerdings auch eine Vielzahl von neuen Möglichkeiten gegenüber, zum Beispiel in der Art, wie wir zukünftig arbeiten oder Mobilität gestalten. Ziel sollte es sein, die Chancen die Digitalisierung und Künstliche Intelligenz (KI) mit sich bringen, proaktiv für eine zukunftsfähige Gestaltung von Wirtschaft, Gesellschaft und Umwelt (z.B. entlang der Nachhaltigkeitsziele der Vereinten Nationen) bzw. für die Entwicklung von Lösungen auf die sogenannten „Grand Challenges" zu nutzen. Gleichzeitig geht es aber auch darum, die mit dieser Transformation einhergehenden negativen Effekte und Risiken zu begrenzen und darauf zu achten, dass die digitale Transformation sich nicht zum Selbstzweck entwickelt bzw. für Zwecke eingesetzt wird, die die Entwicklung der (freiheitlichen Zivil-) Gesellschaft sowie ihrem nachhaltigen Zusammenspiel mit der Ökonomie und der Ökologie behindern.

Um diese Chancen und Herausforderungen erfolgreich zu bewältigen, bedarf es neuer Lösungsansätze. Eine Möglichkeit der Komplexität und Dynamik gerecht zu werden, sind transformative Lösungsansätze, die neben der interdisziplinären Zusammenarbeit explizit alle relevanten Anspruchsgruppen interaktiv in die Entschei-

© Springer Fachmedien Wiesbaden GmbH, ein Teil von Springer Nature 2019
A. Lochmahr, P. Müller, P. Planing, T. Popović, *Digitalen Wandel gestalten*
https://doi.org/10.1007/978-3-658-24651-8_1

DIGITALEN WANDEL GESTALTEN

EINFÜHRUNG 01

1 Einführung

INNOVATION 02

2 Open Innovation erfolgreich implementieren
2.1 Neue Formen der Leistungserbringung im digitalen Zeitalter
2.2 Motivationsfaktoren im Crowd-Engineering

ORGANISATION 03

3 Organisation verändern
3.1 Erforderliche Anpassungsleistungen des Human Resource Managements im Kontext agiler Arbeits- und Organisationsformen
3.2 Circle Structure in Holacratic Organizations
3.3 Chancen und Herausforderungen bei der Verwendung von Predictive Analytics im Talent Management aus Sicht von Mitarbeitenden
3.4 Change of the Role of a Controller through Business Analytics

FINANZDIENST-LEISTUNGEN 04

4 Digitale Finanzdienstleistungen zukunftsorientiert gestalten
4.1 Digitale Transformation durch FinTechs am Beispiel digitaler Plattformen für Schuldscheindarlehen
4.2 Digitalisierung im Zahlungsverkehr
4.3 Initial Coin Offerings (ICOs) als Finanzierungsalternative für Innovationen und Startups

LOGISTIK 05

5 Logistik umweltgerecht abwickeln und Mobilität sicherstellen
5.1 Charging Tariffs for Electric Vehicles and the Possibility of Flexible Charging Tariffs to Optimize the Charging Infrastructure
5.2 Grüne IT für eine grüne Logistik
5.3 Lebensmittellogistik im Zuge der Digitalisierung
5.4 Wie Apps Fahrradfahren zum Erlebnis machen

MARKETING 06

6 Digitales Marketing kundenzentriert umsetzen
6.1 Perceived Product Risk while Shopping Online
6.2 Chancen und Herausforderungen der Digitalisierung für den Einzelhandel
6.3 Success Factors for the Acceptance of Smart Home Technology Concepts
6.4 Digital Automation of Customer Contact Processes

Abb. 1.1 Inhaltlicher Aufbau des Buches

dungsfindung einbeziehen (Schneidewind et al. 2016). Wie solche transformativen Prozesse in Praxis und Forschung gestaltet werden können, zeigt dieser Sammelband anhand einer Vielzahl von unterschiedlichen Beispielen. Ziel bei der Auswahl der Beiträge war es, ein möglichst umfassendes Bild der unterschiedlichen Themenfelder wirtschaftlichen und gesellschaftlichen Handelns wiederzugeben. Wie in Abbildung 1 ersichtlich wird, gliedert sich das Buch in mehrere Kapitel. In jedem dieser Kapitel werden in mehreren Beiträgen unterschiedliche Fragestellungen aus dem jeweiligen Themenfeld beleuchtet. Die Beiträge umfassen Fragestellungen aus dem Innovationsmanagement, der Unternehmensführung und -organisation, der Entwicklung der Finanzmärkte, der Logistik sowie dem Marketing.

Ein großes Potenzial des digitalen Wandels liegt in beschleunigten Innovationszyklen. Nur durch kontinuierliche Innovation sind Unternehmen in der Lage, sich in den volatilen Marktumfeldern permanent neu zu positionieren. Wie sich diese Innovationen im Unternehmen fördern und besser steuern lassen, ist die übergreifende Fragestellung des zweiten Kapitels. Hierbei liegt ein besonderer Fokus auf dem Thema Open Innovation – dem Nutzbarmachen des Innovationspotenzials der Belegschaft oder auch externer Stakeholder durch digitale Technologien. Im ersten Beitrag wird der Frage nachgegangen, ob internes oder externes Crowdsourcing im Unternehmenskontext zu strategischen Vorteilen führt. Ein weiterer Beitrag beschäftigt sich mit dem verwandten Thema des Crowd-Engineerings und wie Personen für die Teilnahme an solchen kollaborativen Projekten motiviert werden können.

Die oben beschriebenen Ansätze sind nur ein kleiner Ausschnitt daraus, wie neue Technologien Arbeits- und Organisationsformen verändern. In Kapitel 3 geht es darum, wie sich der organisationale Wandel erfolgreich gestalten lässt. Dabei wird im ersten Beitrag darauf eingegangen, wie sich diese Veränderung und insbesondere die agilen Arbeitsweisen auf die Rolle des Human Resource Managements auswirken. Im zweiten Beitrag wird darauf aufbauend erörtert, wie sich Holacracy als Führungsprinzip in Organisationen etablieren lässt und welche Herausforderungen sich dabei ergeben. Neben diesen Herausforderungen, die durch neue Organisations- und Führungsformen entstehen, liegt ein weiterer Schwerpunkt dieses Kapitels in der Beschäftigung mit der Frage, wie sich die Arbeit des Human Resource Managements und des Controllings durch die Verwendung von neuen analytischen Verfahren und Informationssystemen verändern. Die beiden letzten Beiträge des Kapitels beschäftigen sich mit diesem Thema.

In Kapitel 4 wird exemplarisch diskutiert, inwiefern im Zuge der digitalen Transformation Finanzdienstleistungen zukunftsorientiert gestaltet werden können. So wird am Beispiel digitaler Plattformen für Schuldscheindarlehen im ersten Beitrag aufgezeigt, dass es innovativen FinTechs zunehmend gelingt, sich als

"New Entrants" am bislang weitgehend intransparenten Markt für Schuldscheindarlehen (SSD) zu etablieren und Geschäftsbanken als traditionelle Anbieter herauszufordern. Ebenso wird gezeigt, dass FinTechs nicht nur mit Banken, sondern auch mit weiteren FinTechs in Konkurrenz stehen. Vor diesem Hintergrund werden Erfolgsfaktoren und unterschiedliche strategische Optionen für FinTech-Plattformen für SSD hergeleitet und aufgezeigt, dass sich mittels digitaler SSD-Plattformen im Idealfall „Multiple-Win"-Situationen erzielen lassen. Diese können unter bestimmten Umständen einen höheren Nutzen für Emittenten, Investoren und Banken stiften, als es die bisherige Struktur und Rollenverteilung am Markt für Schuldscheindarlehen ermöglichte. In einem zweiten Beitrag wird anhand der Digitalisierung im Zahlungsverkehr am Beispiel der Genossenschaftsbanken erörtert, welche Chancen und Herausforderungen sich für Retail-Banken hieraus ergeben. Chancen können z.B. in neuen Geschäftsmodellen, innovativen Produkten oder neuen Wegen in der Marketingkommunikation bestehen. Gleichzeitig entstehen durch die Digitalisierung aber auch Herausforderungen wie z.b. ein erhöhter Konkurrenzdruck durch neue Wettbewerber aus dem Bereich Financial Technology. Nicht zuletzt im Zahlungsverkehr können Anbieter von mobilen oder internetbasierten Bezahlverfahren (z.b. Paypal, Apple Pay) bei jüngeren, internetaffinen Kundengruppen – den sog. „Digital Natives" – Marktanteile gewinnen. Vor diesem Hintergrund wird der Frage nachgegangen, welche strategischen Optionen sich für Retailbanken hieraus ergeben und welche Erfolgsfaktoren es im Rahmen der Strategieimplementierung zu beachten gilt. Im dritten Beitrag dieses Kapitels steht die Frage im Vordergrund, inwiefern Initial Coin Offerings (ICOs) als Finanzierungsalternative für Innovationen und Startups dienen können. Nicht nur auf dem Gebiet der digitalen Transformation scheint Deutschland gegenüber anderen Ökosystemen für Innovationen im internationalen Wettbewerb zurückzufallen. Eine wachsende Zahl wissenschaftlicher Untersuchungen weist zunehmend und konsistent darauf hin, dass die mangelnde Verfügbarkeit von (Wagnis-)Kapital für die Vermarktung von Innovationen als wesentlicher Engpassfaktor zu sehen ist. Auf Basis der Blockchain-Technologie ist mit ICOs eine neue Finanzierungsalternative entstanden, die in der jüngeren Vergangenheit eine zunehmende, nicht zuletzt mediale, Aufmerksamkeit erzielen konnte. Vor diesem Hintergrund werden in diesem Beitrag ICOs zunächst definiert und ihre Ausprägungsformen und Funktionsweisen erläutert. Des Weiteren werden Vor- und Nachteile von ICOs aufgezeigt und damit die Potenziale und Herausforderungen für Unternehmen dargestellt. Mit Hilfe von konkreten Handlungsempfehlungen für Kapitalmarktteilnehmer (Investoren, Börsen, etc.), Aufsichtsbehörden und den Gesetzgeber kann zum einen das Potenzial von ICOs sowie die Notwendigkeit eines raschen Aufbaus stabiler Rahmenbedingungen aufgezeigt werden.

1 Einführung – Digitalen Wandel gestalten

In Kapitel 5 werden im Kontext von Digitalisierung und Umwelt exemplarisch Logistik- und Mobilitätskonzepte vorgestellt. In Verbindung mit zunehmend digitalisierten Prozessen im Transportumfeld eröffnen sich sowohl für die Endverwender und Verbraucher als auch für die Unternehmen zahlreiche Möglichkeiten für eine ökonomische Verbesserung sowie gleichzeitig für eine ökologische Ausrichtung. Die im vorliegenden Herausgeberband besprochenen Inhalte beziehen sich auf das Konsumverhalten bei Online-Lebensmitteleinkäufen und der Fragestellung, ob sich auf Basis der vorhandenen Verkehrs- und Logistikinfrastruktur aus ökologischer und/oder aus ökonomischer Sicht das Online-Geschäft oder der stationäre Einkauf als vorteilhafter erweisen. Insbesondere die Aspekte von umweltorientierten Logistikprozessen unter Berücksichtigung knapper Ressourcen (Rohstoffe, Energie, Infrastruktur etc.) und zunehmend restriktiver nationaler und internationaler Umweltvorschriften (Abfall, Recyclingquote, Schadstoffemission, Lärm, Bodenversiegelung etc.) bilden die Basis zukünftiger elektrifizierter Logistik- und Mobilitätskonzepte. Darauf aufbauend beschäftigt sich ein Beitrag zum Thema Mobilität mit der Konzeption der digitalen Abrechnungs- und Abwicklungssystematik beim Laden batterieelektrischer Fahrzeuge aus Sicht unterschiedlicher Stakeholder und innerhalb der Restriktionen der vorhandenen Ladeinfrastruktur. Ein zweiter Beitrag zur Mobilität fokussiert sich auf die Nutzungsakzeptanz gesellschafts- und umweltförderlicher Mobilitätssysteme, indem der Begeisterungsfaktor für die Produkte oder Dienstleistungen eingebracht wird. Für das analysierte E-Bike-Sharing-System ist es u.a. wichtig, hohe Benutzerfreundlichkeit zu gewährleisten indem die Anwendung der Bike-Sharing-App Spaß beim Kunden bringt und somit positive Emotionen auslöst. Eine generalistische Sicht zum Spannungsfeld Logistik und Umwelt zeigt der Beitrag zu grüner Informationstechnologie (IT) auf. Der Energieverbrauch in der IT (Life Cycle von IT-Produkten, Server-Standort etc.) muss den Energieeinsparungen durch die IT (Transport- und Tourenplanung, Tracking & Tracing, Sensoren etc.) gegenübergestellt werden. Effizienzsteigerungen auf der einen Seite sollten nicht mit umweltbelastenden Neben-/Reboundeffekten auf der anderen Seite einhergehen.

Das letzte Kapitel beschäftigt sich mit der Digitalisierung des Vertriebskanals und im Besonderen mit den damit verbundenen Auswirkungen auf die Kundenbeziehung. Die Beiträge beleuchten die Einsatzmöglichkeiten neuer Vertriebstechnologien gezielt aus der Sichtweise der potenziellen Konsumenten und ermöglichen somit eine Bewertung der Potenziale und Anwendungsszenarien. Die Digitalisierung stellt den Einzelhandel vor große Herausforderungen. Zunehmend kommen Kunden auf mehreren Endgeräten und in mehreren digitalen sowie physischen Kundenkontaktpunkten mit dem Unternehmen in Berührung. Die Orchestrierung dieser mehrkanaligen Vertriebsaktivitäten wird in einem Beitrag dieses Abschnitts vertieft und auf Anwendungsbeispiele aus dem Einzelhandel übertragen. Neue Kundenkontaktprozesse mit Virtual Reality oder Chatbots werden anhand empirischer Studien in verschiedenen Einsatzszenarien untersucht und Handlungsempfehlungen für deren Einsatzbereiche abgeleitet. Weitere Beiträge in diesem Abschnitt geben einen Einblick in die Nutzerakzeptanz von digitalen Vertriebskanälen sowie neuen vernetzen Endgeräten und ermöglichen somit eine bessere Einschätzung der Erfolgsaussichten dieser Technologien.

Allen Beiträgen dieses Sammelbandes ist gemein, dass neue inter- und transdisziplinäre Ansätze aus der Forschung mit aktuellen Aspekten der unternehmerischen Praxis kombiniert wurden. Der transformative Forschungsansatz lebt eben nicht nur von der Interdisziplinarität, sondern auch von der Einbindung verschiedenster Anspruchsgruppen, die kollaborativ in den Forschung- und Problemlöseprozess integriert werden (vgl. Schäpke et al. 2017). Dass die meisten der hier veröffentlichen Beiträge zumindest teilweise von Studierenden auf Basis von Abschlussarbeiten erarbeitet wurden zeigt auf, wie gut sich ein solch transformativer Ansatz auch für die Verbindung von praxisorientiertem Lernen und Forschung nutzen lässt (vgl. Sipos et al. 2008). Die aus den vorliegenden Beiträgen resultierenden Ideen und Lösungsansätze zeigen sowohl für die Forschung als auch die Praxis vielversprechende neue Wege auf. Das Herausgeber-Team hofft deshalb mit diesem Sammelband sowohl Praktikern, Studierenden als auch Forschenden wertvolle Einblicke zu geben, wie der digitale Wandel durch innovative Ansätze erfolgreich gestaltet werden kann.

Literatur

[1] Arntz, M., Gregory, T. & Zierahn, (2018): Digitalisierung und die Zukunft der Arbeit: Makroökonomische Auswirkungen auf Beschäftigung, Arbeitslosigkeit und Löhne von morgen, ZEW (Hrsg.), Mannheim 2018
[2] Brynjolfsson, E. & McAfee, A. (2014). The second machine age: Work, progress, and prosperity in a time of brilliant technologies. New York, NY: WW Norton & Company.
[3] Gentsch, P. (2018). (Chat)bots meet AI – wie Conversational Customer Service die Kommunikation und Interaktion verändert. In H. Henn (Hrsg.) Chatbots & AI im Customer Service: Marketing Resultant GmbH, Mainz.
[4] Kaplan, J. (2015). Humans need not apply: A guide to wealth and work in the age of artificial intelligence: Yale University Press.
[5] Schäpke, N., Stelzer, F., Bergmann, M., Singer-Brodowski, M., Wanner, M., Caniglia, G. & Lang, D. (2017). Reallabore im Kontext transformativer Forschung: Ansatzpunkte zur Konzeption und Einbettung in den internationalen Forschungsstand. IETSR discussion papers in transdisciplinary sustainability research, 2017, 1.
[6] OECD (Hrsg.) (2016): Getting Skills Right: Assessing and Anticipating Changing Skill Needs, Paris 2016, https://doi.org/10.1787/9789264252073-en. Zugegriffen: 18.11.2018
[7] OECD (Hrsg.) (2018): Job Creation and Local Economic Development 2018 – Preparing for the Future of Work, Paris 2018, https://doi.org/10.1787/9789264305342-en. Zugegriffen: 18.11.2018
[8] Schneidewind, U., Singer-Brodowski, M., Augenstein, K., & Stelzer, F. (2016). Pledge for a transformative science: A conceptual framework. Wuppertal Papers, No. 191, Wuppertal Institut für Klima, Umwelt, Energie, Wuppertal, http://nbn-resolving.de/urn:nbn:de:bsz:wup4-opus-64142. Zugegriffen: 18.11.2018
[9] Sipos, Y, Battisti, B. & Grimm, K. (2008). Achieving transformative sustainability learning: engaging head, hands and heart. International Journal of Sustainability in Higher Education, 9(1), 68–86.

Open Innovation erfolgreich implementieren

2.0

Ein großes Potenzial des digitalen Wandels liegt in beschleunigten Innovationszyklen. Nur durch kontinuierliche Innovation sind Unternehmen in der Lage, sich in den volatilen Marktumfeldern permanent neu zu positionieren. Dieses Kapitel beschäftigt sich mit der Fragestellung wie sich diese Innovationen im Unternehmen fördern und besser steuern lassen. Hierbei liegt ein besonderer Fokus auf dem Thema Open Innovation – dem Nutzbarmachen des Innovationspotenzials der Belegschaft oder auch externer Stakeholder durch digitale Technologien. Die Digitalisierung ermöglicht es, dass eine Vielzahl von Akteuren, räumlich und zeitlich unabhängig voneinander an Innovationsprojekten arbeiten. Durch das Öffnen des Innovationsprozesses können im Vergleich zu deutlich kleineren internen Entwicklerteams erhebliche Wettbewerbsvorteile entstehen. Im ersten Beitrag von Allmendinger, Buhleier und Obkircher wird der Frage nachgegangen, ob internes oder externes Crowdsourcing im Unternehmenskontext zu strategischen Vorteilen führt. Hierbei werden die jeweiligen Chancen herausgearbeitet und Handlungsempfehlung für Unternehmen abgeleitet. Der zweite Beitrag von Burchard und Planing beschäftigt sich mit dem verwandten Thema des Crowd-Engineerings und untersucht die Fragestellung wie Personen für die Teilnahme an solchen kollaborativen Projekten motiviert werden können. Hierbei wird insbesondere beleuchtet welche Faktoren dazu führen, dass Ingenieure und Programmierer sich aktiv an Open Innovation Projekten beteiligen.

© Springer Fachmedien Wiesbaden GmbH, ein Teil von Springer Nature 2019
A. Lochmahr, P. Müller, P. Planing, T. Popović, *Digitalen Wandel gestalten*
https://doi.org/10.1007/978-3-658-24651-8_2.0

Neue Formen der Leistungserbringung im digitalen Zeitalter: eine Gegenüberstellung des internen und externen Crowdsourcings

2.1

Katrin Allmendinger, Mareike Buhleier und Vanessa Obkircher

Abstract

Die fortschreitende Digitalisierung und die Weiterentwicklung der Informations- und Kommunikationstechnologien haben die Art der Arbeit grundlegend verändert und neue Organisationsformen hervorgebracht. Als Alternative zum klassischen Wertschöpfungsprozess gewinnt Crowdsourcing, das in der Regel über IT-gestützte Plattformen erfolgt, auf dem deutschen Arbeitsmarkt eine wachsende Bedeutung (Al-Ani & Stumpp, 2015). Bei dieser Form der Leistungserstellung wird eine bestimmte Aufgabe mittels eines offenen Aufrufes an eine große Menge an Individuen, die sogenannte Crowd, ausgelagert. Dabei fungiert beim internen Crowdsourcing die interne Belegschaft des Unternehmens als Crowd, wohingegen das externe Crowdsourcing Individuen außerhalb der organisatorischen Grenzen adressiert (Leimeister, Zogaj, Durward & Blohm, 2015). Im Beitrag werden die Ergebnisse aus zwei qualitativen Interviewstudien gegenübergestellt. Während die eine Studie die unterschiedlichen Ausprägungsformen des internen Crowdsourcings, sowie die Erfolgsfaktoren, Chancen und Risiken fokussiert, werden in der anderen Studie Anwendungsfelder des externen Crowdsourcings beschrieben, sowie die Auswirkungen auf Projektergebnisse, innerbetriebliche Prozesse, den Bereich Human Ressource und den Umgang mit unternehmensinternem Wissen. Die Chancen und Risiken der beiden Formen des Crowdsourcings werden gegenübergestellt und Handlungsempfehlungen für deutsche Unternehmen abgeleitet.

© Springer Fachmedien Wiesbaden GmbH, ein Teil von Springer Nature 2019
A. Lochmahr, P. Müller, P. Planing, T. Popović, *Digitalen Wandel gestalten*
https.//doi.org/10.1007/978-3-658-24651-8_2.1

2.1.1 Einleitung

Als ein immer wichtiger werdendes Phänomen des Web 2.0 erreicht Crowdsourcing zunehmende Aufmerksamkeit und gewinnt sowohl auf gesellschaftlicher als auch auf wirtschaftlicher Ebene an Relevanz (Al-Ani und Stumpp 2015). Ein Indikator dafür ist, dass die Anzahl der Unternehmen, die Crowdsourcing nutzen, kontinuierlich ansteigt (Hammon und Hippner 2012; Leimeister et al. 2016). Bei dieser Form der Leistungserbringung wird eine bestimmte Aufgabe mittels eines offenen Aufrufes an eine große Menge an Individuen, die sogenannte Crowd, ausgelagert. Dabei fungiert beim internen Crowdsourcing die interne Belegschaft des Unternehmens als Crowd. So mobilisierte IBM Tausende Mitarbeitende zur Teilnahme an den Innovation Jams, um möglichst viele Ideen für neue Geschäftsbereiche zusammenzutragen (Bjelland und Wood 2008). Das externe Crowdsourcing adressiert Individuen außerhalb der organisatorischen Grenzen (Leimeister et al. 2015). Große Computerunternehmen wie Dell und Microsoft nutzen beispielsweise das Potenzial einer externen Crowd zum Testen von Software-Applikationen oder zur Entwicklung neuer Produkte (Durward et al. 2016).

Im Beitrag werden die Ergebnisse aus zwei qualitativen Interviewstudien gegenübergestellt. Die eine Studie geht dabei auf internes Crowdsourcing ein, die andere auf externes Crowdsourcing. Auf der Basis der Ergebnisse werden Handlungsempfehlungen für Unternehmen im Umgang mit Crowdsourcing abgeleitet.

2.1.2 Theoretischer und empirischer Hintergrund zu Crowdsourcing

In der Literatur wird Crowdsourcing unterschiedlich definiert. Die begriffliche Konzeption von Papsdorf (2009) dient diesem Beitrag als Grundlage, da die unterschiedlichen Rollen im Crowdsourcing-Projekt herausgestellt werden: „Crowdsourcing ist die Strategie des Auslagerns einer üblicherweise von Erwerbstätigen entgeltlich erbrachten Leistung durch eine Organisation oder Privatperson mittels eines offenen Aufrufes an eine Masse von unbekannten Akteuren, bei dem der Crowdsourcer und/oder die Crowdworker frei verwertbare und direkte wirtschaftliche Vorteile erlangen."

Im Rahmen der beiden Studien dieses Beitrages wird der Fokus auf deutsche Unternehmen als Crowdsourcer gelegt. Die Partizipation der Crowdworker erfolgt freiwillig (Afuah und Tucci 2011; Mrass und Peters 2017). Obwohl der Aufruf über unterschiedliche Medien gestreut werden kann (Papsdorf 2009), beschränkt sich der vorliegende Beitrag ausschließlich auf Aufrufe, die über eine IT-gestützte Plattform

2.1 Neue Formen der Leistungserbringung im digitalen Zeitalter

erfolgen. Der Aufruf kann dabei entweder über eine vom Unternehmen eigens aufgesetzte, frei im Netz verfügbare Plattform oder über einen Drittanbieter, dem sogenannten Crowdsourcing-Intermediär, geschehen (Durward et al. 2016).

Für das interne Crowdsourcing fungieren die gesamte Belegschaft oder nur bestimmte Bereiche oder Abteilungen des Unternehmens als Crowd. Somit sind die Mitglieder der Crowd dem Unternehmen bekannt. Internes Crowdsourcing wird vor allem eingesetzt, um bestimmte Probleme zu lösen (Derdau et al. 2015) oder um Ideen für neue Innovationen zu sammeln (Byrén 2013; Erickson et al. 2012; Hetmank 2013). Über eine interne Plattform, z.b. das Intranet, bearbeitet die Crowd Aufgaben (Leimeister et al. 2015). Damit internes Crowdsourcing erfolgreich abläuft, sind eine Übereinstimmung mit der internen Unternehmenskultur (Yap 2012), die Notwendigkeit einer offenen und transparenten Kommunikation (Byrén 2013) und der Einbezug des Top-Managements (Byrén 2013) erforderlich. In der Literatur werden höhere Mitarbeitermotivation und -zufriedenheit sowie Stärkung des unternehmensweiten Austauschs als Chancen beschrieben (Derdau Roorda und Waldmann 2015; Zuchowski 2016). Dem stehen Risiken wie geringe Teilnahme durch eingeschränkte zeitliche Ressourcen (Derdau Roorda und Waldmann 2015; Byrén 2013) und Inkompatibilität zwischen den Unternehmenswerten und den Werten eines offenen Crowdsourcing-Prozesses gegenüber (Erickson et al. 2012).

Beim externen Crowdsourcing besteht die Crowd aus außenstehenden, unbekannten Individuen (Whitla 2009). Der Crowdsourcing-Intermediär fungiert als Bindeglied zwischen den externen Crowdworkern und dem Unternehmen (Gassmann 2013), indem er dem Auftraggeber den Zugang zur Crowd ermöglicht (Gassmann et al. 2017) und ihn bei der geeigneten Aufgabendefinition und den entsprechenden Anforderungen an die Lösungen unterstützt (Leimeister et al. 2016, Mrass und Peters 2017). Erste Studien ergeben ein uneinheitliches Bild zu den Chancen und Risiken. Einerseits wird beschrieben, dass das Projektergebnis aufgrund der Heterogenität der Crowd positiv beeinflusst wird (Blohm et al. 2014) und ein bedarfsorientierter Einsatz von Arbeitskräften gefördert wird (Blohm et al. 2014; Leimeister und Zogaj 2013). Andererseits gibt es auch Studien, die warnen, dass Crowdworker aufgrund der geringen Entlohnung weniger motiviert sind, dies Projektergebnisse negativ beeinflusst (Gassmann 2013) und ein erhöhter interner Arbeitsaufwand entsteht (Blohm et al. 2014, Leimeister und Zogaj 2013). Des Weiteren werden als Nachteile die geringeren Steuerungsmöglichkeiten (Zhao und Zhu 2014) und negative Reaktionen der internen Belegschaft aufgeführt (Leimeister und Zogaj 2013).

2.1.3 Studie zum internen Crowdsourcing

Die Studie verfolgt das Ziel, aus Sicht der Unternehmen Anwendungsbereiche und Erfolgsfaktoren sowie Chancen und Risiken des internen Crowdsourcings aufzuzeigen. Auf Basis eines halbstandardisierten Leitfadens wurden insgesamt neun Interviews durchgeführt. Als mögliche Interviewpartner kamen Unternehmensvertreter in Frage, die bereits an einem internen Crowdsourcing-Projekt teilgenommen haben, entweder als Organisatoren oder direkt Beteiligte, und somit ihre Erfahrungen schildern konnten. Befragt wurden Mitarbeitende aus sechs unterschiedlichen Unternehmen aus den Bereichen Automotive, Unternehmensberatung und Logistik.

2.1.3.1 Anwendungsbereiche und Erfolgsfaktoren des internen Crowdsourcings

Die *Anwendung von internem Crowdsourcing* in den befragten Unternehmen beschränkt sich hauptsächlich auf zwei Bereiche. Neben der bereits in Studien beschriebenen Anwendung im *Innovationsbereich* (z.B. Erickson et al., 2012; Hetmank, 2013), ist das *Staffing*, d.h. die personelle Besetzung von Projekten, ein weiterer Bereich. Bei der Gestaltung des Prozesses gibt es zwischen den Unternehmen große Unterschiede, z.B. in der zeitlichen Nutzung der Plattform. Während die Plattform bei der Mehrheit der befragten Unternehmen dauerhaft aktiv ist, setzt ein Unternehmen die Plattform für zeitlich begrenzte Initiativen ein. Ein weiterer Unterschied ist, ob für die Teilnahme am internen Crowdsourcing offiziell Arbeitszeit vorgesehen ist (z.B. ein Tag pro Woche) oder nicht.

Einer der wichtigsten *Erfolgsfaktoren*, der von allen Befragten beschrieben wird, ist der *Einbezug des Managements*. Dabei geht es sowohl um das mittlere als auch, wie in der Literatur bereits erwähnt, um das Top Management (Byrén 2013). Das mittlere Management spielt für viele Befragten wegen seiner Vorbildfunktion und weil es Mitarbeitende zur Teilnahme motivieren kann, eine große Rolle. Es gelte den Mehrwert, der durch das interne Crowdsourcing dem Unternehmen entstehe, klar zu kommunizieren, um Widerständen vorzubeugen.

Auch die *Unternehmenskultur* wird, ähnlich wie in der Literatur (Yap 2012), von allen Befragten als ein wichtiger Erfolgsfaktor des internen Crowdsourcings gesehen. Die Mehrheit der Befragten betont die Notwendigkeit *einer offenen und transparenten Kommunikation* mit der Crowd (s. auch Byrén 2013). Dabei gehe es zum einen darum, durch das Aufzeigen von Erfolgsbeispielen die Motivation und Teilnahmebereitschaft der Mitarbeitenden zu steigern. Zum anderen sei es jedoch auch wichtig, Misserfolge klar zu kommunizieren und zu begründen, also eine Transparenz zu erzeugen. Ein Aspekt, der bislang noch in keiner anderen Studie thematisiert wurde, ist die *Attraktivität der auszulagernden Aufgabe*. Diese könne sowohl durch eine interessante inhaltliche Ausgestaltung der Aufgabe als auch durch deren Vermarktung erreicht werden. Ziel hierbei sollte sein, die intrinsische Motivation der Mitarbeitenden anzusprechen.

2.1.3.2 Chancen und Risiken des internen Crowdsourcings

In Übereinstimmung mit der Literatur (z.B. Derdau Roorda und Waldmann 2015; Zuchowski 2016) sehen alle Befragten eine *Chance* des internen Crowdsourcings in einer höheren *Motivation und Zufriedenheit* der Mitarbeitenden. Für deren Ursache gibt es unterschiedliche Erklärungsansätze. Mehrere Probanden halten das Prinzip der Selbstselektion für entscheidend. Das Aussuchen der Aufgabe gebe den Mitarbeitenden die Möglichkeit, in Projekten zu arbeiten, die gut zu ihren Interessen und Kompetenzen passen, wodurch eine höhere *Identifikation* mit der Aufgabe und somit auch eine höhere Motivation entstehen. Eine weitere Ursache sei die Chance, die eigene *Sichtbarkeit* auf andere Unternehmensbereiche zu erweitern sowie sich stärker einzubringen und zu *vernetzen*. Als weitere Chancen beschreiben die Befragten eine effizientere Ausschöpfung des vorhandenen Humankapitals (z.B. durch bessere Nutzung freier Kapazitäten) sowie die Möglichkeit, die kollektive Intelligenz der Mitarbeitenden zu nutzen.

Das größte Risiko für internes Crowdsourcing sehen die Interviewpartner in personellen und kulturellen Widerständen (z.B. Silo-Denken, starke Kostenorientierung sowie eine sehr hierarchische Organisation und Denkweise). Während kulturelle Widerstände in der Literatur bereits dargestellt wurden (Erickson et al. 2012), handelt es sich bei den personellen Widerständen um eine neue Erkenntnis. Es wird vor allem von persönlichen Ängsten berichtet (z.B. Angst vor Bloßstellung oder Ideenklau), welche die Mitarbeitenden von einer Beteiligung abhalten. Ein weiteres, in der Literatur noch nicht identifiziertes Risiko, ist die Frustration der Mitarbeitenden durch unerfüllte Erwartungen. Durch die Kommunikation von Erfolgsbeispielen entstehe bei den Mitarbeitenden die Erwartung, dass ihre Idee, sobald sie bei der Crowd auf Zustimmung stößt, auch umgesetzt werde. Da dies jedoch aus unterschiedlichen Gründen nicht immer der Fall sei, entstehe unter Umständen Frustration. Auch die *unzureichenden zeitlichen Ressourcen* stellen aus Sicht der Befragten ein Risiko für internes Crowdsourcing dar. Da die Teilnahme am internen Crowdsourcing auf freiwilliger Basis stattfände, ist dafür in fast allen befragten Firmen offiziell keine Arbeitszeit vorgesehen (s. auch Derdau Roorda und Waldmann 2015; Byrén 2013).

2.1.4 Studie zum externen Crowdsourcing

Im Rahmen von insgesamt neun halbstandardisierten Interviews wurden die Auswirkungen von externem Crowdsourcing auf Projektergebnisse, betriebliche Prozesse, interne Belegschaft und unternehmensinternes Wissen untersucht. Es wurden zwei Gruppen befragt, die aus unterschiedlichen Perspektiven auf externes Crowdsourcing blicken: zum einen Mitarbeitende von deutschen Unternehmen, die bereits ein solches Projekt begleitet haben, zum anderen eine Gruppe von Fachexperten, die externes Crowdsourcing erforschen bzw. begleiten.

2.1.4.1 Auswirkungen von externem Crowdsourcing auf Projektergebnisse und betriebliche Prozesse

Die *Auswirkungen von externem Crowdsourcing auf Ergebnisse* beziehen sich sowohl auf deren Quantität als auch Qualität. Viele Befragten betonen die hohe *Quantität* der eingereichten Beiträge. Ein Unternehmen habe somit eine größere Auswahlmöglichkeit und könne aus den Ideen die Passende für sich aussuchen. Hinsichtlich der *Qualität* der Projektergebnisse werden unterschiedliche Erfahrungen berichtet. Manche geben an, dass die globale Verteilung der Crowdworker und die damit verbundenen unterschiedlichen länderspezifischen Qualitätsstandards sich negativ auf das Ergebnis auswirkten. Die Mehrzahl der befragten Personen beurteilt die Ergebnisqualität jedoch positiv, u.a. wegen des externen und unverbrauchten Blicks der Crowd, was zu Out-of-the-Box-Lösungen führe. Ein weiterer Qualitätsgewinn, so die Interviewten, entstehe durch die heterogene Zusammensetzung der Crowd (s. auch Blohm et al. 2014). Hierdurch könne gewährleistet werden, dass sich für nahezu jeden Aufgabentyp ein geeigneter Crowdworker fände, der das ausgeschriebene Projekt mit seinem individuellen Hintergrund von Fähigkeiten und Erfahrungen durchführen könne. Aber auch die intrinsische Motivation der Crowdworker beeinflusse die Ergebnisqualität positiv. Dies sei darauf zurückzuführen, dass bei Wettbewerben oft nicht der finanzielle Aspekt im Fokus stehe, sondern die Möglichkeit, an spannenden Projekten zu arbeiten, für sich selbst etwas zu lernen und in den Austausch mit anderen Crowdworkern zu kommen. Dieses Ergebnis steht im Gegensatz zur Annahme, dass Crowdworker aufgrund geringer Entlohnung weniger motiviert sind und sich dies negativ auf Projektergebnisse auswirkt (Gassmann 2013).

Im Folgenden werden die *Auswirkungen des externen Crowdsourcings auf betriebliche Prozesse* erläutert. Die Befragten erwähnen, dass externes Crowdsourcing (u.a. wegen der besseren Arbeitsteilung) einen positiven Einfluss auf die *Ge-*

2.1 Neue Formen der Leistungserbringung im digitalen Zeitalter

schwindigkeit von Prozessen habe. Die *Flexibilität* eines Unternehmens, d.h. die Fähigkeit, sich veränderten Rahmenbedingungen anzupassen, werde ebenso positiv beeinflusst. Das bedarfsorientierte Einsetzen der Crowdworker ermögliche nicht nur bei zeitlichen und personellen Engpässen eine schnelle und flexible Reaktion (s. auch Blohm et al. 2014; Leimeister und Zogaj 2013), sondern auch wenn unternehmensinterne Kompetenzen für die Bearbeitung nicht ausreichend zur Verfügung stünden.

Obwohl durch die Plattform viele administrative Aufgaben, wie die Projektausschreibung, übernommen werden, verbindet der Großteil der Befragten das Hinzuziehen einer externen Crowd mit einem *erhöhten Arbeitsaufwand*, was im Einklang zur Literatur steht (Blohm et al. 2014; Leimeister und Zogaj 2013). Mehraufwand entstehe vor allem im Rahmen der Projektvorbereitung, der Ergebnisauswertung sowie der anschließenden Integration der Ergebnisse in das Unternehmen (z.B. wegen der Überprüfung von Urheberrechtsverletzungen). Trotz Mehraufwand ergeben sich laut der Aussage einiger Befragten jedoch nicht zwangsläufig höhere *Kosten*, was im Widerspruch zu einer anderen Studie steht (Gassmann 2013). Großes Kostensenkungspotenzial habe z.B. der Wegfall der Sozialversicherungsabgaben, die gegebenenfalls geringe Vergütung sowie das nur bedarfsorientierte Hinzuziehen von Crowdsourcing. Des Weiteren werde innerhalb von Crowdsourcing-Initiativen, die als Contest stattfänden, meist nur ein oder wenige Ergebnisse vergütet. Entgegen der Studie von Zhao und Zhu (2014) erwähnen die Befragten, dass gute *Kontroll- und Steuerungsmöglichkeiten* im gesamten Crowdsourcing-Prozess bestünden. Bereits im Vorfeld habe das Unternehmen durch eine genaue Aufgabenbeschreibung direkten Einfluss auf die Crowdaktivität. Als *Restriktionen* durch den Einsatz von externem Crowdsourcing, so die Befragten, kann es sein, dass sich zeitliche Verzögerungen aufgrund der Zeitverschiebung ergeben. Außerdem wird aufgeführt, dass bisherige *betriebliche Abläufe* (z.B. im Einkauf) Hindernisse für den Einsatz von Crowdsourcing darstellen können.

2.1.4.2 Auswirkungen auf die interne Belegschaft und unternehmensinternes Wissen

Obwohl in den Medien davon berichtet wird, dass externes Crowdsourcing zu *personellen Veränderungen* im Sinne von Personalabbau in den Unternehmen führen kann, wird von den Interviewten betont, dass bisher kein entsprechender Fall bekannt sei. Die aktuelle Verbreitung des Crowdsourcings in Deutschland wird von den Experten als sehr gering eingestuft. Eine Zunahme von Crowdsourcing-Projekten könne negative Auswirkungen auf die Einstellung der internen Belegschaft haben, insbesondere wenn vermehrt bisher intern bearbeitete Aufgaben an die Crowd ausgelagert würden.

Die Unternehmensvertreter bestätigen einstimmig, dass die *Reaktionen der internen Belegschaft* auf externe Crowdworking-Projekte sehr positiv gewesen seien. Vor allem bei sehr zeitintensiver und intellektuell wenig anspruchsvoller Arbeit werde der Einsatz einer Crowd als Unterstützung empfunden oder wenn für die Bearbeitung der Aufgabe spezielles Expertenwissen benötigt werde. Viele Unternehmensvertreter befürchten jedoch, dass durch den Einsatz von externem Crowdsourcing internes Wissen und Geschäftsgeheimnisse nach außen dringen könnten. Die Gefahr könne aber, so ein Befragter, durch kleinteilige Aufgaben minimiert werden.

2.1.5 Vergleich beider Crowdsourcing-Arten und Handlungsempfehlungen für Unternehmen

Unternehmen kann empfohlen werden, sich intensiv mit den Potenzialen und Risiken von Crowdsourcing zu beschäftigen. Nur wenn wohl überlegt wurde, ob überhaupt und wenn ja bezogen auf welche Aufgabenstellung Crowdsourcing zum Einsatz kommen soll, wird es eine gute Ergänzung zum klassischen Leistungserstellungsprozess sein.

Wenn auf ein größere inhaltliche Vielfalt kreativer Lösungen abgezielt wird oder eher repetitive Aufgaben zu vergeben sind, die nur bedarfsweise anfallen oder schnell erledigt werden müssen, bietet sich externes Crowdsourcing an. Dabei ist allerdings zu beachten, dass existierende unternehmensinterne Prozesse, z.B. im Einkauf, unter Umständen angepasst werden müssen. Internes Crowdsourcing sollte bei strategisch wichtigen Aufgabenstellungen (z.B. im Bereich Innovationsmanagement) favorisiert werden oder wenn aufgabenbezogene Informationen nicht nach außen dringen sollen. Vorteilhaft ist dabei, dass der organisatorische Aufwand bei internem Crowdsourcing geringer ist (z.B. bzgl. Klärung von Urheberrechten) und Mitarbeitende zusätzlich durch die Vernetzung und Sichtbarkeit im Unternehmen motiviert sind. Zu klären sind hierbei allerdings die zeitlichen Ressourcen der Mitarbeitenden.

Generell ist es für Unternehmen ratsam, die identifizierten Erfolgsfaktoren, wie beispielsweise eine frühzeitige und transparente Kommunikation und Partizipation (z.B. bei der Auswahl der Art des Crowdsourcings oder des Einsatzes einer Plattform), zu beachten, um Widerständen vorzubeugen. In welchem Ausmaß sich Crowdsourcing in Zukunft in deutschen Unternehmen durchsetzen wird, ist noch unklar. Die Mehrheit der Befragten sieht großes Potenzial (u.a. auch in der Kombination aus internem und externem Crowdsourcing) und glaubt an eine positive Entwicklung.

Gerade für Unternehmen, die bislang keine Erfahrungen mit Crowdsourcing gemacht haben, ist es sinnvoll, sich Schritt für Schritt diesem Thema anzunähern. Erfolgreiche Pilotvorhaben können in der Konsequenz zu einer intensiveren Nutzung dieser Arbeitsform führen. Aber man muss als Unternehmen auch nicht alle Erfahrungen selber machen. Mehrere Befragte äußerten den Wunsch nach einem bundesweiten und branchenübergreifenden Austausch. Möglicherweise können auch die Anbieter von Crowdsourcing-Plattformen bei diesem Austausch eine Schlüsselrolle einnehmen.

Die Autorinnen

Prof. Dr. Katrin Allmendinger ist Professorin für Wirtschaftspsychologie an der Hochschule für Technik Stuttgart. Schwerpunktmäßig unterrichtet sie in den Bereich Team- und Organisationsentwicklung sowie psychologische Beratung. Sie arbeitete zuvor am Fraunhofer Institut für Arbeitswirtschaft und Organisation in Stuttgart sowie als Coach, Trainerin und Beraterin. Als Gründungsmitglied und Gesellschafterin eines IT-Start-ups ist sie auch praxisnah mit neuen Formen der Leistungserstellung vertraut.
Kontakt: katrin.allmendinger@hft-stuttgart.de

Mareike Buhleier hat Wirtschaftspsychologie an der Hochschule für Technik Stuttgart mit den Schwerpunkten Human Resources und Consulting studiert. Aktuell ist sie als People Development Specialist für die Mitarbeiterentwicklung einer international agierenden Bank tätig.
Kontakt: mareike.buhleier@web.de

Vanessa Obkircher studiert Wirtschaftspsychologie an der Hochschule für Technik Stuttgart. Aktuell absolviert sie ein Auslandssemester an der Monterrey Tech in Mexico City.
Kontakt: v.obkircher@gmx.de

Literatur

Afuah, A., & Tucci, C. (2011). Crowdsourcing as a solution to distant search. Academy of Management Review, 37 (3).
Al-Ani, A., & Stumpp, S. (2015). Motivationen und Durchsetzung von Interessen auf kommerziellen Plattformen. Ergebnisse einer Umfrage unter Kreativ- und IT-Crowdworkern. HIIG Discussion Paper Series, 3–34.
Bjelland, O. M., & Wood, R. C. (2008). An Inside View of IBM's 'Innovation Jam'. MIT Sloan Management Review 50 (1), 32–40.
Blohm, I., Leimeister, J. M., & Zogaj, S. (2014). Crowdsourcing und Crowd Work – ein Zukunftsmodell der IT-gestützten Arbeitsorganisation? In W. Brenner und T. Hess (Hrsg.), Wirtschaftsinformatik in Wissenschaft und Praxis (Business Engineering, S. 51-64). Berlin: Springer Verlag.
Burger-Helmchen, T., & Penin, J. (2010). The limits of crowdsourcing inventive activities. What do transaction cost theory and the evolutionary theories of the firm teach us? In Workshop on Open Source Innovation. Straßburg.
Byrén, E. (2013). Internal crowdsourcing for innovation development. How multi-national companies can obtain the advantages of crowdsourcing utilising internal resources (Masterthesis). Chalmers University of Technology, Gothenburg.
Derdau Roorda, S. M., & Waldmann, R. (2015). Exploring Internal Crowdsourcing. An investigation of internal innovation practices within large European companies. http://studenttheses.cbs.dk/bitstream/handle/10417/5673/Rebecca_Waldman_Sofie_Roorda.pdf?sequence=1 Zugegriffen: 28. Oktober 2018
Durward, D., Blohm, I., & Leimeister, J. M. (2016). Crowd Work. Business & Information Systems Engineering, 58 (4), 281–286.
Erickson, L. B., Trauth, E M., & Petrick, I. (2012). Getting Inside Your Employee's Heads. Navigating Barriers to Internal-Crowdsourcing for Product and Service Innovation. Orlando.
Estellés-Arolas, E., & González-Ladrón-de-Guevara, F. (2012). Towards an integrated crowdsourcing definition. Journal of Information Science, 38 (2), 189–200.
Gassmann, O. (2013). Crowdsourcing – Innovationsmanagement mit Schwarmintelligenz. Interaktiv Ideen finden – Kollektives Wissen effektiv nutzen – Mit Fallbeispielen und Checklisten (2. Auflage). München: Carl Hanser Verlag.
Hammon, L., & Hippner, H. (2012). Crowdsourcing. Business & Information Systems Engineering, 4 (3), 163–166.
Hetmank, L. (2013). *Components and Functions of Crowdsourcing Systems: A Systematic Literature Review*. TU Dresden.
Howe, J. (2006). The Rise of Crowdsourcing. *Wired Magazine 14* (6), 1–4.
Leimeister, J. M. (2012). „Crowdsourcing." *Zeitschrift für Controlling und Management (ZFCM) 56* (6), 388–392.
Leimeister, J. M., & Zogaj, S. (2013). *Neue Arbeitsorganisation durch Crowdourcing. Eine Literaturstudie*. Düsseldorf: Hans-Böckler-Stiftung.
Leimeister, J. M., Zogaj, S., Durward, D., & Blohm, I. (2015). Crowdsourcing und Crowd Work. Neue Formen digitaler Arbeit. In A. Bullinger (Hrsg.), *Mensch 2020. Transdisziplinäre Perspektiven* (pp.119–124). Chemnitz: Verlag awundI Wissenschaft und Praxis.

Leimeister, J. M., Durward, D., & Zogaj, S. (2016). *Crowd Worker in Deutschland. Eine empirische Studie zum Arbeitsumfeld auf externen Crowdsourcing-Plattformen*. Düsseldorf: Hans-Böckler-Stiftung.
Mrass, V., & Peters, C. (2017). Crowdworking-Plattformen in Deutschland. In J. M. Leimeister (Hrsg.), *Working Paper Series* Nr. 16. Kassel.
Papsdorf, C. (2009). *Wie Surfen zu Arbeit wird. Crowdsourcing im Web 2.0*. Frankfurt am Main: Campus Verlag.
Thuan, N. H., Antunes, P., & Johnstone, D. (2016). Factors influencing the decision to crowdsource. A systematic literature review. *Information Systems Frontiers 18* (1), 47–68.
Whitla, P. (2009). Crowdsourcing and its application in marketing activities. *Contemporary Management Research 5* (1), 15–28.
Yap, J. (2012). Asian firms well-poised for internal crowdsourcing. http://www.zdnet.com/asian-firms-well-poised-for-internal-crowdsourcing-7000003485/. Zugegriffen: 30. März 2018
Zuchowski, O. (2016). Learning with the Crowd. A field study of internal crowdsourcing as a form of organizational learning. Istanbul. https://aisel.aisnet.org/cgi/viewcontent.cgi?article=1019&context=ecis2016_rip. Zugegriffen: 28. Oktober 2018

Motivationsfaktoren im Crowd-Engineering: Was Entwickelnde im Open-Source Kontext wirklich wollen

2.2

Patrick Burchard und Patrick Planing

Abstract

Zahlreiche Unternehmen sind aufgrund firmeninterner, isolierter Prozesse sowie einem vorherrschenden Fachkräftemangel in ihren Innovationsbestreben gehemmt. Mögliche Lösungen hierfür stellen Open-Source-Entwicklungen dar, welche insbesondere durch die freie Zugänglichkeit von Daten und der Einbeziehung von Kunden und Akteuren das Standbein der digitalen Transformation bilden können. Das Ziel des Kapitels ist es, den Aufbau einer Open-Source-basierten Crowd-Engineering Plattform zu unterstützen und mögliche Motivationsfaktoren von Entwickelnden im Crowd-Engineering zu identifizieren. Es wurde eine qualitative Datenerhebung mit 18 Robotik- und Hardware-Entwickelnden mittels halbstrukturierter Leitfadeninterviews durchgeführt. Im weiteren Verlauf wurde zur Bestätigung der identifizierten Motivationsfaktoren und um einen erweiterten Erkenntnisgewinn zu generieren eine quantitative Online-Befragung mit 45 Teilnehmenden durchgeführt. Als die relevantesten Motivationsfaktoren von Entwickelnden im Crowd-Engineering konnten Spaß, Neugierde, der persönliche Nutzen und persönliche Interessen, die Erweiterung von eigenen Fähigkeiten sowie die Identifizierung mit der Community ermittelt werden. In den Handlungsempfehlungen werden mögliche Anreizsysteme thematisiert, welche unterstützenden Einfluss auf die Motivation von Entwickelnden im Rahmen des Crowd-Engineerings nehmen und in der Gestaltung der Plattform angewendet werden können.

© Springer Fachmedien Wiesbaden GmbH, ein Teil von Springer Nature 2019
A. Lochmahr, P. Müller, P. Planing, T. Popović, *Digitalen Wandel gestalten*
https://doi.org/10.1007/978-3-658-24651-8_2.2

2.2.1 Einleitung – die wachsende Relevanz von Open Innovation

Rückblickend auf die vergangenen Jahre ist kaum Veränderung im Entwicklungsprozess für Hardwarekomponenten zu erkennen, wenn man diesen mit dem sich stetig wandelnden Entwicklungsprozess von Software vergleicht. Insbesondere in der Hardware-Entwicklung werden nach Expertenmeinung gerade im Bereich der kleinen und mittelständischen Unternehmen oft noch isolierte Prozesse angewendet. So gaben im Rahmen der Umfrage „Digital Engineering" zum Einsatz von digitalen Technologien aus dem Jahr 2017 nur 18 Prozent der 505 befragten Führungskräfte an, Open-Innovation-Plattformen zu nutzen.

Als Hemmnisse werden von mittelständischen Unternehmen oft der Aufwand, das Risiko und die Kosten gesehen, die mit dem Ersetzen bestehender Prozesse durch innovative Arbeitsabläufe verbunden sind (Expertenkommission Forschung und Innovation 2017). Ein weiteres Innovationshemmnis stellt der vorherrschende (IT-)Fachkräftemangel dar (Expertenkommission Forschung und Innovation 2018). Um diesen Hemmnissen zu begegnen, die Innovationskraft voranzutreiben und um das kollaborative digitale Arbeiten voranzutreiben, wurde eine empirische Erhebung zu den Motivationsfaktoren im Crowd-Engineering durchgeführt.

2.2.2 Motivation

Mehrere Faktoren liegen auf psychologischer Ebene der Motivation von Teilnehmenden zugrunde, welche sich im Rahmen von kollaborativen digitalen Arbeiten beteiligen. Der folgende Abschnitt konzentriert sich auf die grundlegenden psychologischen Aspekte der Motivation.

2.2.2.1 Motivationsaspekte und Motivationstheorien

Der Mensch wird anhand von Motiven gelenkt, die ihn in unterschiedlichen Lebensbereichen in dieselbe motivthematische Richtung lenken (Rothermund und Eder 2011) und als isolierte Beweggründe von Verhaltensbereitschaft gesehen werden. Relativ allgemeine Motivsysteme sind Leistungsstreben (McClelland 1953), Machtstrebe (McClelland 1975) sowie Bindungsstreben (Murray 1938).

Des Weiteren bestehen diverse Anreize, die die zuvor genannten Motive ansprechen und auslösen. Die Gesamteinschätzung einer Situation und die von der Person wahrgenommenen Handlungsmöglichkeiten beeinflussen letztendlich das Verhal-

2.2 Motivationsfaktoren im Crowd-Engineering

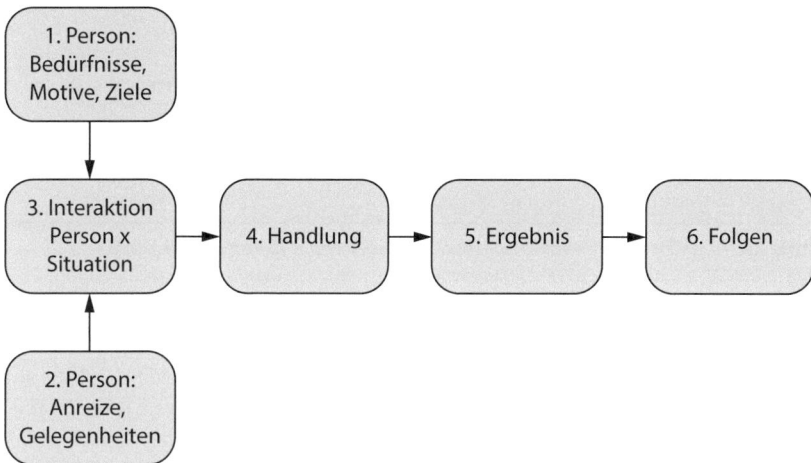

Abb. 2.1 Überblicksmodell zu Determinanten und verlaufsmotiviertem Handeln. (Quelle: nach Heckhausen und Heckhausen 2010, S. 3)

ten ebenjener Person (Trimmel und Gmeiner 2003). Das Überblicksmodell zu Determinanten und verlaufsmotiviertem Handeln nach Heckhausen (s. Abb. 2.1) zeigt in vereinfachter Darstellung dieses Zusammenspiel, denn Verhalten ist nicht nur auf einer eindimensionalen Ebene zu betrachten, sondern vielmehr als das Ergebnis einer einzigartigen Wechselbeziehung von Personen und Situationen (Rheinberg 2006).

Nach der von Deci und Ryan (1985) entwickelte Selbstbestimmungstheorie (self-determination theory) bedürfen Aktivitäten die intrinsisch motiviert sind keinerlei Belohnung, die Handlung an sich fungiert dabei als Belohnung (Ryan et al. 2009). Sichtbar wird intrinsische Motivation anhand von Handlungen, die auf Neugier, Interesse an einem Themenbereich oder Verpflichtungsempfinden basieren (Deci und Ryan 1993).

Daran anschließend thematisiert die kognitive Evaluationstheorie (cognitive evaluation theory) explizit intrinsische Motivation und ihren Zusammenhang mit externen Anreizen und Belohnungen (Rummel und Feinberg 1988; Wiersma 1992). Der Theorie zufolge kann ein Anreiz, der als Anerkennung der eigenen Kompetenz wahrgenommen wird, die intrinsische Motivation steigern. Wird dieser Anreiz jedoch als kontrollierend erlebt oder führt zu einer Reduzierung der erlebten Kompetenz, kommt es zum Korrumpierungseffekt.

	Hygienefaktoren	Motivatoren
	Entlohnung Arbeitsbedingungen	Anerkennung Aufstiegspotentiale
vorhanden	Keine Unzufriedenheit	Zufriedenheit
nicht vorhanden	Unzufriedenheit	Keine Zufriedenheit

Abb. 2.2 Herzberg Zwei-Faktoren-Theorie (Quelle: nach Herzberg et al. 1993)

Abschließend ist in diesem Kontext die Zwei-Faktoren-Theorie zu benennen, nach welcher zwei verschiedenen Arten von Faktoren bestehen, welche Einfluss auf die Arbeitszufriedenheit und Arbeitsleistung einer Person nehmen (s. Abb. 2.2).

2.2.2.2 Motivationsfaktoren im Open-Source Kontext

Im Open-Source Kontext wird Motivationsfaktoren noch eine erweiterte Bedeutung zugeschrieben. Motive wie Spaß und Lernen sowie der Reiz, Herausforderungen zu meistern, spielen eine zentrale Rolle (Leimeister et al. 2009; Nov 2007). Darüber hinaus sind weitere bedeutende extrinsischen Faktoren von Onlinepartizipierenden insbesondere die Peer-Anerkennung (Reputation), die Signalisierung von Kompetenz bzw. der Aufbau des eigenen (fachlichen) Rufes (Brabham 2010; Lakhani und Panetta 2007). Des Weiteren wurden Wissensmotive wie z.B. der Drang, Informationen/Wissen zu teilen und Fehler zu beheben (Glott et al. 2010; Schroer und Hertel 2009) sowie prosoziale Motive wie Altruismus oder auch Generativität identifiziert (Nov 2007; Schroer und Hertel 2009).

Ein weiteres vielfältiges Motiv ist der Wunsch, eigene Bedürfnisse zu befriedigen (Franke et al. 2006). Dieses Motiv kann zum einen die Lösung eines konkreten Problems mithilfe externer Quellen sein. Zum anderen ist es möglich, dieses Motiv auf finanzielle Aspekte wie eine (prozentuale) Beteiligung zu übertragen. Es scheint jedoch, dass das Motiv der Reziprozitätserwartung in einem Onlinekontext eher anwendbar ist. Insgesamt ist die durchschnittliche intrinsische Motivation von freiwilligen Teilnehmenden im Onlineumfeld höher als deren extrinsische Motivation (Nov 2007).

2.2.3 Empirische Erhebung – Motivationsfaktoren im Crowd-Engineering

Im Rahmen der empirischen Erhebung wurde ein methodenpurales Vorgehen gewählt. In Form des explorativen sequenziellen Designs wurden insgesamt 18 halbstrukturierte Interviews durchgeführt. Die ersten fünf Interviews mit Mitarbeitern des Fraunhofer-Instituts sind als Experteninterviews zu klassifizieren. Der Schwerpunkt der qualitativen Datenerhebung fokussiert sich auf den Makeathon Think. Make.Start (TMS), eine kollaborative Software- und Hardware-Entwicklungsveranstaltung an der UnternehmerTUM, bei welcher durch direkte Ansprache insgesamt 13 Interviewpartner (Studierende und organisatorisch Beteiligte) gewonnen werden konnten.

Daran anschließend wurde zur Validierung der identifizierten Motivationsfaktoren eine quantitative Datenerhebung mit 45 Personen in Form eines Websurveys durchgeführt. Teilnehmende waren unter anderem Studierende, wissenschaftliche Hilfskräfte sowie Mitglieder von Makerspaces in Deutschland.

2.2.3.1 Erfolgsfaktoren eines funktionierenden Crowd-Engineerings

Das Feld der Motivationsfaktoren im Crowd-Engineering ist sehr breit gefächert. Neben einer offenen (positiven) Grundeinstellung bezüglich des Open-Source-Gedankens und geforderten Rahmenbedingungen wie Infrastruktur, Datensicherheit und Verlässlichkeit der Entwickelnden, stellen folgende Faktoren die zentralen Aspekte für ein funktionierendes Crowd-Engineering dar.

Alle Interviewten sehen die Faktoren des *persönlichen Bedarfs* bzw. des *persönlichen Nutzens*, wie die Erfüllung *persönlicher Interessen*, die *Verbesserung der eigenen Fähigkeiten*, die *Problemlösung* sowie die *Neugierde*, als die relevantesten für eine Beteiligung im Crowd-Engineering an.

„Also zum einen muss ich das Projekt mal cool finden […] oder […], wenn ich selbst […] so etwas hätte." (Student).

In diesem Sinne spielt auch die *Reziprozität* eine tragende Rolle, da sich ein Großteil der Befragten eine Gegenleistung in Form von Daten, Feedback, Hilfe oder Entlohnung erhofft, um daraus einen persönlichen Nutzen zu ziehen. Des Weiteren sind die Motivationsfaktoren *Spaß* und *Herausforderung* zur Gruppe der wichtigen Faktoren zu zählen.

„Weil da steht eigentlich schon eher Spaß im Vordergrund. Wenn das dem jeweiligen Entwickler nicht Spaß macht, wird er es nicht tun." (Gründer und Geschäftsführer Start-up).

Insbesondere das Generieren und Realisieren von Ideen motiviert die Befragten, um solche Aktivitäten auszuführen. Der Prozess von der Idee zu einer fertigen Entwicklung oder einem funktionierenden Prototyp gilt dabei als genauso bedeutend wie die Umsetzung von Dingen in die reale Welt:

„Die Vorstellung, dass der Roboter [fehlerfrei] funktioniert, das ist ja die Motivation bei der Entwicklung [...]." (Entwicklungsingenieur).

Aspekte der *sozialen Interaktion*, wie die Zusammenarbeit mit anderen bzw. die Mitwirkung anderer in einem Projekt werden in der qualitativen Erhebung deutlich hervorgehoben, haben jedoch in der quantitativen Erhebung einen geringeren Stellenwert.

„Das ist auf jeden Fall auch immer eine Motivation für mich, wenn ich weiß, wenn ich da jetzt mit denen zusammenarbeite, dann lerne ich wieder neue Sachen." (Student).

Grundlage bezüglich der Zusammenarbeit ist die *Identifikation mit der Community*. Aus den Ergebnissen jedoch wird deutlich, dass die Befragten etwas (gemeinsam) *bewegen wollen* und sich dafür an einem übergeordneten gemeinsamen Ziel orientieren. *Feedback* und *Anerkennung der Leistung*, sowie *soziale Anerkennung* und *Altruismus* stellen immer wiederkehrende Motive dar.

„Ich versuche mit Technik das Leben von Menschen zu verbessern. Da sehe ich in der Robotik das größte Potenzial" (Wissenschaftlicher Mitarbeiter).

Eine *materielle Kompensation* in Form finanzieller Aspekte wird je nach situativen Gegebenheiten und Lebensumständen erwartet. Die Kompensation wird als faire Entlohnung für den freiwilligen Mehraufwand für Aktivitäten ohne sonstigen persönlichen Nutzen betrachtet. Bevorzugt wird hierbei eine leistungsbezogene Entlohnung.

„Bei Geld ist [das] halt immer so die Frage. Wenn ich jetzt Student bin und eh nicht so das große Geld habe [...], dann finde ich das schon irgendwie angebracht." (Wissenschaftlicher Mitarbeiter)

2.2 Motivationsfaktoren im Crowd-Engineering 29

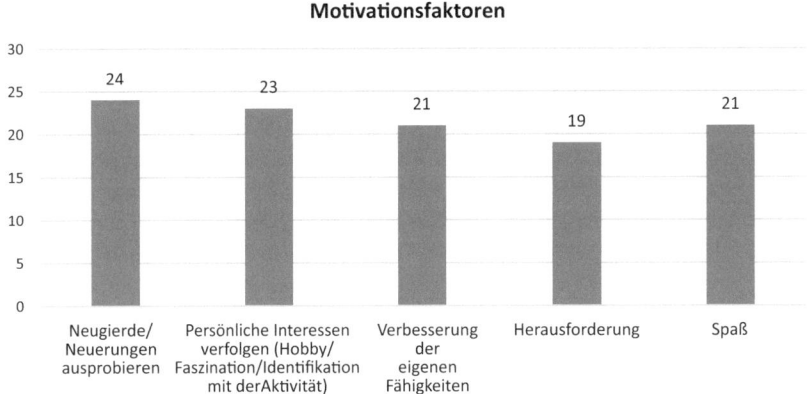

Abb. 2.3 Absolute Häufigkeitsverteilung der relevantesten Motivationsfaktoren (n=45)

Als die fünf relevantesten Motivationsfaktoren im Crowd-Engineering lassen sich *Neugierde, persönliche Interessen,* die *Verbesserung der eigenen Fähigkeiten, Herausforderung* und *Spaß* identifizieren (s. Abb. 2.3).

2.2.3.2 Handlungsempfehlungen

Für die Gestaltung und den Betrieb der Entwicklungs-Plattform ergeben sich Handlungsempfehlungen, welche sich auch auf den Unternehmenskontext übertragen lassen. Im Fokus stehen dabei die Motive Interesse und Spaß. Die Durchführung von Veranstaltungen, Wettbewerben, Community-Treffen und virtuelle Fragen- und Antwortrunden mit Experten zu bestimmten Themenbereichen wird empfohlen. Diese Treffen wirken sich positiv auf die Community-Identifikation aus. Des Weiteren bieten diese Veranstaltungen auch einen fachlichen Mehrwert und können als Weiterbildung gesehen werden. Die Ansprache und der Gewinn von qualifizierten Fachkräften steht hierbei für Unternehmen im Vordergrund.

Um die Identifizierung mit der Community zu verstärken und die Zusammenarbeit innerhalb der Community zu fördern wird darüber hinaus empfohlen den Mitgliedern der Plattform, sowie Mitarbeitern in Unternehmen, Möglichkeiten der Personalisierung zu bieten. Zudem sollte die Kommunikation zwischen den Plattformnutzern ermöglicht und gefördert werden, um schnelle Absprachen und kurze Kommunikationswege zu garantieren

Die Ziele der Plattform sollten transparent und für jeden zugänglich sein. Es ist nötig, die Zielvorstellung einfach zu formulieren und zu kommunizieren. Für die Umsetzung der Ziele sollte ein geregelter, fairer Prozess, eingesetzt werden. Handlungen, bezüglich der Zieldefinition, sollten dabei objektiven Kriterien und Richtlinien folgen. Hierbei ist es ideal, bei der Formulierung und Gestaltung der Ziele von Anfang an Mitglieder der Community, sowie in Unternehmen die Mitarbeiter, einzubeziehen.

Die Vergabe von Privilegien sollte in Betracht gezogen werden. Dazu werden alle Aspekte gezählt, welche den Mitgliedern erweiterte Rechte bieten. Des Weiteren sollte auf Bewertungen, Auszeichnungen und Feedback zurückgegriffen werden. Der Plattform wird empfohlen, Leistungen und Innovationen der Mitglieder hervorzuheben und zu honorieren. Dies wird mitunter als der stärkste Wirkungsträger für den Motivationsfaktor Reputation und Status betrachtet. Ein weiterer Aspekt ist die Vergabe von Punkten bzw. Ranking innerhalb der Community. Aufgrund von Datenschutzaspekten könnte dies in Unternehmen schwer umzusetzen sein. Für das Open Source Commitment stellt Gamification eine Möglichkeit dar. Gesammelte Punkte können dabei einen Status widerspiegeln, einen Gegenwert haben oder als Außenwirkung des jeweiligen Mitglieds in die Community getragen werden.

Zusätzlich ist eine Form von Belohnung für die Partizipation am Crowd-Engineering sinnvoll. Diese kann anhand einer materiellen Kompensation erfolgen oder durch eine indirekte Belohnung, wie z.B. Gutscheine, Zugänge oder Dienstleistungen. Diese Belohnung sollte, sofern möglich, abhängig von der Qualität, der Aktivität und dem Grad der beigetragenen Leistung sein. Unternehmen können unabhängig von der eigentlichen Entlohnung durch die Gewährung von Zusatzleistungen agieren.

Für Unternehmen besteht die Herausforderung darin, trotz der klassischen Arbeitsstrukturen den Mitarbeitern größere persönliche Freiheiten zu gewährleisten und Eigenengagement zu fördern und zu belohnen.

2.2.4 Diskussion

Deutlich zu erkennen ist, dass sowohl intrinsische wie auch extrinsische Motivationsfaktoren existieren. Als der relevanteste Motivationsfaktor von Entwickelnden im Crowd-Engineering wird ausgehend von der qualitativen Erhebung der intrinsische Faktor *Spaß* angesehen. Überschneidungen mit dem Faktor Spaß hat der Aspekt des Lernens. Dieser wird dem extrinsischen Faktor *des persönlichen Bedarfs bzw. Nutzens* zugeordnet, welcher den zweiten relevanten Faktor darstellt. Insbesondere die Problemlösung sowie die Möglichkeit Visionen zu realisieren, werden als Kernbestandteile dieses Faktors betrachtet. Wenn diese Aspekte mit der Mög-

2.2 Motivationsfaktoren im Crowd-Engineering

lichkeit anderen zu helfen verbunden sind oder ein als sinnvoll empfundenes Projekt unterstützt werden kann, wirkt sich dies positiv auf eine Teilhabe aus. Im weiteren Sinne manifestiert sich der Motivationsfaktor *Reziprozität* bei Entwickelnden in der Form eines *Guthabenkontos*. Sie sind eher dazu bereit etwas zu leisten bzw. sich an einem Projekt zu beteiligen, wenn sie in der Vergangenheit schon einmal Nutzen aus einem Projekt gezogen haben oder in Zukunft einen Nutzen davon erwarten.

Extrinsische Anreize können unterschiedlich wahrgenommen werden. Erfolgt die Wahrnehmung in Form einer Wertschätzung bzw. Anerkennung kann sich dies positiv auf die Motivation auswirken. Des Weiteren kann eine Auswahlmöglichkeit aus bestehenden extrinsischen Anreizen die empfundene Autonomie der Beteiligten sogar steigern (Eisenberger et al. 1999).

Robotik-Entwickelnde streben in der digitalen Zusammenarbeit, im Einklang der Ergebnisse und der Selbstbestimmungstheorie, zum einen nach einer autonomen und selbstbestimmten Form der Arbeitseinteilung, Zeitnutzung und Aufgabenauswahl. Zum anderen streben sie eine *Bindung und Identifikation* mit Gleichgesinnten innerhalb der Community an. Dabei wird insbesondere Wert auf Offenheit gelegt. Um die Zusammenarbeit und den Wissensaustausch zu ermöglichen ist es nötig Transparenz und Fairness zu schaffen. Dies kann durch offene Richtlinien sowie stetige und relevante Kommunikation der Plattformbetreiber und Firmen bewerkstelligt werden. Diese Aspekte können als Hygienefaktoren des Crowd-Engineerings auf einer Entwicklungs-Plattform betrachtet werden.

Entwickelnde wollen ihre fachlichen Fähigkeiten zur Schau stellen. Zum einen besteht das Ziel darin *Kompetenz* zu vermitteln und gleichzeitig nach dieser zu streben. Zum anderen ist das Ziel *fachliche Anerkennung* für Entwicklungen zu erhalten und eine *Reputation* in der Community aufzubauen. Dies zeigt auch die häufig gewählte Lizenzierungsform der Namensnennung und damit initiierten Wieder- und Anerkennung der Leistung des Entwickelnden. Weiter von Bedeutung ist bei der Mitwirkung in der digitalen Zusammenarbeit die Atmosphäre des Arbeitsumfelds. Das Bindungsstreben ansprechend, muss eine produktive, fokussierte und sich an soziale Normen haltende Umgebung geschaffen werden.

Den Ergebnissen der Erhebung folgend haben Robotik-Entwickelnde den Wunsch sich persönlich weiterzuentwickeln, ihr Wissen zu erweitern und Projekte voranzutreiben, welche mit ihren Interessen übereinstimmen. Dieser Wissensaustausch profitiert von einer Identifikation mit den Zielen der Plattform und der Community selbst. Die Integration einer technischen Dokumentation bzw. eines Wissensmanagements ist zentraler Bestandteil für eine Mitwirkung und den Austausch des Wissens von Entwickelnden. Des Weiteren werden Anleitungen und Tutorials gefordert, um eigenständig Kompetenzen erwerben und erweitern zu können und somit an spezifischen Projekten mitwirken zu können. Insbesondere für Unternehmen kann ein freier Wissensaustausch und ein gutes Wissensmanagement einen Mehrwert in Form von Weiterbildung und Innovationskraft bieten.

2.2.5 Zusammenfassung und Ausblick

Der in diesem Artikel beschriebene psychologische Ansatz erreicht ein hohes Niveau an Verständnis der einzelnen Faktoren, die der Motivation im Open-Source Kontext zugrunde liegen und eine erfolgreiche Beteiligung fördern. Weitere Forschung ist jedoch notwendig, da die gemachten Annahmen bisher nicht anhand einer aktiven Plattform validiert wurden.

Aus den Ergebnissen ergaben sich mehrere Themenfelder für zukünftige Forschungen. Zum einen scheint eine weitere Untersuchung der Motivationsfaktoren von Entwickelnden nach Inbetriebnahme der Plattform als notwendig. Zum anderen bestehen neben den Entwickelnden weitere Interessengruppen, insbesondere Unternehmen, welche in ihrem Handeln möglicherweise von anderen Motivationsfaktoren beeinflusst werden.

Die Autoren

Patrick Burchard geboren 1994 in Stuttgart, Deutschland, absolvierte sein Masterstudium der Wirtschaftspsychologie 2018 an der Hochschule für Technik Stuttgart. Während der Erstellung seiner Masterthesis arbeitete er als wissenschaftliche Hilfskraft im Feld der Servicerobotik am Fraunhofer-Institut für Produktionstechnik und Automatisierung. Seine Forschungsschwerpunkte sind: Partizipationsaspekte, Motivationsaspekte, Konsumentenverhalten sowie User Experience.
Kontakt: p.burchard@me.com

Prof. Dr. Patrick Planing ist Professor für Wirtschaftspsychologie an der Hochschule für Technik in Stuttgart. Sein Forschungsschwerpunkt liegt im Bereich Akzeptanzforschung und Innovationsmanagement. Vor seiner Berufung im Jahr 2017 hatte er mehrere verantwortungsvolle Positionen bei der Daimler AG inne. Unter anderem übernahm er im Lab1886 die Entwicklung neuer Geschäftsmodelle und hat sich zuletzt als Manager in der Konzernstrategie mit den strategischen Potenzialen der Digitalisierung beschäftigt. Er berät Unternehmen im Bereich Innovationsmanagement und Digitale Transformation und ist Autor zahlreicher wissenschaftlicher Publikationen zu wirtschaftspsychologischen Themen.
Kontakt: patrick.planing@hft-stuttgart.de

Danksagung

Diese empirische Erhebung ist das Resultat einer Masterthesis, welche im Rahmen des Projektes RoboPORT entstand. Dieses Projekt wird von der Fraunhofer-Gesellschaft zur Förderung der angewandten Forschung e.V. (FHG) am Institut für Produktionstechnik und Automatisierung unter der Projektleitung von Dipl.-Ing. Maik Siee in Zusammenarbeit mit den Kooperationspartnern BSH Hausgeräte GmbH, UnternehmerTUM GmbH, General Interfaces GmbH, innosabi GmbH und der Universität Stuttgart, vorangetrieben. Gefördert wird dieses Projekt im Rahmen des Technologieprogramms PAiCE vom Bundesministerium für Wirtschaft und Energie. Zudem danken wir auch unseren Rezensenten für ihre hilfreichen Kommentare zu einer früheren Version des Artikels.

Literatur

Brabham, D. C. (2010). Moving the Crowd at Threadless. *Information, Communication & Society, 13*, 1122–1145. doi:10.1080/13691181003624090. Zugegriffen am 20.11.2018

Deci, E. L., & Ryan, R. M. (1985). *Intrinsic Motivation and Self-Determination in Human Behavior*. Boston, MA: Springer US.

Deci, E. L., & Ryan, R. M. (1993). Die Selbstbestimmungstheorie der Motivation und ihre Bedeutung für die Pädagogik. *Zeitschrift Für Pädagogik, 2*, 223–238. urn:nbn:de:0111-pedocs-111739. zuletzt zugegriffen am 20.11.2018

Eisenberger, R., Rhoades, L., & Cameron, J. (1999). Does pay for performance increase or decrease perceived self-determination and intrinsic motivation? *Journal of Personality and Social Psychology, 77*, 1026–1040. doi:10.1037/0022-3514.77.5.1026. Zugegriffen am 20.11.2018

Expertenkommission Forschung und Innovation. (2017). *Gutachten zu Forschung, Innovation und Technologischer Leistungsfähigkeit Deutschlands*. https://www.e-fi.de/fileadmin/Gutachten_2017/EFI_Gutachten_2017.pdf. Zugegriffen: 21. Mai 2018.

Expertenkommission Forschung und Innovation. (2018). *Gutachten zu Forschung, Innovation und Technologischer Leistungsfähigkeit Deutschlands*. https://www.e-fi.de/fileadmin/Gutachten_2018/EFI_Gutachten_2018.pdf. Zugegriffen: 21. Mai 2018.

Franke, N., Hippel, E. von, & Schreier, M. (2006). Finding Commercially Attractive User Innovations: A Test of Lead-User Theory *Journal of Product Innovation Management, 23*, 301–315. doi:10.1111/j.1540-5885.2006.00203.x. Zugegriffen am 20.11.2018

Glott, R., Schmidt, P., & Ghosh, R. (2010). Wikipedia survey–overview of results. *United Nations University: Collaborative Creativity Group*. http://www.ris.org/uploadi/editor/1305050082Wikipedia_Overview_15March2010-FINAL.pdf. Zugegriffen: 19. März 2018.

Herzberg, F., Mausner, B., & Snyderman, B. B. (1993). *The motivation to work* (2. überarbeitete Aufl.). New York: John Wiley & Sons.

Lakhani, K. R., & Panetta, J. A. (2007). The Principles of Distributed Innovation. *Innovations: Technology, Governance, Globalization, 2*, 97–112. doi:10.1162/itgg.2007.2.3.97. Zugegriffen am 20.11.2018

Leimeister, J. M., Huber, M., Bretschneider, U., & Krcmar, H. (2009). Leveraging Crowdsourcing: Activation-Supporting Components for IT-Based Ideas Competition. *Journal of Management Information Systems, 26*, 197–224. doi:10.2753/MIS0742-1222260108. Zugegriffen am 20.11.2018

McClelland, D. C. (1953). *The Achievement Motive. The Century psychology series*: Appleton-Century-Crofts.

McClelland, D. C. (1975). *Power: The inner experience*. New York: Irvington.

Murray, H. A. (1938). *Explorations In Personality*. Oxford: Oxford University Press. https://archive.org/details/explorationsinpe031973mbp. Zugegriffen: 25 März 2018.

Nov, O. (2007). What motivates Wikipedians? *Communications of the ACM, 50*, 60–64. doi:10.1145/1297797.1297798. Zugegriffen am 20.11.2018

Rheinberg, F. (2006). *Motivation* (6., überarb. und erw. Aufl.). Urban-Taschenbücher: Bd. 555. Stuttgart: Kohlhammer.

Rothermund, K., & Eder, A. (2011). *Allgemeine Psychologie: Motivation und Emotion* (1. Aufl.). *Basiswissen Psychologie*. Wiesbaden: VS Verlag für Sozialwissenschaften / Springer Fachmedien Wiesbaden GmbH Wiesbaden. doi:10.1007/978-3-531-93420-4. Zugegriffen am 20.11.2018

Rummel, A., & Feinberg, R. (1988). Cognitive evaluation theory: A meta-analytic review of the literature. *Social Behavior and Personality: an International Journal, 16*, 147–164. doi:10.2224/sbp.1988.16.2.147. Zugegriffen am 20.11.2018

Ryan, R. M., Williams, G. C., Patrick, H., & Deci, E. L. (2009). Self-Determination Theory and Physical Activity: The Dynamics of Motivation in Development and Wellness. *Hellenic Journal of Psychology, 6*, 107–124.

Schroer, J., & Hertel, G. (2009). Voluntary Engagement in an Open Web-Based Encyclopedia: Wikipedians and Why They Do It. *Media Psychology, 12*, 96–120. doi:10.1080/15213260802669466. Zugegriffen am 20.11.2018

Trimmel, M., & Gmeiner, G. (2003). *Allgemeine Psychologie: Motivation – Emotion – Kognition*. Wien: Facultas Verlags- und Buchhandels AG.

Wiersma, U. J. (1992). The effects of extrinsic rewards in intrinsic motivation: A meta-analysis. *Journal of Occupational and Organizational Psychology, 65*, 101–114. doi:10.1111/j.2044-8325.1992.tb00488.x. Zugegriffen am 20.11.2018

Organisationen verändern

3.0

Neue digitale Technologien führen in vielen Bereichen zu tiefgreifenden Veränderungen in den Arbeits- und Organisationsformen. Im folgenden Kapitel geht es darum, wie sich der daraus resultierende organisationale Wandel erfolgreich gestalten lässt. Im ersten Beitrag von Appelt, Allmendinger und Bronner wird darauf eingegangen, wie sich diese Veränderungen und insbesondere die agilen Arbeitsweisen auf die Rolle des Human Resource Managements auswirken. Da dieser Bereich oft für die Etablierung solcher Veränderungen in der gesamten Organisation verantwortlich ist, lassen sich hier viele für den digitalen Wandel relevanten Themen exemplarisch darstellen. Neben solchen Veränderungen in der Arbeitsweise, spielt beim digitalen Wandel auch die Veränderung der Führungskultur eine wichtige Rolle. Im Beitrag von Kurt wird dies am Beispiel des Holacracy-Konzeptes dargestellt. In diesem Beitrag wird erläutert, wie sich Holacracy als Führungsprinzip in Organisationen etablieren lässt und welche Herausforderungen sich dabei ergeben. Neben der Beschäftigung mit den Herausforderungen, die durch neue Organisations- und Führungsformen entstehen, liegt ein weiterer Schwerpunkt dieses Kapitels in der Frage, wie sich die Arbeit einzelner Unternehmensbereiche durch die Verwendung von neuen analytischen Verfahren und Informationssystemen verändert. Der Beitrag von Thums und Müller geht dieser Frage am Beispiel des Human Resource Managements nach. Stransky, Reder, Huber und Hauer stellen sich im letzten Beitrag dieses Kapitels dann die Frage, wie diese neuen analytischen Verfahren und Möglichkeiten die Rolle des Controllers in der Zukunft verändern werden.

© Springer Fachmedien Wiesbaden GmbH, ein Teil von Springer Nature 2019
A. Lochmahr, P. Müller, P. Planing, T. Popović, *Digitalen Wandel gestalten*
https://doi.org/10.1007/978-3-658-24651-8_3.0

3.1 Erforderliche Anpassungsleistungen des Human Resource Managements im Kontext agiler Arbeits- und Organisationsformen

Doreen Appelt, Katrin Allmendinger und Uta Bronner

Abstract

Um ihre Reaktionsgeschwindigkeit auf sich schnell verändernde Umgebungen zu verbessern führen immer mehr Unternehmen agile Arbeitspraktiken ein. Diese Praktiken bedeuten oft eine Veränderung der Unternehmensstrukturen und -prozesse. In diesem Beitrag werden die notwendigen Anpassungen des Human Resource Management (HRM) zur Unterstützung solcher agilen Arbeitspraktiken diskutiert. Es werden Empfehlungen für zwei Schlüsselbereiche des HRM und seine allgemeine Rolle gegeben. Die Personalbeschaffung in einem agilen Umfeld sollte teamorientiert sein und sich auf eine agile Denkweise konzentrieren. Für das Performance Management sind flexible Teamziele und kontinuierliches Feedback unerlässlich. Schließlich ist es für das HRM empfehlenswert, eine aktive Rolle bei der Schaffung kultureller, struktureller und personeller Voraussetzungen zu übernehmen um ein Umfeld zu schaffen, in dem agiles Arbeiten neben dem klassischen Arbeiten durch HRM-Praktiken unterstützt wird.

© Springer Fachmedien Wiesbaden GmbH, ein Teil von Springer Nature 2019
A. Lochmahr, P. Müller, P. Planing, T. Popović, *Digitalen Wandel gestalten*
https://doi.org/10.1007/978-3-658-24651-8_3.1

3.1.1 Einführung

Die digitale Transformation hat einen enormen Einfluss auf unser heutiges Arbeitsleben. Sie ist mit dafür verantwortlich, dass Unternehmen immer schneller auf sich ändernde Rahmenbedingungen reagieren müssen. Viele Unternehmen führen aktuell agile Arbeits- und Organisationsformen ein, um darüber eine bessere Reaktionsgeschwindigkeit zu erlangen. Diese Neuerungen können jedoch nicht losgelöst von den existierenden Strukturen und Prozessen im Unternehmen betrachtet werden, da vielfältige Wechselbeziehungen bestehen. Entsprechend stellt sich die Frage, wie sich das Human Resource Management (HRM) anpassen muss, um agile Arbeits- und Organisationsformen wirksam zu unterstützen.

Im Folgenden werden zuerst der Begriff der Agilität erläutert und die aktuell zu beobachtenden Ausprägungen in Unternehmen kurz beschrieben. Im Anschluss daran wird analysiert, welche Anpassungsleistungen in zwei wesentlichen Bereichen des HRMs notwendig sind. Abschließend werden die Auswirkungen auf die Rolle des HRMs diskutiert.

3.1.2 Agile Arbeits- und Organisationsformen in Unternehmen

Unter Agilität kann die „Reaktionskompetenz von Unternehmen in volatilen Unternehmenskontexten" verstanden werden (Armutat 2018a, S. 125). Ihre Ursprünge hat das Konzept in der Softwareentwicklung (Beck et al. 2001). Um Agilität zu erreichen, müssen Unternehmen ihre Organisationsstrukturen netzwerk- und kundenorientiert gestalten und Arbeitsformen schaffen, die ein ganzheitliches, selbstgesteuertes und dialogorientiertes Zusammenarbeiten ermöglichen (Armutat al. 2016; Häußling 2017; Rahn 2018). Agiles Arbeiten erfolgt deshalb überwiegend in selbstorganisierten und häufig interdisziplinären Teams, in denen die Teammitglieder eigenverantwortlich im Rahmen ihrer Teamziele handeln. Ein erfolgreiches Arbeiten in diesen Strukturen erfordert eine deutlich andere Führungskultur, in der Führungskräfte als „servant leaders" (van Dierendonck 2011) agile Teams unterstützen und den Fokus auf die Transformation von Menschen und Prozessen legen (Hofert 2018). Neben dem agilen Mindset (z.B. im Sinne von Selbstorganisation, Teamfokus und Anpassungsbereitschaft) ist eine offene Leistungs- und Fehlerkultur für den Erfolg agilen Arbeitens unabdingbar (Hanschke 2017).

Eine bedeutende Zahl an Menschen in Deutschland arbeitet heute bereits in agilen Strukturen (Capgemini Consulting 2018). In der Unternehmenspraxis finden sich folgende typische Varianten agiler Organisationsformen:

1) Abteilungen, die ansonsten klassisch als Stab-/Linienabteilung oder in Matrixform organisiert sind, arbeiten mit einzelnen agilen Methoden, wie Kanban Boards o.ä.
2) Ganze Abteilungen in einer ansonsten weitgehend klassischen Stab-/Linienorganisation arbeiten agil, z.b. IT-Abteilung mit Scrum.
3) Einzelne Abteilungen werden aus den Unternehmensstrukturen ausgegliedert und arbeiten in diesen Einheiten agil, z.b. Daimler Lab 1886.
4) Ganze Organisationen werden von klassischen, hierarchisch organisierten Strukturen in agile Organisationen umgewandelt, z.b. ETAS GmbH.
5) Mit Gründung des Unternehmens wird von Beginn an eine agile Organisation aufgebaut, z.b. agil_it GmbH.

Bis auf den fünften Fall bedeutet die Anwendung agiler Methoden und Prinzipien jeweils eine gewisse Umgestaltung bestehender Strukturen und Prozesse. Dies geht damit einher, dass viele etablierte Instrumente des HRMs zumindest im zweiten bis vierten Fall nicht direkt einsetzbar sind.

3.1.3 Auswirkungen agiler Arbeitsweisen auf Kernbereiche des HRMs

3.1.3.1 Kernbereiche des HRMs

Das HRM befasst sich mit „[i]n der Unternehmensstrategie verankerte[n] Aktivitäten zur Gestaltung der Personalmanagementsysteme und der Führung von Mitarbeitern bzw. Teams, die der langfristigen Sicherung der Wettbewerbsfähigkeit des Unternehmens dienen" (Stock-Homburg 2013, S. 16). In Bezug auf agile Arbeits- und Organisationsformen kann HRM dabei indirekt oder direkt agieren (Stock-Homburg et al. 2016): indirekt durch die Gestaltung der Unternehmenskultur, der Führungskräfteentwicklung und der Organisationsstrukturen, direkt über die Gestaltung der HRM-Systeme (nachstehend HR-Systeme). Im Folgenden werden die Auswirkungen auf die zentralen HR-Bereiche Personalgewinnung und Leistungsmanagement, die bei der Gestaltung des agilen Arbeitsumfelds wesentlich sind, genauer betrachtet. Dabei wird diskutiert, welche neuen Anforderungen der agile Kontext für die Ausgestaltung der Systeme mit sich bringt, welche Ansätze in der Praxis schon verfolgt werden und worin größere Herausforderungen bestehen.

3.1.3.2 Personalgewinnung im agilen Kontext erfolgt teambasiert und setzt auf ein agiles Mindset

Unter dem *Begriff Personalgewinnung* werden alle Aktivitäten subsummiert, die der Versorgung des Unternehmens mit Personal dienen (Stock-Homburg 2013). Hierzu zählen das Personalmarketing, das Employer Branding und die Personalauswahl.

Personalbedarfe werden in *klassischen, effizienzorientierten Organisationen* basierend auf der strategischen Planung mittelfristig (i.d.R. bezogen auf 1–3 Jahre) bestimmt. Daraus werden Anforderungsprofile abgeleitet, um u.a. über Neueinstellungen zu entscheiden. Die Auswahlinstrumente sind zumeist auf solche stellenbezogenen Anforderungsprofile ausgerichtet. Am gesamten Prozess sind im Wesentlichen die Führungskräfte und der HR-Bereich beteiligt. Ihnen obliegt auch die Entscheidung über die Auswahl.

Ein *agiles Umfeld* stellt *neue Anforderungen* an die Personalgewinnung. Für Personalbedarfe braucht es eine teilweise kurzfristige Planung, die generell stärker dezentral durch die betreffenden Teams erfolgt, da diese die Bedarfe, wie auch die benötigten Kompetenzen, am besten bestimmen können (Stock-Homburg et al. 2016). Die Personalgewinnung sollte in Personalmarketing und -auswahl konsequent auf das agile Mindset und verbundene Kompetenzen wie Selbstführungs-, Kollaborations-, Antizipations- und Lernkompetenz ausgerichtet sein (Stock-Homburg et al. 2016). Stellenbezogene Kompetenzen verlieren insgesamt an Bedeutung, da Mitarbeitende im agilen Umfeld häufiger unterschiedliche Funktionen bzw. Rollen einnehmen. Die agilen Teams sollten zudem in den gesamten Prozess der Personalgewinnung eingebunden werden.

In der *Praxis* sind in einigen Unternehmen schon heute agile Teams für den kompletten Prozess von der lokalen Personalbedarfsplanung bis zur Personalgewinnung verantwortlich (Rahn 2018). Die Teammitglieder lernen, wie Bedarfe bestimmt, Kompetenzen sowie Haltungen und Werte als Basis des agilen Mindsets formuliert und geprüft werden und nicht zuletzt wie die Einstellungsbedingungen verhandelt werden. In diesem Zusammenhang agiert der HR-Bereich als Vermittler von Wissen sowie als Moderator des Prozesses (Stock-Homburg et al. 2016). Zur Überprüfung des agilen Mindsets bedarf es entsprechender Auswahlinstrumente. Die Lufthansa Group experimentiert bspw. mit Instrumenten, bei denen die Haltung, die Flexibilität und die Veränderungsfähigkeit im Vordergrund stehen (Lautenberg und Kaltenmeier 2017). Die AOE GmbH, ein Dienstleister für digitale Lösungen, testet derzeit zur Überprüfung der Haltung den Einsatz von vom Bewerber zu priorisierenden „Werte-Karten". Außerdem setzen Unternehmen vermehrt Fallstudien, Fragen nach dem Verhalten und Probearbeitstage ein, um Kompetenzen und Haltungen einzuschätzen (Rahn 2018).

Für den *HR-Bereich* ändert sich bezüglich des Recruitings in agilen Strukturen die Rolle. Statt einer stark steuernden und mitgestalteten Funktion liegt der Fokus eher auf der Koordination der Personalbedarfe und einem fachlichen Coaching der Teams im Auswahlprozess.

3.1.3.3 Leistungsmanagement im agilen Kontext braucht flexible Teamziele und kontinuierliches Feedback

Der *Begriff Leistungsmanagement* steht für die Steuerung der Leistung der Mitarbeitenden im Sinne der Unternehmensziele (Varma et al. 2017). Er beinhaltet im Wesentlichen die Personalbeurteilung und die Vergütung.

Im klassischen Leistungsmanagement werden Unternehmensziele in Form von (Teil-)Zielen auf einzelne Mitarbeitende „runtergebrochen" und soweit möglich quantifiziert. Die Erreichung dieser Ziele wird i.d.R. einmal im Jahr im Mitarbeitergespräch diskutiert. Auf Basis der Zielerreichung bzw. einer Leistungsbeurteilung wird der Mitarbeitende individuell bewertet und je nach Unternehmensphilosophie im Rahmen der Vergütung leistungsabhängig entlohnt und ggf. befördert. Die Vergütung wird meistens top-down basierend auf Job Level Modellen und Entgeltgruppen festgelegt. Der HR-Bereich ist an der konzeptionellen Gestaltung sowie bei Durchführung und Unterstützung der laufenden Prozesse beteiligt.

Der *agile Kontext* bringt *neue Anforderungen* für das Leistungsmanagement, da sich nicht zuletzt das Verständnis von Leistung verändert. Leistung besteht für agile Einheiten aus Handlungsergebnissen, die vorwiegend im Team und nicht vom einzelnen Mitarbeitenden erbracht werden (Armutat et al. 2018b). Zudem spielen die Werte des Unternehmens eine wesentlich größere Rolle auf dem Weg zur Leistungserbringung (Armutat et al. 2018b). Es geht nicht allein um den Grad der Zielerreichung, sondern auch um die Förderung von Vertrauen, Kooperation, Wertschätzung, Coaching, Feedback und Flexibilität. Die agilen Teams sollten bei der Definition und Vereinbarung von Teamzielen mitwirken. Um auf sich schnell verändernde Rahmenbedingungen reagieren zu können, sollten Ziele, Tätigkeiten und Rollen nicht starr über einen langen Zeitraum festgelegt werden. Die Leistungsbeurteilung stellt dabei die Weiterentwicklung des Teams und seiner Mitglieder in den Mittelpunkt. Zu diesem Zweck sollte ein kontinuierlicher Feedbackprozess initiiert werden. Hinsichtlich der variablen Vergütung verändert sich, dass sie eher auf Teamebene erfolgt und dass eine höhere Transparenz erforderlich ist, um den Mitsprachebedürfnissen von Teams gerecht zu werden.

Ein Blick in *die Praxis* zeigt, dass im Rahmen der Zieldefinition und -vereinbarung schon verstärkt auf kollektive Anreize gesetzt wird. Eine Lösung, die es ermöglicht, relativ flexible und vom Team definierte kollektive Ziele und auch konkrete Handlungsergebnisse zu vereinbaren, ist die Festlegung von „Objectives and Key Results" (OKRs), die alle drei Monate neu definiert und laufend nachverfolgt werden. Google arbeitet schon seit 1999 sehr erfolgreich mit OKRs (Dörner 2016). Aktuell führen bspw. die adidas AG und die DB Systel GmbH diese ein. Auch bei der Leistungsbeurteilung weichen Unternehmen zunehmend von jährlichen „großen" Beurteilungsrunden ab und etablieren regelmäßigeres Feedback, wie z.b. SAP SE und Deloitte Ltd (SAP 2017; Buckingham und Goodall 2015). In diesem Umfeld gibt es mittlerweile diverse Softwarelösungen, die die kontinuierliche Aufnahme von Leistungsbeiträgen, deren Beurteilung und den Austausch darüber unterstützen.

Um Feedback und Coaching jedoch auch kulturell zu verankern, bedarf es einerseits der Einsicht, dass dies keine Zeitverschwendung ist (Rettig 2015) und andererseits müssen Mitarbeitende lernen, Feedback zu geben und zu nehmen sowie Leistungsthemen offen zu diskutieren. Ebenso bestehen für die Festlegung der Vergütung neue Herausforderungen. Selbstorganisation und Verantwortungsübernahme als gelebte Prinzipien können sich auch in dem Anspruch der eigenständigen Entscheidung über das Gehalt niederschlagen. So wurde z.B. in den Anfangsjahren in der Digitalagentur elbdudler GmbH das Gehalt von jedem Mitarbeitenden selbst vorgeschlagen und begründet (Apke 2018). Bei einer Umsetzung in großen Unternehmen bedarf es dazu sicherlich weiterer koordinierender Mechanismen. Weitere Herausforderungen ergeben sich durch die grundsätzlich stärker selbstverantwortliche Arbeitsweise und die häufig wechselnden Rollen in agilen Einheiten. Für eine Einordnung von Mitarbeitenden in Entgeltgruppen z.B. eignen sich heutige Bewertungsstufen nicht, da sie auf anderen Annahmen über die Zusammenarbeit und Verantwortungsübernahme basieren und relativ unflexibel sind. Die Vergütung stärker an Erfahrungslevels zu koppeln ist hier ein Ansatz, der mittlerweile von einzelnen Unternehmen verfolgt wird, so auch von der Digitalagentur elbdudler GmbH (Apke 2018). Dabei bleibt die Herausforderung Erfahrungen fair zu klassifizieren. Insbesondere für große Unternehmen mit ausdifferenzierten Gehaltssystemen müssen hier erst noch neue Lösungen gefunden werden.

Für den *HR-Bereich* bleibt die grundsätzliche Rolle als konzeptioneller (Mit-)Gestalter sowie Unterstützer in der Durchführung erhalten. Allerdings stellen sich, wie beschrieben, große Herausforderungen insbesondere in der passenden Gestaltung sowie in der Befähigung der Mitarbeitenden.

3.1.4 HRM als strategischer Austauschpartner, Gestalter, Berater und Prozessbegleiter

Der HR-Bereich steht heute an der Schwelle, entweder zum strategischen Austauschpartner für kulturelle, strukturelle und personelle Voraussetzungen im agilen Kontext zu werden oder an Bedeutung zu verlieren (Armutat et al. 2016; Boudreau 2015; Crummenerl et al. 2018). Sollte die strategische Herausforderung vom HRM angenommen werden, lassen sich vier wesentliche Aufgaben des HR-Bereiches abgrenzen:

- die Gestaltung der HR-Strategie im Wechselspiel mit der Unternehmensstrategie,
- die Gestaltung von Unternehmenskultur und Strukturen zur Unterstützung der Strategie,
- die Gestaltung von HR-Systemen (Richtlinien, HR-Prozessen und HR-Instrumenten) sowie
- die Unterstützung der agilen Arbeitsformen und der digitalen Transformation.

In einer von ständigen Veränderungen geprägten Umwelt muss die *HR-Strategie* im fortwährenden Wechselspiel mit der Ausgestaltung der Unternehmensstrategie weiterentwickelt werden. Hier sollte das HRM die Rolle des strategischen Austauschpartners einnehmen – nicht zuletzt da alle weiteren Tätigkeiten des HRMs auf die Ziele der Unternehmensstrategie ausgerichtet sein müssen.

Agilität kann nur mit dem richtigen Mindset im Unternehmen umgesetzt werden, entsprechend muss die *Unternehmenskultur* inkl. einer geeigneten Führungs- und Lernkultur gestaltet und verankert werden (Trost 2018). Die Aufgabe des HRMs ist es, Interventionen im Einklang mit der Unternehmens- und HR-Strategie zu entwickeln und umzusetzen. Dabei gilt es, auch die Führungskräfte ins Boot zu holen, damit die kulturelle Verankerung gelingen kann. Führungskräfte im agilen Kontext sollten als Dienstleister agieren und sich kollegial ins Team einbringen. Die Lernkultur sollte geprägt sein von selbstgesteuertem, bedarfsorientiertem und individuell zugeschnittenem Lernen, das überwiegend on the job und informell stattfindet (Graf et al. 2017). Kollaborative Formate, u.a. kollegial vermitteltes Lernen, Coaching, kontinuierliches Feedback und Lernen durch Ausprobieren sind essentieller Teil. Der HR-Bereich sollte dazu eine Kultur der Offenheit, des Austausches und des selbständigen Wissenserwerbs fördern. Außerdem sollten die passenden *Strukturen* in der Organisation geschaffen werden. Agiles Arbeiten erfordert flache Hierarchien, reibungsarme Schnittstellen und reaktionsschnelle Prozesse. Soll ein ganzheitlicher Ansatz verfolgt werden, so sind Unternehmenskultur, Organisationsgestaltung und -entwicklung sowie HRM unbedingt gemeinsam zu „denken". Das

HRM könnte sich hier noch stärker als heute der Fall, z.B. im Bereich Organisationsentwicklung, einbringen.

Um agile Arbeits- und Organisationsmethoden verankern zu können, müssen, wie im vorangegangenen Kapitel beispielhaft beschrieben, *HR-Systeme* weitgehend angepasst werden. Letztendlich müssen Systeme geschaffen werden, die agiles Arbeiten unterstützen sowie wiederum flexibel genug für weitere Anpassungen sind. Hier sollte das HRM die zuvor definierten kulturellen und strukturellen Anforderungen in entsprechende Systeme übersetzen, die als sichtbare Elemente der Unternehmenskultur das agile Mindset fördern. In diesem Zusammenhang ist es auch die Aufgabe des HRMs, alle neuen Systeme mit den Sozialpartnern abzustimmen und Lösungen zu vereinbaren.

Zur *Unterstützung agiler Arbeitsformen und der digitalen Transformation* sollte das HRM die Rolle eines Beraters, Coach und Prozessbegleiters einnehmen. Der HR-Bereich kann zum einen beim Wissenserwerb zu Agilität, digitaler Transformation und im agilen Kontext allgemein beraten und vermitteln. Zum anderen kann er als Moderator bzw. Coach bei der Einführung und Umsetzung agiler Methoden und Formate sowie als Prozessbegleiter in konkreten Veränderungsvorhaben agieren. Als Unterstützer der digitalen Transformation sollte das HRM zudem durchaus stärker eigene Impulse setzen und den Anstoß zu Veränderungen geben. Außerdem sollte der HR-Bereich selbst mit agilen Methoden arbeiten, um diese komplett zu verinnerlichen. Nicht zuletzt kann das HRM die Vernetzung im Unternehmen stärken, um neue Arbeitsweisen und einen kontinuierlichen Austausch dazu zu fördern.

Zur Gestaltung der entsprechenden Strukturen gehört auch die *(organisatorische) Aufstellung des HR-Bereiches* selbst. Wie in Kapitel 3 beschrieben, werden manche (klassischen) HR-Aufgaben in Zukunft von den Mitarbeitenden selbst übernommen. Dies bedeutet, dass einige HR-Rollen (bspw. im Recruiting) vermehrt verteilt in den operativen Einheiten existieren werden und der klassische HR-Bereich, wie wir ihn heute häufig vorfinden, sich merklich verändern wird. Da es im agilen Kontext zudem unabdingbar ist, auf sich ändernde Bedürfnisse ohne Zeitverzögerung zu reagieren, sollten auch strategisch relevante HR-Kompetenzen dezentraler in den agilen Teams vorgehalten werden. Deshalb ist es durchaus denkbar, dass in der Zukunft nur noch die übergeordnete Personalarbeit und die Vernetzung der HR-Akteure in zentralen Einheiten geschehen.

Diese veränderte Rolle des HR-Bereiches geht auch mit erweiterten Anforderungen an die *Kompetenzen der HR-Mitarbeitenden* einher. Um die oben genannten Aufgaben zu erfüllen, sind folgende Kompetenzen besonders wichtig:

- Strategisch-wirtschaftliches Verständnis sowie Stakeholder-Management
- Verständnis von psychologischen Konzepten zum Verhalten von und in Organisationen

- Kenntnisse in Organisationsentwicklung
- Kenntnisse aller HR-Themenbereiche
- Methodische Kompetenzen in den Bereichen Moderation, Coaching und Prozessbegleitung
- Kenntnisse zu Hintergründen und Methoden des agilen Arbeitens

Der Wille zur Übernahme dieser veränderten Rolle des HRMs im agilen Kontext ist in der Praxis durchaus erkennbar. Der beobachtbare Reifegrad liegt jedoch häufig noch weit hinter der Willensbekundung zurück.

3.1.5 Schlussbetrachtung

Die Herausforderung zur Anpassung im HRM besteht für alle Unternehmen, die agile Arbeits- und Organisationsformen erfolgreich nutzen wollen. Vor gewaltigen Herausforderungen stehen allerdings vor allem die mittleren und großen Unternehmen, in denen seit Jahrzehnten HR-Systeme etabliert wurden, die sehr gut ineinandergreifen und aufeinander aufbauen. Hier gibt es noch kaum Praxisbeispiele, in denen diese HR-Systeme mit solchen, die für agile Unternehmensbereiche geeignet sind, zusammenspielen.

Zudem wird der HR-Bereich sich überlegen müssen, in welche Rolle er sich hineinentwickeln möchte. Ein agil aufgesetztes Projekt, das die neuen Anforderungen der internen Kunden zum Ausgangspunkt nimmt, kann bei der Entwicklung einer zeitgemäßen HR-Strategie helfen. Außerdem gilt es im Rahmen der digitalen Transformation die Rolle des Begleiters und Unterstützers agiler Arbeits- und Organisationsformen zu besetzen. Um nicht alleine externen Beratern dieses Feld zu überlassen, sollte die Unternehmensführung den Ausbau eigener Kompetenzen im HR-Bereich fördern. Auf diese Weise kann das HRM in strategische Richtungen mitdenken und helfen, die Innen- und Außenperspektive im Wandlungsprozess auszubalancieren.

Die Autorinnen

Prof. Dr. Doreen Appelt vertritt das Lehrgebiet Human Resource Management an der Hochschule für Technik Stuttgart. Zuvor arbeitete sie neun Jahre als Beraterin bei der Roland Berger GmbH sowie seit 1999 als selbstständige Beraterin, Moderatorin und Trainerin. Ihre Beratungsschwerpunkte liegen in den Bereichen Führung, Personalmanagement, Change Management und Reorganisation sowie im Management von Sanierungen und Transformationsprozessen.
Kontakt: doreen.appelt@hft-stuttgart.de

Prof. Dr. Katrin Allmendinger ist Professorin für Wirtschaftspsychologie an der Hochschule für Technik Stuttgart. Schwerpunktmäßig unterrichtet sie in den Bereich Team- und Organisationsentwicklung sowie psychologische Beratung. Sie arbeitete zuvor am Fraunhofer Institut für Arbeitswirtschaft und Organisation in Stuttgart sowie als Coach, Trainerin und Beraterin. Als Gründungsmitglied und Gesellschafterin eines IT-Start-ups ist sie auch praxisnah mit agilen Arbeitsweisen vertraut.
Kontakt: katrin.allmendinger@hft-stuttgart.de

Prof. Dr. Uta Bronner lehrt Human Resource Management im Studiengang Wirtschaftspsychologie an der Hochschule für Technik Stuttgart. Ihr fachlicher Schwerpunkt liegt im Bereich strategisches HRM, Führung und Personal- und Organisationsentwicklung. Vor ihrer Hochschultätigkeit war sie zehn Jahre lang als Fach- und Führungskraft im HR-Bereich der Robert Bosch GmbH tätig. Sie ist zertifizierter Coach und Veränderungsberaterin.
Kontakt: uta.bronner@hft-stuttgart.de

Literatur

Apke (2018). Gehalt offenlegen: „Ich sehe nur zwei Gründe, das Gehalt geheim zu halten". https://www.impulse.de/management/personalfuehrung/gehalt-offenlegen/7298399.html#. Zugegriffen am 16.09.2018

Armutat, S. (2018a). Strategisches Personalmanagement: Agilität im Fokus. In: S. Armutat, N. Bartholomäus, S. Franken, V. Herzig, & B. Helbich (Hrsg.), *Personalmanagement in Zeiten von Demographie und Digitalisierung* (S. 109–144). Wiesbaden: Springer Gabler.

Armutat, S. (2018b). Leistungsmanagement: Das Ganze im Blick. In: S. Armutat, N. Bartholomäus, S. Franken, V. Herzig, & B. Helbich (Hrsg.), *Personalmanagement in Zeiten von Demographie und Digitalisierung* (S. 261–284). Wiesbaden: Springer Gabler.

Armutat, S., Dorny, H.-J., Ehrmann, H.-M., Eisele, D., Frick, G., Grunwald, Ch., Heßling, K.-H., Hillebrand, H. & Skottki, B. (2016). Agile Organisationen – Agiles Personalmanagement. DGFP-Praxispapiere. Best Practices 01/2016. https://www.dgfp.de/fileadmin/user_upload/DGFP_e.V/Medien/Publikationen/Praxispapiere/201601_Praxispapier_agileorganisationen.pdf. Zugegriffen am 08.09.2018

Beck et al. (2001). Manifest für agile Softwareentwicklung. http://agilemanifesto.org/iso/de/manifesto.html. Zugegriffen am 08.09.2018

Buckingham, M. & Goodall A. (29.04.2015). Die Leistung radikal einfach messen. *Harvard Business Manager.* http://www.harvardbusinessmanager.de/blogs/ein-neues-system-zur-beurteilung-von-mitarbeitern-a-1030991.html. Zugegriffen am 16.09.2018

Boudreau, J. W. (2015). HR at the Tipping Point – The Paradoxical Future of Our Profession. *People + Strategy, 38*, 46–54.

Capgemini Consulting (2018). Studie IT-Trends 2018, Digitalisierung: Aus Ideen werden Ergebnisse. https://www.capgemini.com/de-de/wp-content/uploads/sites/5/2018/02/it-trends-studie-2018.pdf. Zugegriffen am 08.09.2018

Varma, A., Budhwar, P. & Norlander, P. (2017). Performance Management and Motivation. In: J. Crawshaw, P. Budhwar & A. Davis (Hrsg.), *Human Resource Management: Strategic and International Perspectives* (S. 278–300). Los Angeles: Sage.

Crummenerl, C., Jacob, F. & Funk, L. (2018). Now or never – HR's need to shape its own future – Results & Insights from Capgemini's Exploration "The Future Role of HR". https://www.capgemini.com/consulting/de/wp-content/uploads/sites/32/2018/05/now-or-never-hrs-need-to-shape-capgemini-consulting.pdf. Zugegriffen am 29.10.2018

Dörner, S. (04.03.2016). Das Google-Prinzip für die Mitarbeiterführung. Die Welt. https://www.welt.de/print/die_welt/wirtschaft/article152959973/Das-Google-Prinzip-fuer-die-Mitarbeiterfuehrung.html. Zugegriffen am 14.10.2018

Graf, N., Gramß, D. & Edeltraut, F. (2017). *Agiles Lernen: Neue Rollen, Kompetenzen und Methoden im Unternehmenskontext.* Freiburg: Haufe.

Häußling, A. (2017). *Agile Organisationen.* Freiburg: Haufe.

Hanschke, I. (2017). Agile in der Unternehmenspraxis. Wiesbaden: Springer Vieweg. https://www.springer.com/de/book/9783658191573. Zugegriffen am 29.10 2018

Hofert, S. (2018). Agiler führen. 2. aktualisierte Aufl. Wiesbaden: Springer Gabler. https://www.springer.com/de/book/9783658185602. Zugegriffen am 29.10.2018

Lautenberg, A. & Kaltmeier, L. (2017). Rethinking Talent-Management. In: Jochmann, W., Böckenholt, I., & Diestel, S. (Hrsg.), *HR-Exzellenz: Innovative Ansätze in Leadership und Transformation* (S. 315–322). Wiesbaden: Springer Gabler. https://www.springer.com/de/book/9783658147242. Zugegriffen am 29.10.2018

Rahn, M. (2018). *Agiles Personalmanagement: Die Gestaltung von klassischen Personalinstrumenten in agilen Organisationen.* Wiesbaden: Springer Gabler. https://www.springer.com/de/book/9783658230210#otherversion=9783658230227. Zugegriffen am 29.10.2018

Rettig, D. (11.8.2015). So geht gute Führung. Wirtschaftswoche. https://www.wiwo.de/erfolg/personalfuehrung-so-geht-gute-fuehrung/12151986.html. Zugegriffen am 16.09.2018

SAP SE (Hrsg.) (2017). Re-imagining Performance Management @ SAP. https://assets.dm.ux.sap.com/previewhub/canada-digital-transformation/pdfs/jamie-aitken-saptalk-final-june-2017v2.pdf. Zugegriffen am 16.09.2018

Stock-Homburg, R., Groß, M., & Roller, D. (2016). Agilität und Effizienz richtig ausbalancieren: Wettbewerbsvorteile durch integriertes Personalmanagement. In: *Personalführung,* 7–8, 18–24.

Stock-Homburg, R. (2013). *Personalmanagement: Theorien – Konzepte – Instrumente.* 3. Aufl. Wiesbaden: Springer Gabler.

Trost, A. (2018). *Neue Personalstrategien zwischen Agilität und Stabilität.* Berlin: Springer Gabler.

van Dierendonck, D. (2011). Servant Leadership – A Review and Synthesis. *Journal of Management,* 37 (4), 1228–1261.

3.2 Circle Structure in Holacratic Organizations: An Analysis of How to Process Tension into Change

Selen Kurt

Abstract

Digital transformation fuels the complexity of our environment and thus requires high levels of adaptability from organizations. This evokes the need for new organizational concepts and Holacracy promises to fill this void. Holacracy is a management system characterized by a special organizational structure to deal with the increasingly complex social and business environment. One way to address this complexity in holacratic organizations is done through so-called tensions. Tensions are associated with a potential for improvement that once processed initiate change within the organization. The main purpose of this article is to explore how holacratic organizations manage tension to achieve fast adaptability. The research is based on an interview study with members from different holacratic organizations. In this article, it is examined how tensions may play out in the field of digital transformation. First, five types of organizational tensions – strategic, structural, operational, interpersonal and Holacracy-specific tension – are identified that occur in the context of holacratic organizations. Second, it is found that specific triggering events as well as uncertainty and the individual's drive for improvement contribute to the emergence of tension. Third, a common pattern of coping mechanisms – corporate culture, awareness raising, channels, changes and reflection – is determined through which tensions are processed. These factors may need further elaboration on how they affect organizations that face the complexity of digital transformation.

© Springer Fachmedien Wiesbaden GmbH, ein Teil von Springer Nature 2019
A. Lochmahr, P. Müller, P. Planing, T. Popović, *Digitalen Wandel gestalten*
https.//doi.org/10.1007/978-3-658-24651-8_3.2

3.2.1 Introduction

The transition from industrialization to the modern digital age changed both our personal and working lives significantly. Digital transformation influenced how we communicate and interact with each other and shaped how businesses operate using digital technology (Gehrckens, 2016). The complexity of our environment requires organizations with high levels of adaptability. Therefore, it raises the question whether the concept of traditional organizations is outdated and organizations need to be restructured to reflect the demands of our modern world. New organizational concepts are sought-after that are characterized by flat hierarchies and flexible structures (Klaffke, 2014).

Holacracy is a management system with a special organizational structure that enables to adapt quickly to change. The promise of Holacracy is more organizational agility to meet the requirements of a fast-changing business environment e.g. due to new technological advances and more efficient ways to manage data such as artificial intelligence. More precisely, globalization and its consequences constantly provoke market changes to which organizations rapidly need to adapt. Holacracy distinguishes between roles with certain activities and people allocated to job descriptions as in traditional organizations. The advantage of roles is that they are adaptable to new conditions and thus make an organization more agile in responding to change (Bühler & Maas, 2017).

3.2.2 The Management System 'Holacracy'

In the following, Holacracy is put into context of organizational theory to examine its influencing factors. The term 'Holacracy' is subsequently defined and selected elements of the circle structure are described. Next, the concept of tension is introduced that is responsible for the adaptability of holacratic organizations.

3.2.2.1 Influences on Holacracy

In the context of organization studies, different organizational theories were in place over the last centuries and shaped how organizations were formed. Throughout the history of organizations – starting with the era of industrialization in Europe in the 19th century to the modern company today – organizational theories such as bureaucratic approaches, scientific management and the human relations movement characterized the respective time. This concept is also reflected in a model of the integral evolutionary organization that illustrates the interconnectedness between the development of human consciousness and organizational progress in history (Laloux, 2014).

Being developed in 2007, Holacracy is a relatively new management system that integrates into organization studies of today. Sanders and Kianty (2006) presented systems approach as the most recent organizational theory. It gained importance in 1968 through Ludwig von Bertalanffy who is closely linked to systems theory. He defined organizations as open systems with a holistic perspective on organizational processes, dynamic organizational structures and the ability to react to environmental changes (Sanders & Kianty, 2006). These characteristics apply to holacratic organizations such that they are reflected in Holacracy's key principles of self-organization and the role system.

Besides, Brian Robertson – the founder of Holacracy – mentioned in 2012 that the development of Holacracy was inspired by the following three paradigms:
- sociocracy: predecessor model of Holacracy
- getting things done: self-management method to increase the efficiency of work processes
- agile software development: flexible and lean practices e.g. self-organizing teams to adapt quickly to changes

Therefore, the influences are complex: Holacracy represents a patchwork that shows distinct similarities with modern organizational approaches and is related to different organizational concepts.

3.2.2.2 Definition of Holacracy

To understand 'Holacracy', the term is approached from a semantic perspective and split into its two components – hola and cracy. The prefix 'hola' refers to the organizational structure of holons that are described as small organizational units (Koestler, 1967). According to the English Oxford Dictionaries, 'cracy' originates from the Greek word kratia and means governance or rule.

Robertson defines the concept as follows:

> ▶ **Holacracy** is a governance of organizational structures. In a broader sense, it is an organizational model with a special systematics to classify work. (Robertson 2015)

The explanations below are based on this definition.

3.2.2.3 Circle Structure

Holacratic organizations are characterized by a specific organizational structure. The so-called circle structure is relevant because its functioning enables to put organizational changes into practice. Changes are implemented by continually adapting the structure to new standards as is the case with digital transformation.

The structure of holacratic organizations resembles the human organism and thus reflects the concept of homeostasis (Williams, 2006).

Figure 3.1 illustrates the basic structure of a circle:

A holacratic organization is composed of different basic elements. Subsequently, selected elements of the circle structure are explained:
1) *Roles* are the smallest unit within the structure of holacratic organizations. Compared to conventional companies, Holacracy strongly differentiates in its structure between roles and people. Thus, the advantage of roles over people allocated to job descriptions is that roles are dynamic and adaptable to new conditions (Robertson, 2015).
2) *Circles* encompass roles that are grouped together due to their thematic proximity. Sub circles form a larger circle (so-called super circle) until one circle equals the entire organization. New circles are created when the accountabilities exceed the capacity of a role (HolacracyOne, 2015).

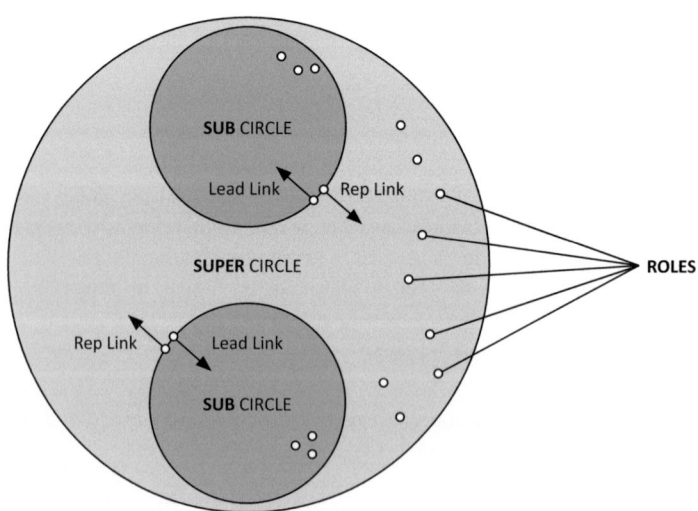

Abb. 3.1 Basic circle structure (Robertson, 2015, p.51)

3) *Links* are special roles that serve as a connection between circles. The lead link is assigned by the super circle and advocates its needs to the smaller circle whereas the representative link operates vice versa. Both lead link and representative link are essential within the holacratic system to guarantee reciprocal communication at the interface between different levels of circles (Robertson, 2015).

> **Example**
> A medium-sized company has an IT circle and starts with a role for digital transformation. With increasing growth and ambitions to digitalize their business model, they recognize that it is not possible anymore for one role to cope with the tasks at hand. To meet the recent challenges and become an agile organization, this role is consequently divided into multiple roles such as digital transformation manager, digital strategy and digital transformation developer that create a new digital transformation circle.

3.2.2.4 Concept of Tension

The concept of tension is key within holacratic organizations because it shapes the structure, procedure and outcome of meetings. This approach is responsible for the organization's fast adaptability to changing needs and at the same time requires a high level of agility of corporate processes.

In common language, the term 'tension' is associated with a negative condition that needs to be resolved. This is a fundamental difference to the understanding of tension in the context of Holacracy where tensions are defined as "gaps between the current reality and a potential you sense" (HolacracyOne, 2015). Tension is thus referred to a difference between the present and a desired situation. It implies a potential for improvement, but is no given fact instead varies among individual's perception. In Holacracy, tension is regarded as a neutral term that both applies to a) tackle problems and b) exploit opportunities on behalf of the organization (Robertson, 2015).

> **Example**
>
> a) In the following, the concept of tension is exemplified through the model of requisite organization by Elliott Jacques (1997): He did research on how to align the organizational structure with the corporate strategy and thereby elaborated a system that distinguished between the formal structure, the extant structure and the requisite structure.
> A holacratic organization with a digital transformation circle recognizes that the circle operates differently in reality from how it is captured in Holacracy's circle structure (the so-called formal structure). This reality shows how the structure is run in fact and is therefore called extant structure. To improve the situation, they develop a desired circle structure referred to as requisite structure. The target is to bridge the gap between the extant and requisite structure by refining the digital transformation circle in small iterations.
>
> b) The second scenario depicts the notion of opportunity tension: This draws upon the idea that people enter into certain tensions because they sense a promising potential. An opportunity tension arises when both motivation and vision to turn a concept into reality come together (Lichtenstein, 2009). The CEO of a company wants to digitalize the business model. He decides to make this project come true as this facilitates many business processes. An opportunity tension not being taken, for instance due to ignoring the market trends, might cause great loss for a company such as in the case of Siemens in the context of mobile phones.

Although tensions are the motor for change as in the context of digital transformation, the topic of tension is unexplored within Holacracy. Therefore, there is the need to investigate tension in holacratic organizations from an academic perspective.

> **Research questions**
> How do holacratic organizations process tension?
> 1. What type of tensions exist in holacratic organizations?
> 2. Which aspects contribute to the emergence of tension?
> 3. What mechanisms are utilized to address tension across holacratic organizations?

An interview study was conducted with members from different holacratic organizations. The organizations operated in a variety of sectors such as consulting, the digital segment and the environmental industry.

3.2.3 Tensions in Holacratic Organizations

In the following, the results of the three research questions are summarized in tables presenting the main categories with more detailed information to each question below.

3.2.3.1 Types of Tension

Tab. 3.1 shows five types of tension in holacratic organizations:

Tab. 3.1 Types of tension

Category name	Definition
Strategic tension	Strategic tensions deal with the accountability of strategic decision-making processes on different corporate levels.
Structural tension	Structural tensions refer to a duality regarding the circle structure in holacratic organizations.
Operational tension	Operational tensions are about an individual's perceived tension in the context of daily work routines.
Interpersonal tension	Interpersonal tensions refer to dissonance between two or more people that affect the relationship level.
Holacracy-specific tension	Holacracy-specific tensions are obstacles related to the nature of Holacracy.

First, strategic tensions are about uncertainties in settings of strategic decision-making that happen on the organizational level, the circle level and the individual level by reason of undesignated leadership. Structural tensions refer to unclear accountabilities between roles and tasks as well as the existence of hidden hierarchies within Holacracy's circle structure. Operational tensions address constraints in daily work routines that are primarily related to resource conflicts and administrative tasks. Interpersonal tensions depict personal disagreements or resistance against Holacracy and have a negative impact on the relationship level of people in the organization. At last, Holacracy-specific tensions include factors as a lack of Holacracy understanding and resentment against its strict regulatory framework that are distinct to holacratic organizations.

3.2.3.2 Emergence of Tension

Tab. 3.2 presents three different aspects which contribute to the formation of tension in holacratic organizations:

Tab. 3.2 Emergence of tension

Category name	Definition
Triggering events	Triggering events are specific incidents that initiate the process of tension formation.
Drive for improvement	Drive for improvement is an inherent characteristic of the holacratic mindset and contributes to tension formation.
Uncertainty	Feelings of uncertainty stem from a negative form of emotional arousal and serve as a driving factor to evoke tension.

Triggering events such as meetings, customer contact, staff changes and large-scale projects serve as specific incidents within holacratic organizations that evoke tension. In addition, people with a drive for improvement characterized by a positive attitude towards tension, real participation opportunities and role accountability thrive to identify future potentials and thus initiate tension. Uncertainty also constitutes a source for the emergence of tension as a result of lack of communication, lack of competencies or lack of clarity about Holacracy itself.

3.2.3.3 Mechanisms of Tension

Tab. 3.3 shows a process of how holacratic organizations address tension with a common pattern of the following five stages:

Tab. 3.3 Mechanisms of tension

Category name	Definition
Corporate culture	Holacratic organizations share a common set of values that shape their corporate culture.
Awareness raising	Holacratic organizations take specific actions to raise peoples' awareness for tensions in different phases of the employment relationship.
Channels	Holacratic organizations offer different types of channels to process tension.
Change	Holacratic organizations respond to the processing of tension with different forms of corporate adaptation.
Reflection	Holacratic organizations reflect upon the impact of the change and validate whether a new tension needs to be processed in return.

3.2 Circle Structure in Holacratic Organizations

First, holacratic organizations share a similar corporate culture that is characterized by a common set of values including mutual support, self-empowerment and appreciating mistakes. Based on that, holacratic organizations emphasize the importance of identifying tensions repeatedly throughout the employment relationship starting from recruiting over Holacracy onboarding to Holacracy meetings. Next, holacratic organizations utilize various channels for processing tension such as meetings, direct and indirect forms of communication, Holacracy activities and other practices like creativity methods. Forth, holacratic organizations initiate corporate change in response to the processing of tension by amending roles, amending policies or amending Holacracy itself. At last, holacratic organizations reflect upon the processing of tension either on an organizational level, circle level or individual level and reinitiate the iterative process if needed.

Practical implication

Transferred to the scenario of a fictional organization, this paragraph outlines some of the above findings: Operating in the field of journalism, the organization publishes news in the form of written articles. They run a webpage where they provide all their content online so that customers can either read the articles on their computer or their smartphone via an app. Additionally, the organization plans to provide most of the files as an audio version in the near future. The business is structured into virtual project teams as this fits best the needs of both organization and employees.

When speaking in the language of Holacracy, the organization faces various tensions due to its digital business model. Referring to the findings of this article, there might be different sources that contribute to the emergence of tension. For instance, customer contact and a large-scale project may apply as triggering events that initiate the process of tension formation. Establishing a digital infrastructure that meets the customers' needs is an ongoing challenge. On top, bringing audio versions of the articles to market is a cross-border project that needs collaboration beyond team structures. Introducing change of that magnitude causes tension in organizational contexts (Burke & Litwin, 1992). Uncertainty might also create tension as working in virtual project teams constitutes a challenge in different ways. A gap between a younger generation with a higher affinity towards mobile working and an older generation with a less positive attitude towards digital work could provoke tension due to the existence of two different mindsets. Next to digital competencies, it requires a communicative skillset to exchange knowledge though working remotely.

3.2.4 Conclusion

With the internet and all the digital technology at hand, the foundation for organizations is set to digitalize business models and make use of the new media. Digitalization has a significant impact on the structure, strategy and culture of organizations at the same time. Therefore, digital business models offer manifold potential for the emergence of tension. As presented above, holacratic organizations utilize different channels but share a process with common patterns of stages to address these tensions. Adapting a holacratic system facilitates to encounter the growing demands of the digital future. Hence, Holacracy is a modern organizational system that fosters digital transformation and presents one way to deal with the increasing complexity of our social and business environment.

The author

Selen Kurt studied business psychology with specialization on human resources and consulting. During her studies, she did research on her topics of interest about social entrepreneurship and Holacracy. She also worked as a research assistant on projects dealing with learning technologies and the retail market at the Fraunhofer Institute for Industrial Engineering in Stuttgart. Currently, she does the MSc Organisational and Social Psychology programme at the London School of Economics and Political Science (LSE).
Contact: selen.kurt@web.de

References

Burke, W.W., & Litwin, G.H. (1992). A Causal Model of Organisation Performance and Change. *Journal of Management*, 18(3), 523–545.

Bühler, P., & Maas, P. (2017). Transformation von Geschäftsmodellen in einer digitalisierten Welt. In M. Bruhn, & K. Hadwich (Hrsg.), *Dienstleistungen 4.0: Geschäftsmodelle – Wertschöpfung – Transformation. Band 2. Forum Dienstleistungsmanagement* (S. 43–70). Wiesbaden: Springer Gabler.

Gehrckens, H. M. (2016). Agilität im Kontext der digitalen Transformation Kernanforderung an die Organisation von morgen. In G. Heinemann, H. M. Gehrckens, U. J. Wolters, & dgroup GmbH (Hrsg.), *Digitale Transformation oder digitale Disruption im Handel* (S. 79–108). Wiesbaden: Springer Gabler.

HolacracyOne (2015). *Holacracy Constitution v4.1*. Retrieved on 2018-11-21 from: http://www.holacracy.org/wp-content/uploads/2015/07/Holacracy-Constitution-v4.1.pdf

Jaques, E. (1997). *Requisite Organization A Total System for Effective Managerial Organization and Managerial Leadership for the 21st Century*. Farnham: Gower Publishing Ltd.

Klaffke, M. (2014). *Generationen-Management – Konzepte, Instrumente, Good-Practice-Ansätze*, Wiesbaden.

Koestler, A. (1967). *The Ghost in the Machine*. Hutchinson: Penguin Group.

Laloux, F. (2014). *Reinventing Organizations A Guide to Creating Organizations Inspired by the Next Stage of Human Consciousness*. Brussels: Nelson Parker.

Lichtenstein, B. B. (2009). Moving Far From Far-From-Equilibrium: Opportunity Tension as the Driver of Emergence. *College of Management Working Papers and* Reports, 13.

Robertson, B. (2012). *Holacracy's Formative Influences* (Interview audio file). Retrieved from HolacracyOne Website: http://www.holacracy.org/backstory.

Robertson, B. (2015). *Holacracy – The New Management System for a Rapidly Changing World*. New York, NY: Henry Holt.

Sanders, K., & Kianty, A. (2006). *Organisationstheorien Eine Einführung*. Wiesbaden: VS Verlag für Sozialwissenschaften.

Search for -cracy. In English Oxford Dictionaries. Retrieved on 2018-11-21 from: http://www.oxfordlearnersdictionaries.com/definition/english/cracy?q=cracy

Williams, H. T. P. (2006). *Homeostatic adaptive networks*. Diss., University of Leeds.

Chancen und Herausforderungen bei der Verwendung von Predictive Analytics im Talent Management aus Sicht von Mitarbeitenden

3.3

Johanna Thums und Patrick Müller

Abstract

Der digitale Wandel eröffnet Unternehmen in vielen Funktionsbereichen neue Möglichkeiten, wie beispielsweise dem Bereich des Human Resource Management (HRM). Predictive Analytics gewinnt in diesem Zusammenhang zunehmend an Bedeutung, wie beispielsweise im Rahmen des Talent Managements. Durch gezieltere Förderung und Bindung von Leistungsträgern können Wettbewerbsvorteile geschaffen werden. Während die Potenziale und Herausforderungen von Predictive Analytics aus unternehmerischer Sicht bereits vielfältig diskutiert werden, stellt die Sichtweise der Mitarbeitenden auf diese neuen Ansätze eine neue Forschungsperspektive dar. In einer qualitativen Studie mit 12 Interviews wurden die Sichtweisen von Mitarbeitenden auf das Thema Predictive Analytics im Talent Management näher betrachtet. Dabei zeigte sich, dass Mitarbeitende die vielfältigen Chancen für sich und das gesamte Unternehmen erkennen. Die wahrgenommenen Herausforderungen lassen sich in die vier Themenfelder Einfluss auf Beziehungen, Datenintegrität, Ethik und Funktionalität zusammenfassen. Die identifizierten Chancen und Herausforderungen deuten darauf hin, dass eine intakte Vertrauensbasis zwischen der Organisation und den Mitarbeitenden eine fundamentale Voraussetzung für eine erfolgreiche Implementierung ist. Diese Befunde verknüpfen die aktuelle Diskussion zu Predictive Analytics mit der Forschung zu HRM-bezogenen Attributionen von Mitarbeitenden und organisationalem Vertrauen.

© Springer Fachmedien Wiesbaden GmbH, ein Teil von Springer Nature 2019
A. Lochmahr, P. Müller, P. Planing, T. Popović, *Digitalen Wandel gestalten*
https.//doi.org/10.1007/978-3-658-24651-8_3.3

3.3.1 Einleitung

Talent Management wird als eines der wichtigsten Personalthemen der Zukunft beschrieben (Piéch 2015). Als eine Reaktion auf den „war for talents" führen immer mehr Unternehmen Talent Management Programme ein, um geeignete Mitarbeitende für das Unternehmen zu identifizieren, zu gewinnen und zu entwickeln (vgl. Ritz und Thom 2018). Angesichts der Wichtigkeit, vorausschauend zu planen und zukünftige Entwicklungen zu antizipieren, lassen sich hierbei statistische, vorhersagende Analysen (Predictive Analytics, PA) sehr gut einsetzen.

Im HRM befinden sich diese Analyseverfahren allerdings zurzeit noch auf einer frühen Entwicklungsstufe (Christ und Ebert 2016). Dennoch betrachten Unternehmen PA als einen Trend, den sie nicht verpassen dürfen (Johannink 2015) und ein Großteil der Unternehmen sind der Ansicht, dass die Verwendung solcher Analysen wichtig für die Geschäftsentwicklung ist (Minbaeva 2018). Auch in der Forschung gewinnt das Thema zunehmend an Bedeutung (vgl. Marler & Bourdreau 2017). Jedoch fokussierten sich fast alle bisherigen Studien ausschließlich auf die Sicht der Nutzer bzw. potentiellen Nutzer wie den Personalbereich, die IT und das Management (z.B. Lohaus et al. 2017). Die betroffenen Personen, deren Daten als Mitarbeitende schlussendlich mit Variablen des Geschäftserfolgs ins Verhältnis gesetzt werden (Müller und Lohaus 2016), wurden bisher nicht in Betracht gezogen (für eine Ausnahme siehe Khan und Tang 2017). Ziel dieser Studie war es deshalb, die Sicht der Mitarbeitenden zur Verwendung von PA im Talent Management zu ermitteln und darzustellen.

3.3.2 Hintergrund

Die Digitalisierung und die damit einhergehende informationstechnische Verarbeitung vorhandener Daten verschafft Organisationen die Möglichkeit, sich einen langfristigen Wettbewerbsvorteil zu erarbeiten, indem sie diese für vorhersagende Analysen nutzen (Davenport und Harris 2007). Solche prädiktiven Verfahren ermöglichen es, Trends zu erkennen, Ereignisse vorherzusagen und Veränderungen zu prognostizieren (Halper 2014). Sie zielen darauf ab, mittels vergangenheitsbezogener Daten empirische Vorhersagen zu generieren (Shmueli und Koppius 2011) und werden bereits in vielen Unternehmensbereichen genutzt, um z. B. Lagerbestände zu optimieren und die Qualität bestehender Produkte zu sichern (Marler und Boudreau 2017). Für den Bereich des HRMs und speziell für den Teilbereich Talent Management (TM) eröffnet sich durch die Verwendung von PA die Möglichkeit, HRM-seitig auf den Unternehmenserfolg und die Geschäftsstrategie einzuwirken (Lawler et al. 2004).

3.3.2.1 Verwendung von Predictive Analytics im Talent Management

TM bezeichnet Konzepte und Maßnahmen, die sich an den Vorgaben des strategischen HRMs orientieren und umfassen die gezielte Gewinnung, die Identifizierung, die Entwicklung, den Einsatz, die Bindung und Zurückgewinnung von Talenten (Piéch 2015). Generell gibt es unterschiedliche Definitionen für den Begriff des Talents (für eine ausführliche Diskussion siehe Gallardo-Gallardo, Dries – und González-Cruz 2013). Die klassische Sichtweise konzentriert sich auf die 10–20 Prozent der leistungs- und potenzialstärksten Personen im Unternehmen (Enaux und Henrich 2011). Predictive Analytics kann dazu genutzt werden, um den breitgefächerten Bereich des TMs wirksam steuern und evaluieren zu können (Müller und Lohaus in Druck). Die Nutzung von PA im Talent Management wird dabei unter dem Begriff Talent Analytics (TA) definiert. Mit Hilfe von TA wird versucht Talente datenbasiert zu identifizieren, gezielt weiterzuentwickeln und an das Unternehmen zu binden.

3.3.2.2 Chancen und Herausforderungen von TA

Wie aus den obigen Ausführungen ersichtlich wird, bieten sich für Unternehmen durch die Nutzung von TA eine Reihe von Vorteilen (für eine umfassende Diskussion, siehe Müller und Lohaus in Druck). Auch für Mitarbeitende können sich Vorteile aus der Verwendung von TA ergeben. Beispielsweise könnten Auswahlprozesse fairer und konsistenter gestaltet werden, da Urteilsfehler, wie die Nutzung von stereotypen und jobirrelevanten Informationen vermieden werden (Hitt und Barr 1989). Allerdings ist bisher nicht klar, ob Mitarbeitende diese Vorteile auch als solche erkennen bzw. ob sie noch zusätzliche Vorteile sehen.

Ebenfalls ergeben sich mit der Einführung von TA eine Reihe von Herausforderungen (siehe ebenfalls Müller und Lohaus in Druck). Für Mitarbeitende tritt z.B. die Problematik auf, dass sie in Zukunft über Daten bewertet werden könnten, welche sie selbst oft nicht beeinflussen können. Dies könnte leicht zu einer „*discrimination by algorithm*" führen (Falletta 2015). Aber auch hier ist nicht klar, inwiefern sich die Mitarbeitenden über diese und andere Problematiken im Klaren sind.

3.3.2.3 Die Sichtweise der Mitarbeitenden auf die Prozesse des HRMs

Welche Sichtweise Mitarbeitende auf die Einführung von TA haben, wurde nach Kenntnisstand der Autoren bisher kaum untersucht (für eine Ausnahme siehe Khan und Tang 2017). Allerdings konnte die Sichtweise der Mitarbeitenden bereits bei anderen HR-Praktiken erforscht werden. Insgesamt lässt sich die Befundlage so zusammenfassen, dass die Qualität von HRM-Maßnahmen einen positiven Effekt auf die Leistung, das Commitment und Zufriedenheit der Mitarbeitenden hat und sich diese auch im Unternehmenserfolg niederschlägt (z.b. Becker & Gerhart, 1996). Jedoch kommt es dabei sehr stark darauf an, wie die Mitarbeitenden die Intention hinter den Maßnahmen attribuieren. Dabei lassen sich zwei Arten der Attribution unterscheiden (Tandung 2016). Erstens die Einordnung, dass eine HRM-Praktik dazu dienen soll, eine Verbesserung des Wohlergehens der Mitarbeitenden zu bewirken. Dadurch wird die Sorge der Organisation um die Mitarbeitenden ausgedrückt. Die zweite Attribution konzentriert sich auf die Reduzierung von Kosten und die Ausnutzung von Mitarbeitenden. Nishi und Kollegen (2007) fanden heraus, dass sich die Wahrnehmung der HRM-Praktik auf die Einstellung und das Verhalten der Mitarbeitenden auswirkt. Zuschreibungen, die als Verbesserung des Wohlbefindens eingeordnet werden, hängen positiv mit den Einstellungen der Mitarbeitenden zusammen, während Attributionen, die sich auf die Kostensenkungen konzentrierten, in negativen Zusammenhang mit den Einstellungen der Mitarbeitenden stehen. Diese Attributionen wirken sich zum Beispiel auf die Intention zur Kündigung aus (Tandung 2016).

Für Organisationen, die TA einführen möchten, ist es also von großer Wichtigkeit, dass ihre Mitarbeitenden das Ziel dieser HRM-Maßnahme der Steigerung ihrer Motivation und der Verbesserung ihres Wohlergehens sehen. Nur so kann TA eine positive Wirkung entfalten. Doch wie kommt es zu einer solchen Attribution? Gillespie und Dietz (2009) definieren organisationales Vertrauen als: "Perceived organizational trustworthiness relates to the set of confident positive expectations employees have about the intentions and likely future actions of their employer" (S. 128). Bei dieser Definition wird der Bezug zur HRM-Attributionstheorie sehr deutlich. Ein hohes Vertrauen in die Organisation könnte also ein Ansatzpunkt sein und hat sich bereits in einer Vielzahl von Studien als positiver Einflussfaktor in Organisationen identifizieren lassen (für Meta-analytische Evidenz, siehe Colquitt et al. 2007; Dirks und Ferrin 2002). Um ein besseres Verständnis dafür zu gewinnen, wie sich Vertrauen von unternehmerischer Seite entwickeln und stärken lässt, kann das Modell von Mayer et al. (1995) herangezogen werden. Wie in Abbildung 3.2 dargestellt, beeinflussen laut diesem Model die drei Faktoren Fähigkeit („Ability"),

3.3 Predictive Analytics im Talent Management aus Sicht von Mitarbeitenden

Factors of Perceived Trustworthiness

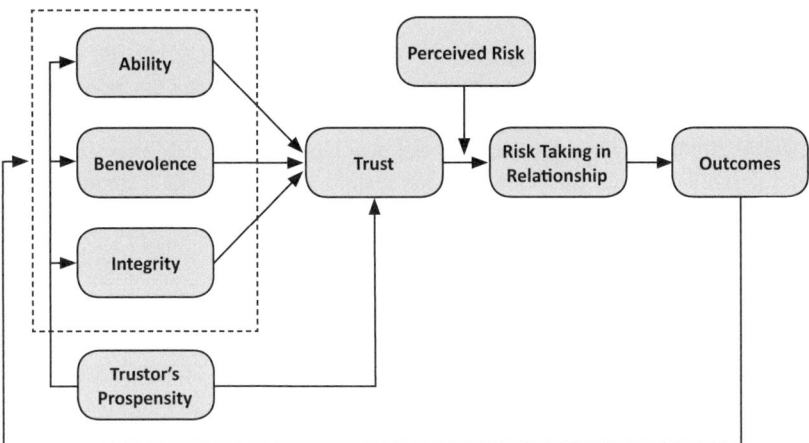

Abb. 3.2 Model des organisationalen Vertrauens (nach Mayer et al., 1995)

Wohlwollen („Benevolence") und Integrität („Integrity") die Vertrauenswürdigkeit einer Person, einer HRM-Praktik oder einer Organisation.

Der Faktor „Fähigkeit" beschreibt dabei das Können, die Kompetenzen und die Eigenschaften, die es einer Partei möglich machen, Einfluss in einem speziellen Bereich zu haben (Mayer et al. 1995). Das Wohlwollen („Benevolence") beschreibt den Umfang, von dem eine Partei glaubt, dass die andere Partei ihr etwas Gutes tun möchte. Es stellt die aufrichtige Bemühung der Organisation dar, für das Wohlbefinden der Mitarbeitenden Sorge zu tragen (Bruckner 2016). Die Integrität („Integrity") gibt darüber Auskunft, ob eine Partei die Wahrnehmung hat, dass die andere Partei an einer Reihe von konsistenten und moralischen Prinzipien festhält, die sie als akzeptabel empfindet (Mayer et al. 1995).

Auf Basis der bestehenden Literatur lässt sich also ableiten, dass es für die erfolgreiche Implementation von TA wichtig ist, dass die Chancen und Herausforderungen von den Mitarbeitenden so wahrgenommen werden, dass sie einen Zusammenhang mit der Intention des Unternehmens zur Verbesserung des Wohlergehens der Mitarbeitenden sehen. Hierbei kann das organisationale Vertrauen mit seinen Teilkomponenten Fähigkeit, Wohlwollen und Integrität eine zentrale Rolle spielen. Inwiefern sich die von den Mitarbeitenden identifizierten Chancen und Herausforderungen für sich und das Unternehmen in einem solchen Modell abbilden lassen, war die Ausgangsfragestellung der hier dargestellten Studie.

3.3.3 Methodik

Da die vorliegende Forschungsfrage ein neues Themengebiet erschließt, stellt die qualitative Forschungsmethode ein geeignetes Instrument dar, um die individuellen Sichtweisen der Mitarbeitenden zu erforschen. In diesem Zusammenhang wurde in einer Vorstudie ein Experteninterview mit dem Unternehmen HR Forecast geführt und anschließend ein Interviewleitfaden erstellt, der sich in die Themengebiete Chancen und Herausforderungen untergliedert. Anschließend wurden zwölf Personen interviewt, welche berufstätig und in Großunternehmen mit mehr als 250 Mitarbeitenden tätig waren. Es wurden dabei gezielt jüngere Arbeitnehmende bis zu einem Alter von 35 Jahren angesprochen, die durch die Prozesse des TMs betroffen sind. Das Durchschnittsalter der Befragten betrug 26 Jahre und die durchschnittliche Berufstätigkeit drei Jahre. Die Interviews beanspruchten zwischen 30–45 Minuten. Alle Interviews wurden aufgenommen und anschließend mithilfe der Software MAXQDA vollständig und wortwörtlich transkribiert. Daraufhin erfolgte die Auswertung anhand der qualitativen Inhaltsanalyse nach Mayring (2015).

3.3.4 Ergebnisse

Durch die Inhaltsanalyse konnten acht Kategorien und 21 Subkategorien mit 380 Kodes gebildet werden. Die für diese Studie relevanten Kategorien sind in Tabelle 3.4 dargestellt.

Tabelle 3.4: Auswertung der aus den Interviews abgeleiteten Kategorien (Auszug der relevanten Kategorien)

Auswertung Kategorien					
Kategorien	Sub-Kategorien	Kodes	Prozent aller Kodes	Personen	Prozent aller Personen
Chancen					
Prozessoptimierungen	Optimierte Stellenbesetzung	15	3,9	7	58,3
	Objektivität und Fairness bei Personalentscheidungen	19	5,0	9	75,0
	Ressourceneinsparung	17	4,5	10	83,3

3.3 Predictive Analytics im Talent Management aus Sicht von Mitarbeitenden

Tabelle 3.4: Fortsetzung

Kategorien	Sub-Kategorien	Kodes	Prozent aller Kodes	Personen	Prozent aller Personen
Employee Lifecycle	Talente entdecken/identifizieren	20	5,3	10	83,3
	Talente / Mitarbeitende binden	32	8,4	12	100,0
	Förderung	18	4,7	9	75,0
	Kompatibilität der Mitarbeitenden und des Unternehmens	5	1,3	3	25,0
Herausforderungen					
Beziehung	Einfluss auf Beziehungen der Mitarbeitenden untereinander und das Klima	18	4,7	7	58,3
	Einfluss auf die Kultur und die Beziehung zum Unternehmen	42	11,1	10	83,3
Funktionalität	Implementierung	15	3,9	8	66,7
	Hinterfragen der Variablen und Kausalität	35	9,2	12	100,0
	Fehlerhaftigkeit der Ergebnisse	31	8,2	11	91,7
	Nutzung der Ergebnisse	10	2,6	3	25,0
Ethik	Manipulation	19	5,0	9	75,0
	Kategoriendenken	12	3,2	5	41,7
	Transparenz und der Eingriff in die Privatsphäre	18	4,7	10	83,3
	Diskriminierung	6	1,6	5	41,7
Datenintegrität	Datenqualität	9	2,4	6	50,0
	Datensicherheit	5	1,3	3	25,0

Zu den Chancen von TA aus Sichtweise der Mitarbeitenden können zwei Kategorien und sieben Sub-Kategorien gebildet werden. Die Befragten unterteilen die wahrgenommenen Chancen in die für Unternehmen vorteilhaften und ressourcensparenden

Prozessoptimierungen und in für Mitarbeitende Nutzen bringende Chancen für deren Lebenszyklus im Unternehmen. Dabei zeigt sich, dass die Kategorien nicht unabhängig voneinander sind. Die Kategorie der Prozessoptimierungen, welche vorrangig Vorteile für Unternehmen darstellen, wird jedoch auch als Nutzen für die Mitarbeitenden selbst wahrgenommen. Beispielsweise könnten durch die Analysen wirklich notwendige Schulungen ausfindig gemacht werden und Ressourcen für nicht notwendige eingespart werden. Des Weiteren sehen die Befragten vor allem Chancen in der Verwendung von TA in der Sub-Kategorie der Talent- und Mitarbeiterbindung. Dieser Bereich scheint von den Befragten als positiver Einfluss eingeschätzt zu werden.

Bezüglich der Herausforderungen zeigt sich ein breites Spektrum an Sichtweisen. So können hierzu vier Kategorien (Beziehung, Datenintegrität, Ethik und Funktionalität) mit 12 Sub-Kategorien gebildet werden. Die größte Herausforderung sehen die Befragten in der Kategorie des Einflusses auf die Beziehungen. Diese Kategorie kann in Beziehungen unter den Mitarbeitenden und der Beziehung zwischen Mitarbeitenden und Unternehmen unterteilt werden. Auffällig ist jedoch, dass zur Sub-Kategorie der Beziehung der Mitarbeitenden zum Unternehmen ausgeprägtere und vermehrte Bedenken geäußert wurden. Begriffe wie „die Menschlichkeit" gehe verloren, „das Gefühl eine Ware zu sein" konnten in den Interviews festgehalten werden.

Als weitere Herausforderung kann die Kategorie um die Funktionalität erschlossen werden. Die Probanden stellen hierbei die Implementierung, die Variablen und Kausalitäten, um Rückschlüsse zu erfassen, die Ergebnisse und deren Nutzung in Frage. Bezweifelt wird hauptsächlich, ob die richtigen Variablen festgelegt werden, um die richtigen Ergebnisse zu erzeugen. Die Hälfte der Befragten geht davon aus, dass Talente falsch identifiziert werden könnten.

Die dritte Kategorie der Herausforderungen stellt die Auswirkungen auf die Bewertung der Mitarbeitenden und den Einfluss auf Einzelne und Gruppen dar. Die Ethik umfasst die Sub-Kategorien der Manipulation, des Kategoriendenkens, der Transparenz und des Eingriffs in die Privatsphäre und der Diskriminierung. Bei der Kategorie der Manipulation zeigt sich, dass die Befragten dabei sowohl die Gefahr der Manipulation durch das Unternehmen als auch durch die Mitarbeitenden sehen.

Die Datenintegrität stellt die letzte Kategorie der Herausforderungen dar. Die Probanden erklären hierzu, dass Unternehmen sich mit der Herausforderung, die kontinuierliche Qualität und Sicherheit der Daten sicherzustellen, auseinandersetzen müssten.

Als Fazit der Interviews begannen acht der Befragten ihre Antwort mit einem positiven Aspekt zu TA, führten sie allerdings mit der Konjunktion „aber" fort und endeten mit einem negativen Aspekt bzw. einer Herausforderung oder einem Risiko. Eine der befragten Personen zog ein positives Fazit und drei weitere Befragten sehen die Verwendung von TA „vermehrt als Chance". Chancen sehen die Befragten speziell für Personen, die keine Förderung durch die eigene Führungskraft erfahren oder darin, als Großunternehmen einen Überblick über die Mitarbeitenden, ihre Kompetenzen und Qualifikationen zu behalten.

3.3.5 Diskussion und Interpretation

Die Ergebnisse der Studie und im Besonderen die Fazits am Interviewende demonstrieren die gemischten Gefühle der Interviewten bei dem Gedanken an die Verwendung von PA im TM. Setzt man dies in Bezug zur HRM-Attributionstheorie (Nishi et al. 2007) und dem Modell des organisationalen Vertrauens (Mayer et al. 1995), so wird deutlich, warum Vertrauen in der Beziehung zwischen den Mitarbeitenden, der Organisation sowie in die Technologie so wichtig ist. Wie oben bereits beschrieben, stellt ein vertrauensvolles Verhältnis die Basis für eine gute Zusammenarbeit dar. Betrachtet man die einzelnen Faktoren, welche Einfluss auf das Vertrauen haben, zeigt sich eine hohe Schnittmenge mit den Kategorien aus den Interviews.

Dem Faktor der „Fähigkeit" kann demnach die Kategorie um die Funktionalität zugeordnet werden, da es schlussendlich um das Vertrauen der Mitarbeitenden in TA geht. Die Antworten auf Nachfragen deuteten darauf hin, dass eine Unsicherheit bzgl. der Kompetenz der Organisation besteht. Dabei stellt vor allem das Vertrauen in die Validität der Daten, die zu Analysezwecken genutzt werden, einen wichtigen Aspekt dar.

In den Faktor des „Wohlwollens" können drei aus den Interviews festgestellten Kategorien eingeordnet werden. Diese umfassen die Kategorie „Prozessoptimierungen", den „Employee Lifecycle" und der „Einfluss auf die Beziehungen". Prozessoptimierung kann aus Sicht der Mitarbeitenden je nach Ziel der Optimierung sowohl positiv als auch negativ sein. Die Kategorie des Employee Lifecycles zeigte, dass Mitarbeitende die Auswirkungen, die TA auf ihren Lebenszyklus in der Organisation hätten, zu schätzen wissen. Die Einordnung der Kategorie des Einflusses auf Beziehungen in dieses Modell stellte eine Schwierigkeit dar. Da die in dieser Kategorie genannten Beispiele der Befragten sozusagen den Missbrauch des Vertrauens darstellen. Sie könnten teils als Ergebnis in das Modell eingeordnet werden. Dennoch sprachen einige Beispiele für die Zuordnung des Wohlwollens, da die interviewten Personen davon ausgingen, dass ihr Wohlergehen darunter leiden könnte, wenn die vermuteten Umstände eintreten würden.

Die Integrität definiert eine weitgehende Übereinstimmung zwischen Worten und Taten und das Festhalten an Prinzipien, die für Mitarbeitende akzeptabel sind. Die Kategorie Ethik, die sich mit der Moral über die Verwendung beschäftigt, kann diesem Faktor zugeordnet werden, da sie aufzeigt, mit welchen Grundsätzen sich die Mitarbeitenden schon vor Einführung einer solchen Praktik auseinandersetzen. Die Sub-Kategorie der Objektivität und Fairness bei Personalentscheidungen wird aus dem selbigen Grund in diesen Faktor eingeordnet. Diese Sub-Kategorie gehört tendenziell zu diesem Faktor, da sie im Gegensatz zu ihrer Hauptkategorie der Prozessoptimierungen vermehrt Auskunft darüber gibt, ob faire und objektive Regeln und Entscheidungen die Integrität der Verwendung steigern und nicht dessen Wohlwollen. Zuletzt kann die Kategorie der Datenintegrität in den Faktor der Integrität eingeordnet werden. Die Datensicherheit sowie die Datenqualität müssen konsistent und an moralischen Prinzipien festhaltend gepflegt werden, um das Vertrauen der Mitarbeitenden nicht zu gefährden. Tabelle 3.5 fasst diese Zuordnung zusammen.

Tabelle 3.5: Zuordnung der Kategorien der aktuellen Studie in das Vertrauensmodell von Mayer et al. (1995)

Faktoren des organisationalen Vertrauens	Interview-Kategorien
Fähigkeit (Ability)	• Funktionalität
Wohlwollen (Benevolence)	• Prozessoptimierungen • Employee Lifecycle • Beziehung
Integrität (Integrity)	• Ethik • Objektivität und Fairness bei Personalentscheidungen • Datenintegrität

3.3.6 Implikationen

Aus der Untersuchung ergeben sich eine Reihe von Schlussfolgerungen und Hinweise für Theorie und Praxis. Für die HRM-Forschung ist insbesondere die starke Verknüpfung mit dem Thema des organisationalen Vertrauens sehr interessant. Weitere quantitative Studien können diesen Zusammenhang überprüfen und möglicherweise um neue Erkenntnisse erweitern. Auch eine nähere Betrachtung der Auswirkungen einer gelungenen (oder misslungenen) Integration auf das Commitment und die Produktivität der Mitarbeitenden ist auf Basis der hier gefundenen Erkenntnisse für zukünftige Forschung sinnvoll.

Für die Unternehmenspraxis kann der Rückschluss gezogen werden, dass ein vertrauensvolles Verhältnis für eine erfolgsversprechende Implementierung von TA notwendig ist. TA sollte von den Mitarbeitenden vorrangig als Verbesserung ihres

Wohlbefindens in der Organisation wahrgenommen werden und nicht als reine kostenoptimierende Maßnahme. Hierzu ist der Einbezug der drei Faktoren Fähigkeit, Wohlwollen und Integrität aus dem Model des organisationalen Vertrauens (Mayer et al. 1995) von großer Bedeutung.

3.3.7 Zusammenfassung

Die hier dargestellte Untersuchung macht deutlich, dass bei Mitarbeitenden eine zwiegespaltene Meinung über TA als neue HRM-Praktik herrscht und Unternehmen vor einigen Herausforderungen stehen, um diese erfolgreich zu implementieren. Die Bildung von Vertrauen in TA spielt hierbei eine zentrale Rolle. Trotz dieser Herausforderung zeigte sich allerdings, dass Talent Analytics auch von Mitarbeitenden als Chance wahrgenommen wird.

Die Autoren

Johanna Thums absolvierte ihre Ausbildung zur Industriekauffrau bei der Alfred Kärcher GmbH & Co. KG im Jahre 2014. 2018 schloss sie ihr Studium mit dem Bachelor of Science in Wirtschaftspsychologie an der Hochschule für Stuttgart ab. Während ihres Studiums war sie in einem mittelständischen Unternehmen als Werkstudentin tätig und erkannte für sich den Bereich des Talent Managements als entscheidenden Schlüssel für die Personalentwicklung. Sie beschäftigt sich mit der Veränderung der Arbeitswelt im digitalen Zusammenhang und speziell mit Predictive Analytics.
Kontakt: Johanna.Thums@web.de

Prof. Dr. Patrick Müller ist seit 2012 Professor für Wirtschaftspsychologie – HRM an der Hochschule für Technik in Stuttgart. Er studierte Psychologie und Betriebswirtschaftslehre in Mannheim und Waterloo, Kanada. Er promovierte anschließend an der Universität Mannheim zum Thema Bildung von Gerechtigkeitsurteilen und deren Auswirkung auf ökonomische Entscheidungen. Nach der Promotion forschte und lehrte er als Assistenzprofessor an der Universität Utrecht in den Niederlanden. Anschließend arbeitete er in einer internationalen HRM-Beratung und als Führungskraft im Recruiting eines großen Dienstleistungsunternehmens. Er berät Unternehmen zu Themen des Talent Managements und ist Autor zahlreicher wissenschaftlicher Publikationen zu wirtschaftspsychologischen Themen.
Kontakt: patrick.mueller@hft-stuttgart.de

Literatur

Becker, B., & Gerhart, B. (1996). The impact of human resource management on organizational performance: Progress and prospects. *Academy of Management Journal, 39*(4), 779–801.

Bruckner, B. K. (2016). *Organisationales Vertrauen initiieren*. Wiesbaden: Springer.

Christ, O., & Ebert, N. (2016). Predictive Analytics im Human Capital Management: Status Quo und Potentiale. *HMD Praxis der Wirtschaftsinformatik, 53*(3), 298–309.

Colquitt, J. A., Scott, B. A., & LePine, J. A. (2007). Trust, trustworthiness, and trust propensity: A meta-analytic test of their unique relationships with risk taking and job performance. *Journal of Applied Psychology, 92*(4), 909–927.

Davenport, T. H., & Harris, J. G. (2007): *Competing on analytics. The new science of winning*. Boston, Massachusetts: Harvard Business School Press.

Dirks, K. T., & Ferrin, D. L. (2002). Trust in leadership: Meta-analytic findings and implications for research and practice. *Journal of Applied Psychology, 87*(4), 611–628.

Enaux, C.; Henrich, F. (2011). *Strategisches Talent-Management. Talente systematisch finden, entwickeln und binden*. Freiburg: Haufe.

Falletta, S. (2015). Should Companies Have Free Rein to Use Predictive Analytics? *HR Magazine, 60* (5), 27.

Gallardo-Gallardo, E., Dries, N., & González-Cruz, T. F. (2013). What is the meaning of 'talent' in the world of work? *Human Resource Management Review, 23*(4), 290–300.

Gillespie, N., & Dietz, G. (2009). Trust Repair After An Organization-Level Failure. *Academy of Management Review, 34*(1), 127–145.

Halper, F. (2014). Predictive Analytics for Business Advantage. *TDWI Best Practice Report*, 28.

Hitt, M. A., & Barr, S. H. (1989). Managerial selection decision models: Examination of configural cue processing. *Journal of Applied Psychology, 74*(1), 53–61.

Johannink, R. (2015). *The future of HR Analytics: A Delphi method study*. University of Twente, The Netherlands.

Khan, S. A. & Tang, J. (2017). The paradox of human resource analytics : being mindful of employees. *Journal of General Management*, 42 (2), 57–66.

Lawler III, E. E., Levenson, A., & Boudreau, J. W. (2004). HR Metrics and Analytics: Use and Impact. *Human Resource Planning, 27*, 27–35.

Lohaus, D., Müller, M., Wallemann, A., Graumann, A. (2017). Talent Analytics – Optimierung des Beitrags von HRM zum Unternehmenserfolg. *PERSONALquarterly* (04/17), 34–41.

Marler, J. H. & Boudreau, J. W. (2017). An evidence-based review of HR Analytics. *The International Journal of Human Resource Management, 28*(1), 3–26.

Mayer, R. C., Davis, J. H., & Schoorman, F. D. (1995). An integrative model of organizational trust. In: *Academy of Management Review, 20*(3), 709–734.

Mayring, P. (2015). *Qualitative Inhaltsanalyse. Grundlagen und Techniken*. Weinheim: Beltz.

Minbaeva, D. B. (2018). Building credible human capital analytics for organizational competitive advantage. *Human Resource Management, 57*(3), 701–713.

Müller, P., & Lohaus, D. (2016). Talent Analytics. In M. Müller-Vorbrüggen & J. Radel (Hrsg.), *Handbuch Personalentwicklung – Die Praxis der Personalbildung, Personalförderung und Arbeitsstrukturierung* (S. 429–449). Stuttgart: Schäffer-Poeschel.

Müller, P., & Lohaus, D. (in Druck). Talent Analytics – Chancen und Risiken eines datenbasierten Talent Managements aus wirtschaftspsychologischer Sicht. *Wirtschaftspsychologie.*

Nishii, L. H., Lepak, D. P., & Schneider, B. (2008). Employee attributions of the "why" of HR practices: Their effects on employee attitudes and behaviors, and customer satisfaction. *Personnel Psychology, 61*(3), 503–545.

Piéch, S. (2015). *Internationale Talententwicklung im Human Resources Management.* Wiesbaden: Springer Gabler.

Ritz, A., & Thom, N. (Hg.) (2018). *Talent Management. Talente identifizieren, Kompetenzen entwickeln, Leistungsträger erhalten.* Wiesbaden: Springer Gabler.

Shmueli, G., & Koppius, O. (2011). Predictive Analytics in Information Systems Research. *MIS Quarterly* 35(3), 553–572.

Tandung, J. C. (2016). The Link between HR Attributions and Employees' Turnover Intentions. *Gadja Mada International Journal of Business, 18*(1), 55–69.

Change of the Role of a Controller through Business Analytics 3.4

Michaela Stransky, Ronja Reder, Sandra Huber and Georg Hauer

Abstract

In today's agile and dynamic business environment, digitalization is not only reshaping the whole manufacturing industry, but also fundamentally changing the performance management of companies. This directly affects and redefines the role of a controller towards the use of business analytics which enables an improved proactive management support. While in the past, controllership has been defined as the application of accounting information for management decisions, by turning descriptive analyses into predictive and prescriptive, new opportunities are created for the controller, which also results in added value for the company. As the world continues to move towards a data-driven economy, in which all decisions are based on data, the role of a controllership is becoming increasingly more important from a strategic point of view. In the near future, the controller will be indispensable as "a single source of truth" using analytical and business skills in strategy-oriented organizational topics. Thus, controllership is able to assist data driven decisions and to increase the value of the company in the end. Therefore, the role is changing from merely preparing and providing (mostly) historically-based data to being a management consultant and the main responsible person for corporate governance. The controller of the future will be acting as an interface between different corporate areas and will work hand in hand with the IT department. As a result, a controller will take over the role of a strategic business partner. These changes lead to new personal competences controllers will need to acquire to meet the requirements of the new position within the organization.

© Springer Fachmedien Wiesbaden GmbH, ein Teil von Springer Nature 2019
A. Lochmahr, P. Müller, P. Planing, T. Popović, *Digitalen Wandel gestalten*
https://doi.org/10.1007/978-3-658-24651-8_3.4

3.4.1 Introduction

Analytics have been important for decision making ever since. In ancient times governments have already started to collect the consensus of the folk to recognize trends and guide decision making (Gluchowski, 2016; Kohavi et al., 2002; Sharma et al., 2014). Today's agile and dynamic business environment requires faster ways to identify and react to changes. With the development of technological capabilities, opportunities for utilizing a great amount of data to derive value increase and become more efficient. Driven by digitalization and the emergence of big data, artificial intelligence, and data mining, business analytics is becoming more and more important. At the core of this change, the controller is taking over a significant role in managing the increasing amount of data and deriving insights and, thereof, value for the company. Successful execution of those steps can lead to a substantial competitive advantage (Chamoni & Gluchowski, 2017; Gluchowski, 2016).

This paper will show how the controller will be using analytical and business skills in strategy-oriented organizational topics and develop into a strategic business partner in the near future. Moreover, the controller will be acting as an interface between different corporate areas and will work hand in hand with the IT department. These changes will require new roles of controllership and for new profiles including competencies.

By studying the problem of the changing role of controllership, this study aims at exploring and seeking new insights in how the role is affected by digitalization. The review of current literature shall help to understand the influences of digitalization and, in particular, the usage of business analytics on the development of the role of controllership in modern companies. This approach reflects an exploratory research method (Saunders et al, 2012).

3.4.2 The Development of Controllership

The ever-changing business environment is driven by technological advancement and the need for companies to manage data efficiently to enhance performance.

For a better understanding, the terms controlling and controllership should be distinguished and defined. For this purpose many definitions can be found in literature. As basis for this paper the understanding of Weber and Schäffer (2014) shall be used, since it is shared by several other authors. Accordingly, controlling is a supporting element of management. It's main task is increasing the efficiency and effectiveness of the company by coordinating information and methods for the purpose of preparing decisions to achieve corporate goals. In this view Controlling

3.4 Change of the Role of a Controller through Business Analytics

is seen as German management accounting discipline and not limited to the controlling aspect within management accounting in the Anglo-Saxon environment (Charifzahdeh & Taschner 2017).

Controllership serves as a designation for the area of responsibility and the organizational classification of the controller, i.e. for all the functional and institutional aspects of the controller role. Therefore, controllership can be assigned to a primarily institutional, actor-related perspective, controlling to a functional one (Weber & Schäffer, 2014).

In the past, it was the responsibility of controllership to manage and steer the organization's financial systems and processes. Controllers were mainly responsible for accounting and reporting of past transactions (Deloitte, 2017). In general, controllers executed four main functions, namely preparing financial statements based on internal information, managing and controlling performance measurement, planning of internal cost activities, and participating in strategic cost management as displayed in figure 3.3 (Internationaler Controller Verein e.V., 2016).

However, the role of the controller is now shifting from merely providing historical data, reporting and compliance to closing the gap between historical data and forward-looking insights, adding value to the business. Hence, the controller plays a key role at the center of the company's universe, providing critical business information up to the C-level and across all important operations in the company that help managers make more informed decisions about business strategy and competition. In order to fulfill the new requirements of controllership, technology such as business analytics plays a major role and helps controllers to still master their traditional jobs in a better way while increasing their impact within the organization (Forbes Insight, 2015).

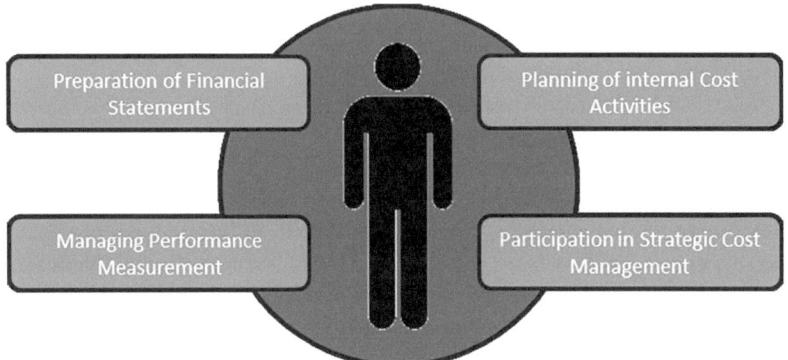

Abb.. 3.3 The traditional Role of a Controller. (own presentation)

3.4.3 Digitalization and How It Changes Controllership via Business Analytics

The main reason for the value and role change in controllership can be assigned to the megatrend digitalization. Digitalization can be defined as the usage of digital technologies to transform business models and operations into digital ones to generate new business opportunities. However, there is no common understanding for the term digitalization, and as a result, many different definitions exist. The similar term digitization can be described as transforming analog information into digital information. Digital transformation is about customer-driven strategic business transformation. It usually contains a series of digitalization projects in order to reinvent a business to leverage the full potential of information technology along the supply chain. In sum, information can be digitized, processes can be digitalized, and the business strategy can be digitally transformed (Bloomberg, 2018; Bowersox, et al., 2005).

Especially recent technological developments and business analytics provide new value-adding tools for controllers, and therefore, controllership is changing significantly towards a management philosophy. Controllers are flooded with an increasing amount of data in a shorter period of time. In order to be able to handle and structure these complex challenges, business analytics are an inevitable tool for controllers (PricewaterhouseCoopers (PwC), 2015).

In times of digitalization, several challenges for controllers arise which have a significant impact on the role and require changes to the controllership (Schäffer & Weber, 2016):

- The first challenge for controllership is data management. Error free master data is indispensable to create a profound database for advanced analytics. In addition, it has to be ensured that those sets of data are consistent and that various data and analysis models are compatible. In the long run, controlling will be the single source of data, not only for financial data, but also for all non-financial data (Desroches & Lawson, 2016).
- Furthermore, standardization of analysis techniques is another important point. Data will be increasingly democratized and controllers will take over the role of creators of context for standardized analysis instead of gatekeepers of information. Since controllers will be called more often to provide (financial as well as non-financial) data to support decision making self-service tools are needed to be able to provide the needed information directly and in real-time (Desroches & Lawson, 2016).
- The next challenge is agile steering. Company management has to become leaner, more integrated and agile in order to exploit the full potential of forecasting tools such as predictive analytics. By using automated forecasting, efficiency can

be increased which can help to release capacity for other business activities. Digitalization will also affect business plan frequency, leading to shorter cycles.
- The high potential for automation, standardization and centralization of controlling processes provides new potentials for increased efficiency. Reduced reaction times result in "high frequency decisions" and to an automated and ongoing identification of possible optimization measures (Kieninger et al., 2016). As a result, controllers can focus more on the role as a business partner.
- As a business partner, controllers have to steer and balance disruptive changes resulting from digitalization. The way of internal communication will change (Hauer et al., 2018).
- Another challenge for controllers will be to strengthen the analytical potential of the company. Competencies with respect to big data management and statistics have to be built up and enhanced in order to support data scientists. Raison d'être of controllers will be to ensure rationality of decision-making in the future.
- Consequently controllers will need to extend their skill profile. Besides traditional competencies, statistics and IT skills as well as communication skills will become increasingly more important (Internationaler Controller Verein e.V., 2016).
- Last but not least, controllers of the future will have to adapt their mindset to be able to manage disruptive situations. Focusing on traditional objectives such as efficiency and profitable growth will not be sufficient in the fast changing digitalized world. Therefore, the new mindset of controllers should be steered towards uncertainty management (Schäffer & Weber, 2016).

In sum, digitalization is a driving force for the future of controllership and consequently, puts enormous pressure on controllers these days as Controllers are considered as the „architects" of future performance management processes (Internationaler Controller Verein e.V., 2016).

3.4.4 The Development of Business Analytics as Indispensable for Future Controllership

In order to master these challenges associated with digitalization, business analytics are an indispensable tool for controllers. In contrast to business intelligence that was mainly based on analyses of the past, business analytics generate business value by enabling forecasts and prognoses of the future. Via various methods and technologies such as machine learning, data mining, and advanced analytics, business analytics support drawing conclusions from available data for business decisions. Thus, business analytics not only help to steer business processes but also facilitate the implementation and development of new business models (Chamoni & Gluchowski, 2017; Gluchowski, 2016).

Because of these benefits that business analytics create and the need for making use of the big data emerging from digitalization, demand and interest in this analytical tool continues to grow. The difficulty of big data analysis are, on the one hand, caused by a large volume, on the other hand, by the variety of data formats as well as the high velocity of new data. In the past, analytics focused mainly on internal and structured data, while business analytics can now also include external, semi-structured, and unstructured data. This is particularly supported by artificial intelligence that enables machines to perform human-like tasks by learning from experience (Skilton & Hovsepian, 2018). Business analytics consist of four main phases displayed in figure 4.1. Whereas Gluchowski (2016, p. 277) limits business analytics to the three phases descriptive, predictive, and prescriptive analytics, the international controller association adds diagnostic analytics as second phase, resulting in four main phases (Internationaler Controller Verein e.V., 2016). In descriptive analytics, a causal analysis is performed to identify relationships and relevant patterns of data. Afterwards, the phase diagnostic analytics defines the causes for the identified relationships and patterns as basis for the predictive analytics. Predictive analytics use those identified causes and insights to develop models and procedures that predict future developments and events. As a last step, prescriptive analytics derive specific recommendations for action that help to achieve the given goal while taking future developments into account. Hereby, the two phases predictive and prescriptive analytics can be assigned to advanced analytics, the collection of methods and tools to analyze, process and visualize data via complex algorithms with a focus on future developments (Chamoni & Gluchowski, 2017; Gluchowski, 2016; Internationaler Controller Verein e.V., 2016).

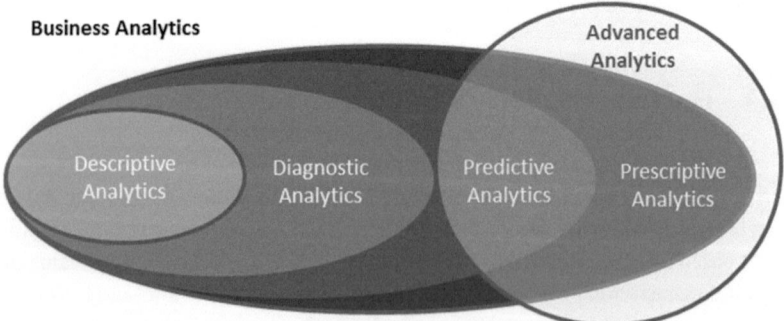

Abb. 3.4 Different Phases of Business Analytics. (own presentation based on Gluchowski, 2016)

Although the benefits of business analytics are undisputed, many organizations are only at the beginning of integrating business analytics into their operational business. Possible reasons for that might be various challenges and difficulties that have to be overcome in order to fully exploit the potential of business analytics.

3.4.5 Redefinition of the Role of a Controller towards a Business Partner

In order to master the changes associated with digitalization and perform business analytics successfully, the traditional working methods of controllers have to be put into a new context. This leads to a rapid change of controllership. On the one hand, the usage of business analytics facilitates strategic data analysis and enables controllers to a more intensive and proactive performance, but on the other hand, the complex technologies and methods used demand new competencies from controllers (Internationaler Controller Verein e.V., 2016).

In fact, a development towards a business partner to the CEO is visible, away from purely dealing with numbers, requiring a broader set of skills and competencies. This transformation to a strategic business partner demands a redefinition of the traditional controller mindset away from solely delivering data and results towards interpreting data and supporting the management's decisions (Ernst & Young, 2008). The ability to interact with management as an equal partner, as well as empathy and psychological and sociological know how are characteristics that are crucial for the successful work of a modern controller (Internationaler Controller Verein e.V., 2016). Those new activities can be considered as higher-value-added activities focusing on strategy. Controllers will need to take over a leadership role, contributing to and even driving the organization's success which strengthens their role as a strategic business partner (Lawson, 2016). This qualification package differs from the traditional image of a tools- and number-based controller. In practice, the following three steps are necessary for controllers to evolve from a traditional role to a strategic business partner:

First, the main focus should be placed on delivering data insights to the company by providing the right information, at the right time effectively in order to gain competitive advantage. The controller of the future will be linked to data in general.

Second, the growing interactions with nonfinancial functions will make the future controller even more valuable and reliable. Controllers will have to understand how their contribution will add value to the organization in order to realize the full potential of the evolving role.

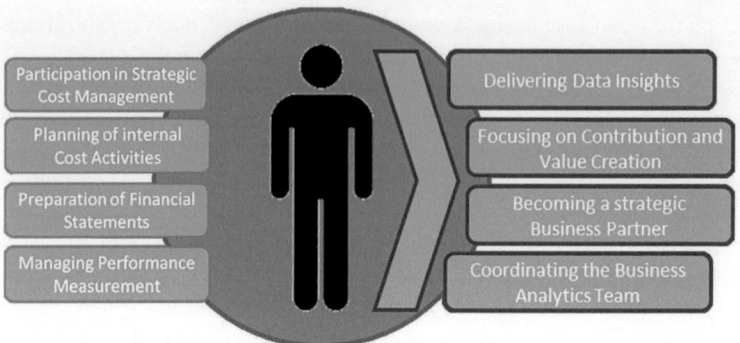

Abb. 3.5 Change of the Role of a Controller due to Business Analytics and Digitalization. (own presentation)

Consequently, the last step, to fully become a strategic business partner, is to demonstrate leadership skills appropriately, accompanied by providing guidance to make wiser decisions (Lawson, 2016).

Especially business analytics will be a sufficient tool to provide adequate, real-time data about cost drivers and other important financials. The amount of data will increase even further in the future, posing challenges to companies, and in particular to controllers. Since controllers are unlikely to be experts in data analysis and statistics, they need to cooperate closely with data scientists and IT departments. Business analytics involve multiple actors from different parts of the organization, forcing the controller to take over the coordination of each involved party in order to enhance the overall analysis performance. Thus, controllers must not only develop towards strategic business partners, but must also take on a strong coordination role to align the individual experts of the business analytics process with the overall objectives (Brands & Holtzblatt, 2015; Chamoni & Gluchowski, 2017; Kohavi et al., 2002; Sharma et al., 2014).

Figure 3.5 shows a summary of the change of the role of a controller due to business analytics and digitalization. Controllers of the future will deliver value to the organization and support strategic management decisions, once they completely took over the role as a strategic business partner. In order to become such a value-adding strategic business partner, controllers have to adopt a new set of competencies. This competence set refers not only to methodical knowledge and controlling specific expertise but also to personal leadership skills, relationship skills and knowledge that goes far beyond the specialist area of controlling. In short, a controller has to know the entire company development and possess diverse business knowledge (Lawson, 2018).

3.4.6 Summary

Digitalization changes the performance management of companies and therefore the role of controllers. In the past, controllership has been defined as applying accounting information for management decisions. The use of business analytics brings new potential, which means it opens new doors in the world of controlling and increases the importance of controllership from a strategic point of view. It enables turning insights from descriptive to predictive and prescriptive analyses, which leads to a proactive performance management process. However, digitalization is not only accompanied with new opportunities but also with challenges that need to be overcome, which result in major changes associated with the role a controller plays within a company.

In the course of digitalization, the controller's role is primarily affected by the usage of business analytical software, which facilitates forecasts and prognoses of the future. Besides relevant technical personnel and data scientists, who are needed to manage the complex analyses, the controller will play a major part in implementing business analytics successfully and gaining a competitive advantage through the effective use of data. Insights do not emerge automatically out of applying analytical tools, but out of an active process between controller and the data to gain new knowledge. Even though business analytics tools facilitate to spot statistical patterns, trends and relationships, the critical next step of understanding the causes behind the patterns is still important in order to undertake actions that generate value. Also, the most effective organizational structure supporting the cross-functional business analytics team best still needs to be proven. Especially the structural integration of data scientists still needs to be improved. In the end, it is also crucial to further research and analyze how controllers can be best prepared and trained for their new, more powerful role. In order to further substantiate the findings, more in-depth quantitative and qualitative investigations are necessary. In view of the highly dynamic developments in the fields of digitalization and controlling, there is an additional need for further research in the described research area.

This shows that modern controllers cannot hide behind their Excel spreadsheets; they become strategic leaders in the company, working interactively with different functions and providing strategically important recommendations for action. They become business partners with operational managers who provide and use both financial and non-financial data to make better business decisions. The use of business analytics drives this development.

The authors

Michaela Stransky, graduate M.A. in General Management at HFT Stuttgart University of Applied Sciences, currently sales engineer within Powertrain Solutions for Commercial Vehicles at Robert Bosch Group, 6 years in total with the Robert Bosch Group, international assignments in the USA and Japan.
Contact: michaela.stransky@web.de

Ronja Reder, graduate M.A. in General Management at HFT Stuttgart University of Applied Sciences, 2 years with the moovel Group GmbH as Business Analyst for new opportunities, 3 years with Peek & Cloppenburg Düsseldorg KG as sales director, international assignment in the Netherlands.
Contact: ronja.reder@gmail.com

Sandra Huber, graduate M.A. in General Management at HFT Stuttgart University of Applied Sciences, currently project manager within the purchasing department for eBike systems at Robert Bosch Group, 3 years in total with the Robert Bosch Group, international assignments in France and the USA.
Contact: sandra.k.huber@gmail.com

Prof. Dr. Georg Hauer holds a Professorship in Business Administration, General Management and Management Accounting at HFT Stuttgart University of Applied Sciences, 11 years with IBM – various national and international management posts in finance and controlling
Contact: georg.hauer@hft-stuttgart.de

References

Bloomberg, J. (2018). Digitization, Digitalization, And Digital Transformation: Confuse Them At Your Peril. Forbes. https://www.forbes.com/sites/jasonbloomberg/2018/04/29/digitization-digitalization-and-digital-transformation-confuse-them-at-your-peril/#-1fa33d8a2f2c. Accessed: 26. October 2018

Bowersox, D. J., Closs, D. J., Drayer, R. J. (2005). The Digital Transformation: Technology and Beyond. *Supply Chain Management Review*. 9(1), 22–29.

Brands, K., Holtzblatt, M. (2015). Business Analytics: Transforming the Role of Management Accountants. Management Accounting Quarterly. https://www.imanet.org/insights-and-trends/management- accounting-quarterly/maq-index/2015/spring-2015?ssopc=1. Accessed: 09. September 2018

Chamoni, P., Gluchowski, P. (2017). Business Analytics – State of the Art. *Controlling & Management Review*, 61(4), 8–17.

Charifzadeh M., Taschner, A. (2017). Management Accounting and Control. 2ed. Weinheim: Wiley-VCH.

Deloitte 2017. Controllership and disruptive technologies. https://www2.deloitte.com/content/dam/Deloitte/us/Documents/risk/us-controllership-POV.pdf. Accessed: 09. September 2018

Desroches, D., Lawson, R. (2013). Evolving Role of the Controller. Institute of Management Accountants. http://www.admaiorasemper.com/en/page7/files/RoleOfController2014.pdf. Accessed: 05. September 2018

Ernst & Young (2008). The changing role of the financial controller. https://www.ey.com/Publica)on/vwLUAssets/Changing_role_of_the_financial_controller/%24FILE/ EY_Financial_controller_changing_role.pdf. Accessed: 26. August 2018

Forbes Insight (2015). The Transformative Controller. Adding Value, Insight and a Bridge to the Future. https://images.forbes.com/forbesinsights/StudyPDFs/KPMG-TheTransformativeController-Report.pdf. Accessed: 26. August 2018

Gluchowski, P. (2016). Business Analytics – Grundlagen, Methoden und Einsatzpotenziale. *HMD Praxis der Wirtschaftsinformatik*, 53(3), 273–286.

Hauer, G., Harte, P., Kacemi, J. (2018). An Exploration of the Impact of Industry 4.0 Approach on Corporate Communication in the German Manufacturing Industry. *International Journal of Supply Chain Management*, 7, No. 4, 125–131.

Internationaler Controller Verein e.V. (Ed.) (2016). Business Analytics. The Road to Data-Driven Corporate Performance Management. https://www.icv-controlling.com/fileadmin/Assets/Content/AK/Ideenwerkstatt/Dream_Car_Business_Analytics_EN.pdf. Accessed: 04. September 2018

Kieninger, M, Mehanna, W., Vocelka, A. (2016). Wie Big Data das Controlling verändert. https://rsw.beck.de/docs/librariesprovider37/default-document-library/wie-big-data-das-controlling-ver%C3%A4ndert.pdf?sfvrsn=9ed7f15c_0. Accessed: 03. September 2018

Kohavi, R., Rothleder, Neal J., Simoudis, E. (2002). Emerging Trends in Business Analytics. *Communicatios of the ACM*, 45(8), 45–48.

Lawson, R. (2018). Management Accounting Competencies: Fit for Purpose in a Digital Age? Institute of Management Accountants. https://www.imanet.org/-/media/4cab087f40b-54bac878cae99c892d9a4.ashx. Accessed: 09. September 2018

Lawson, R. (2016). How Controllers become Business Partners. Strategic Finance Magazine. http://sfmagazine.com/post-entry/july-2016-how-controllers-become-business-partners/. Accessed: 09. September 2018

Pricewaterhouse Coopers (PwC) (2015). Digital Controlling. Digitale Transformation im Controlling. https://www.pwc.de/de/digitale-transformation/assets/pwc-studie-digitale-transformation-im-controlling.pdf. Accessed: 26. August 2018

Saunders, M., Lewis, P., & Thornhill, A. (2012). Research Methods for Business Students. 6th ed. Harlow: Pearson Education.

Schäffer, U., Weber, J. (2016). Die Digitalisierung wird das Controlling radikal verändern. *Controlling & Management Review*, 60(6), 6–17.

Sharma, R., Mithas, S., Kankanhalli, A. (2014). Transforming decision-making processes: a research agenda for understanding the impact of business analytics on organizations. *European Journal of Information Systems*, 23(4), 433–441.

Skilton, M., Hovsepian, F. (2018). The 4th Industrial Revolution – Responding to the Impact of Artificial Intelligence on Business. Cham: Palgrave Macmillan.

Weber, J., Schäffer, U. (2014). Einführung in das Controlling. 14th ed. Stuttgart: Schäffer-Poeschel.

Digitale Finanzdienstleistungen zukunftsorientiert gestalten 4.0

Der Markt für Finanzdienstleistungen sieht sich durch die globale Digitalisierung einem fundamentalen Wandel ausgesetzt. Vor diesem Hintergrund wird in diesem Kapitel exemplarisch diskutiert, inwiefern im Zuge der digitalen Transformation Finanzdienstleistungen zukunftsorientiert gestaltet werden können. Im Rahmen des Beitrags von Gillé, Popović und Fromme kann gezeigt werden, dass es innovativen Anbietern aus dem Bereich Financial Technologies (sog. „FinTechs") zunehmend gelingt, sich als „New Entrants" am bislang weitgehend intransparenten Markt für Schuldscheindarlehen (SSD) zu etablieren und Geschäftsbanken als traditionelle Anbieter herauszufordern. Im Idealfall lassen sich durch digitale Plattformen für SSD mit einer „Multiple-Win"-Strategie Situationen erzielen, die für Emittenten, Investoren, Banken und FinTech-Plattformen einen höheren Nutzen stiften, als es die bisherige Struktur und Rollenverteilung am Markt für Schuldscheindarlehen bislang ermöglicht. Der Beitrag von Joas, Popović und Bäumer widmet sich der Digitalisierung im Zahlungsverkehr und analysiert die damit einhergehenden Chancen und Herausforderungen für Banken. Einerseits sehen sich traditionelle Banken einem erhöhten Konkurrenzdruck durch neue Wettbewerber aus dem Bereich Fin-Techs (z.B. Paypal, Apple Pay) insbesondere bei jüngeren, internetaffinen Kundengruppen („Digital Natives") ausgesetzt. Andererseits kann für Genossenschaftsbanken das Potenzial von Kooperationen aufgezeigt werden. Ebenso wird diskutiert, inwiefern die entsprechende Kooperationsstrategie verglichen mit der Wettbewerbs- und der Investitionsstrategie die sinnvollste strategische Option darstellt. Auch wird beleuchtet, inwiefern sich die Ergebnisse auf andere Banken und Sparkassen übertragen lassen. Palosch, Popović und Mehlhorn gehen in ihrem Beitrag

© Springer Fachmedien Wiesbaden GmbH, ein Teil von Springer Nature 2019
A. Lochmahr, P. Müller, P. Planing, T. Popović, *Digitalen Wandel gestalten*
https://doi.org/10.1007/978-3-658-24651-8_4.0

der Frage nach, inwiefern Initial Coin Offerings (ICOs) als Finanzierungsalternative für Innovationen und Startups dienen können. Im Rahmen dessen kann gezeigt werden, dass die zugrundeliegenden Token (kryptografisch gesicherte, digitale Verbriefungen von Rechten) überaus vielseitig einsetzbar sind. Des Weiteren werden Vor- und Nachteile von ICOs aufgezeigt und damit die Potenziale und Herausforderungen für Unternehmen dargestellt. Mit Hilfe von konkreten Handlungsempfehlungen für Kapitalmarktteilnehmer (Investoren, Börsen, etc.), Aufsichtsbehörden und den Gesetzgeber kann das Potenzial von ICOs sowie die Notwendigkeit eines raschen Aufbaus stabiler Rahmenbedingungen aufgezeigt werden.

Digitale Transformation durch FinTechs am Beispiel digitaler Plattformen für Schuldscheindarlehen

4.1

Svenja Gillé, Tobias Popović und Stefan Fromme

Abstract

Innovationen bzw. innovative Startups im Bereich Financial Technology, sogenannte „FinTechs" werden sowohl in der Öffentlichkeit als auch in der wirtschaftswissenschaftlichen Literatur bislang primär mit Fokus auf das Retail Banking-Segment sowie anhand der Interaktionsform B2C diskutiert. Allerdings entstehen zunehmend auch FinTechs, die innovative Dienstleistungen im Corporate Banking-Segment in der Interaktionsform B2B anbieten.
Im Rahmen dieses Beitrags kann gezeigt werden, dass es innovativen FinTechs zunehmend gelingt, sich als „New Entrants" am bislang weitgehend intransparenten Markt für Schuldscheindarlehen (SSD) zu etablieren und Geschäftsbanken als traditionelle Anbieter herauszufordern. Ebenso wird aufgezeigt, dass FinTechs nicht nur mit Banken, sondern auch mit weiteren FinTechs in Konkurrenz stehen. Aufbauend auf einer Literaturanalyse werden vor diesem Hintergrund Erfolgsfaktoren und unterschiedliche strategische Optionen für FinTech-Plattformen für SSD hergeleitet. Aus den Erfolgsfaktoren wird wiederum ein Analysekonzept abgeleitet, das im Rahmen einer Peer-Group-Analyse auf unterschiedliche FinTech-Plattformen angewendet wird. Die darin gewonnenen Erkenntnisse werden mit Hilfe von Experteninterviews erweitert und hieraus entsprechende Handlungsempfehlungen abgeleitet. Im Ergebnis können hinsichtlich der zur Auswahl stehenden strategischen Optionen sowohl ein disruptiver als auch kooperativer Ansatz erfolgsversprechend sein. Es kann jedoch gezeigt werden, dass eine kooperative Strategie, i.S. einer Multi-Dealer-Plattform das größte Entwicklungspotenzial aufweist. Im Idealfall lassen sich mit dieser Strategie zukünftig „Multiple-Win"-Situationen erzielen, die für Emittenten, Investoren, Banken und FinTech-Plattformen einen höheren Nutzen stiften, als es die bisherige Struktur und Rollenverteilung am Markt für Schuldscheindarlehen ermöglichte.

© Springer Fachmedien Wiesbaden GmbH, ein Teil von Springer Nature 2019
A. Lochmahr, P. Müller, P. Planing, T. Popović, *Digitalen Wandel gestalten*
https://doi.org/10.1007/978-3-658-24651-8_4.1

4.1.1 Einleitung

Bereits im Jahre 1994 stellte Microsoft Gründer Bill Gates Banken als Institutionen mit dem Zitat „Banking is necessary banks are not." in Frage (Deloitte 2016; Tiberius und Rasche 2017). Heute, rund ein Vierteljahrhundert später, sind Banken nach wie vor ein elementarer Bestandteil moderner Volkswirtschaften. Dies widerlegt Gates Aussage aber keinesfalls: Die Bankenbranche konnte sich zwar nach der tiefgreifenden Krise der Jahre 2007 bis 2009 in weiten Teilen wieder stabilisieren. Allerdings sind in den letzten Jahren durch zahlreiche sogenannte FinTech-Unternehmen neue Wettbewerber entstanden (Dietz et al. 2016; Dorfleitner und Hornuf 2016). Ihr Ziel ist es, im Zuge der Digitalisierung auf Basis neuer Technologien und konsequent am Kundennutzen orientiert, innovative Geschäftsmodelle zu entwickeln, welche tiefgreifende Änderungen in der Bankenbranche bewirken (Dorfleitner und Hornuf 2016). Hierbei konzentrieren sich FinTechs primär auf einzelne Glieder der Wertschöpfungskette, um in diesem Bereich den Kundennutzen durch Effizienz, Transparenz, Automatisierung und leichte Bedienbarkeit signifikant zu steigern (Drummer und Jerenz 2016; Dorfleitner und Hornuf 2016).

Der FinTech-Markt hat sich in der jüngeren Vergangenheit sehr dynamisch entwickelt; auch lassen die Wachstumsprognosen eine weiterhin dynamische Entwicklung erwarten (London Stock Exchange Group 2018). Dies gilt vor allem für B2B-FinTechs (FINANCE-Research 2017) und der Wettbewerbsdruck steigt spürbar an (Heinrichs 2017). Auch in dem bislang weitestgehend analogen und intransparenten Segment der Schuldscheindarlehen intensiviert sich der Wettbewerb zwischen den FinTechs. Seit Anfang 2017 wurden unterschiedliche Start-Ups gegründet, die mithilfe von digitalen Plattformlösungen auf diesen Mark drängten und ihn dadurch in vielen Punkten neu definierten (Kögler 2018). Vor diesem Hintergrund stehen bei diesem Beitrag folgende Fragen im Fokus: (1) Welche strategischen Optionen existieren aktuell am Markt für Schuldscheindarlehen aktive FinTech-Plattformen? (2) Welche Erfolgsfaktoren sind bei der Strategieimplementierung als wesentlich zu erachten? (2) Basierend auf einer Peer-Group-Analyse sowie Experteninterviews: Welche konkreten Handlungsempfehlungen ergeben sich mit Blick auf das jeweilige Erfolgspotenzial hieraus für FinTechs?

4.1.2 Methodik und Struktur des Beitrags

Um die eingangs formulierte Frage beantworten zu können, werden aufbauend auf einer Literaturanalyse unterschiedliche strategische Optionen Schuldscheindarlehen (Kapitel 3) und Erfolgsfaktoren (Kapitel 4) für am Schuldscheinmarkt aktive

FinTech-Plattformen hergeleitet. Aus den Erfolgsfaktoren wird wiederum ein Analysekonzept abgeleitet, das im Rahmen einer Peer-Group-Analyse auf unterschiedliche FinTech-Plattformen angewendet wird. Die darin gewonnenen Erkenntnisse werden mit Hilfe von Experteninterviews erweitert und hieraus entsprechende Handlungsempfehlungen abgeleitet. Aus Vertraulichkeitsgründen werden die Ergebnisse der einzelnen Unternehmen gemäß deren strategischer Zuordnung gruppiert.

4.1.3 Schuldscheindarlehen als hybride Finanzierungsinstrumente

4.1.3.1 Charakteristika von Schuldscheindarlehen

Das Schuldscheindarlehen kann grundsätzlich als Hybrid zwischen Bankenkredit und Anleihe bezeichnet werden (Europäische Kommission 2017). Es handelt sich in erster Linie um ein langfristiges Großdarlehen (Grunow und Zender 2018). Im Falle einer marktüblichen indirekten Transaktion wird dieses von einer Bank (als dem Arrangeur) vergeben und zwischen ihm und dem Emittenten wird ein bilatera-

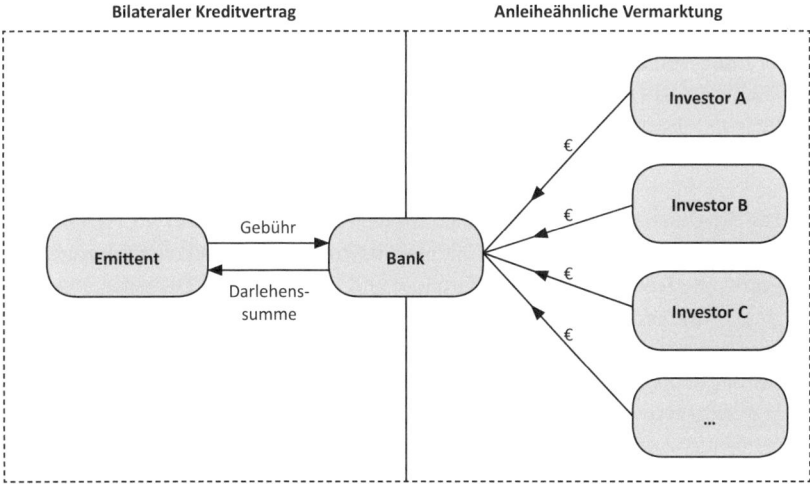

Abb. 4.1 Transaktion eines Schuldscheindarlehens im direkten System (Quelle: eigene Darstellung)

ler Darlehensvertrag geschlossen (Reichling et al. 2005). Den anleiheähnlichen Charakter nimmt das Schuldscheindarlehen (engl. „Bonded Loan") in dem Moment an, in dem der Arrangeur die Forderung in Form einer Privatplatzierung an einen geschlossenen Investorenkreis vermarktet (Grunow und Zender 2018; Kuthe und Zipperle 2014). Um die Platzierung zu erleichtern, wird das Darlehen hierfür in mehrere Teilbeträge gestückelt (Reichling et al. 2005). Da es sich bei einem Schuldschein allerdings um kein Wertpapier handelt, erfolgt die Übertragung der Forderung an den Investor in Form einer Forderungsabtretung (Reichling et al. 2005; Ekkenga und Schröer 2014). Dieser Prozess wird von dem Arrangeur gegen eine Gebühr durchgeführt (Grunow und Zender 2018). Abb.4.1 fasst den Prozess einer klassischen Schuldscheintransaktion zusammen.

4.1.3.2 Klassische Akteure auf dem Schuldscheinmarkt

Auf dem Schuldscheinmarkt sind klassischer Weise folgende Akteure involviert: Emittenten, die Gelder benötigen; Investoren, die finanzielle Mittel zur Verfügung stellen und Banken, die als Arrangeur das Geschäft zwischen diesen beiden ermöglichen.

Als Emittenten treten überwiegend bonitätsstarke mittelständische Unternehmen unterschiedlichster Branchen auf (Europäische Kommission 2017). Die Kosten dieses Finanzierungsinstrumentes sind im Vergleich zu einer Anleihe gering, trotzdem ist das Schuldscheindarlehen mit hohen Aufwendungen verbunden: In erster Linie ist dies die Gebühr, die der Arrangeur erhebt und der Sollzins (Ekkenga und Schröer 2014). Der Sollzins wird von dem Arrangeur in einem intransparenten Prozess mit den Investoren verhandelt. Diese Intransparenz kann von Banken für eine Margenausweitung genutzt werden und folglich dafür sorgen, dass der Sollzins für den Emittenten tendenziell höher als notwendig ausfällt (Scholz 2017).

Die Investments in deutsche Schuldscheine werden zu rund 90 Prozent von Banken und zu nur 10 Prozent von anderen institutionellen Investoren bereitgestellt (Europäische Kommission 2017; Grunow und Zender 2018). Diese Kapitalgeber verfügen aufgrund ihrer Geschäftsmodelle über eine hohe Liquidität und stehen vor der permanenten Herausforderung, rentable und sichere Anlageformen zu finden (Reichling et al. 2005). Sowohl Versicherungen als auch Banken sind hierbei an strenge Anlagerestriktionen seitens des Gesetzgebers gebunden (Nord LB 2016). Demensprechend ist für diese Investoren ein bonitätsstarker Emittent und ein damit verbundenes überschaubares Ausfallrisiko von entscheidender Wichtigkeit (Reichling et al. 2005). Ein Großteil der Emittenten besitzt ein Investment Grade-Rating und deckt diese Anforderung seitens der Investoren somit ab (VÖB 2015).

Banken spielen auf dem Schuldscheinmarkt eine außerordentlich vielseitige Rolle, da sie den gesamten Emissionsprozess steuern (Grunow und Zender 2018). Drei Hauptaufgaben stehen hierbei im Vordergrund: (1) Die Beratung der Emittenten und Investoren, welche eine umfassende Expertise erfordert. (2) Die Investorenansprache und Vermarktung, welche nur durch das Netzwerk der Bank möglich ist. (3) Die rechtssichere Abwicklung der Transaktion, denn hierbei handelt es sich um ein lizenzbedürftiges Einlagengeschäft im Sinne der Paragraphen 32 und 33 des KWG (KWG 2017). Diese Tätigkeiten wurden von Banken seit jeher in erster Linie analog durchgeführt.

4.1.3.3 FinTechs als „New Entrants" auf dem Schuldscheinmarkt

Die Charakteristika von Schuldscheinen, die bislang weitgehend intransparentes Marktstrukturen sowie und Emissionsprozesse bieten für hocheffiziente FinTech-Plattformen grundsätzlich günstige Markteintrittsbedingungen. Allerdings ist es aufgrund der hohen Diversität der Geschäftsmodelle sowie der unterschiedlichen Rechtsnormen bislang nicht möglich, den FinTech-Begriff anhand einer Legaldefinition zu bestimmen. Daher sollen der deutsche FinTech-Markt sowie FinTech-Unternehmen hier zunächst anhand einer eigens adaptierten Taxonomie diskutiert werden (Dorfleitner und Hornuf 2016). Die Kategorisierung erfolgt hierbei in vier Stufen. Zunächst wird das Kundensegment, welches das FinTech bedient, erfasst und anschließend wird analysiert, in welchem Geschäftsbereich das Unternehmen tätig ist (FINANCE-Research 2017). Diese Klassifizierung wird dann um folgende zwei Analysestufen ergänzt: die angewandte Technologie und im finalen Schritt die Rolle des FinTechs (vgl. Abb. 4.2). FinTech-Plattformen sind anhand dieser Kate-

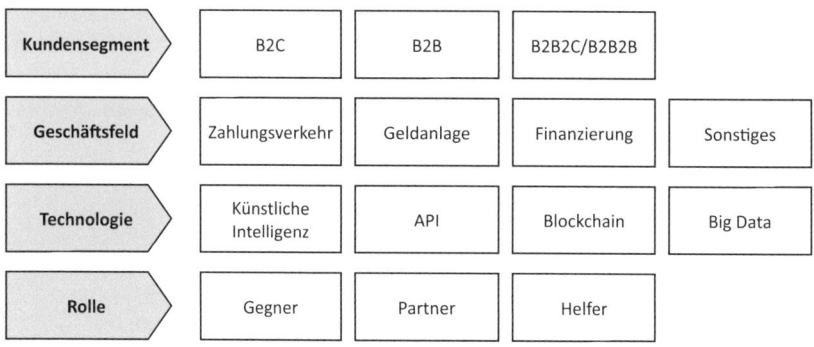

Abb. 4.2 FinTech-Taxonomie (Quelle: eigene Darstellung)

gorisierung im Kundensegment B2B und im Geschäftsfeld Finanzierung einzuordnen. Hinsichtlich der Technologie erscheint die Blockchain zunehmend potenzialträchtig. In Bezug auf Ihre Rolle ist grundsätzlich eine Zuordnung als Gegner, Partner oder Helfer möglich. Dies ist jedoch jeweils in engem Zusammenhang mit der favorisierten strategischen Option zu diskutieren.

4.1.3.4 Strategische Optionen für FinTech-Plattformen im Zuge der digitalen Transformation

Die Schuldscheinemission bietet mit ihren bislang analogen und intransparenten Prozessen sehr günstige Voraussetzungen für Geschäftsmodelle der FinTech Branche. In den letzten Jahren konnten sich somit gleich mehrere FinTech-Plattformen für Privatplatzierungen etablieren (Kögler 2018). Aber auch Banken arbeiten vermehrt selbst an hauseigenen Plattformen, was zum einen zusätzlich innovationsfördernd wirkt und zum anderen den Wettbewerb weiter intensiviert (Zöller 2018).

Aktuell überwiegen auf dem Markt drei Entwicklungstrends, welche sich anhand von drei strategischen Optionen i.S. unterschiedlicher Plattformkonstellationen kategorisieren lassen: (1) Plattformen, welche von Banken selbst betrieben werden und als *Single-Dealer* bezeichnet werden. Sie sind bestrebt ihre bestehenden Prozesse und Strukturen durch digitale Lösungen effizienter zu gestalten. Wird die Plattform von einem FinTech betrieben, können diese entweder einen kooperativen Ansatz oder disruptiven Ansatz verfolgen. (2) Plattformen von auf Kooperation ausgerichteten FinTechs, die mit den etablierten Banken zusammenarbeiten, werden als *Multi-Dealer* bezeichnet. Diese verfolgen prinzipiell das gleiche Ziel wie die Single-Dealer. Jedoch richten sie ihre Plattform dabei nicht an den hauseigenen Prozessen einzelner Banken aus, sondern schaffen ein standardisiertes und damit skalierbares System für alle Marktteilnehmer. (3) *Makler-Plattformen*, die mit einem disruptiven Ansatz versuchen, etablierte Banken in einzelnen Schritten aus der Wertschöpfungskette abzulösen. Ihr Ziel ist es, Investoren und Emittenten ohne das Zutun einer Bank zusammenzuführen (Zöller 2018).

4.1.4 Bewertung der strategischen Optionen anhand von Erfolgsfaktoren

4.1.4.1 Einhaltung regulatorischer Vorschriften

Der Markt für Finanzdienstleistungen ist seit der Finanzkrise 2008 besonders stark reguliert (Tiberius und Rasche 2017). Auch wenn FinTechs aktuell noch oftmals „unter dem Radar der Aufsichtsbehörden fliegen" (Dietz et al. 2016), gewinnt das Thema „Regulatorik" zunehmend an Bedeutung. FinTechs, welche von vorneherein Maßnahmen diesbezüglich getroffen haben, sind für den weiteren Wettbewerb weitaus besser aufgestellt (Dietz et al. 2016) und vermeiden die weitreichenden Folgen eines nachträglichen Eingriffs einer Regulierungsbehörde (FINANCE-Research 2017). Hierbei ist zu erwähnen, dass das Ausmaß der regulatorischen Einschränkungen wegen der differenzierten Geschäftsmodelle stark variieren kann (FINANCE-Research 2017).

In der Praxis zeigt sich, dass Single- oder Multi-Dealer-Plattform hier bspw. den erheblichen Vorteil hat, dass die Partnerbanken ihnen sowohl regulatorisches Knowhow, als auch eine rechtssichere Infrastruktur zur Verfügung stellen (Zöller 2018). Makler-Plattformen stehen vor der Herausforderung, ihre Geschäfte ohne Banken rechtssicher abzuwickeln. Im Schuldscheinsegment ist hier das Einlagengeschäft im Rahmen einer Emission am kritischsten. Dieses Geschäft können Makler-Plattformen, welche keine Bankenlizenz besitzen, nur dann anbieten, wenn sie Banken als Zahl- und Emissionsstelle letztendlich doch in den Prozess miteinbinden (FINANCE-TV 2018). Natürlich können FinTechs auch selbst eine solche Lizenz erwerben. Dies ist allerdings mit einem erheblichen Aufwand verbunden nicht nur für den einmaligen Erwerb, sondern auch für die konstante Überwachung und Anpassung im Falle von Gesetzesänderungen.

4.1.4.2 Aufbau eines Netzwerkes

Für die FinTech-Branche ist der zweite Schlüsselfaktor „Netzwerk" insofern wesentlich, als Netzwerke Gründer stark dabei unterstützen können ihre Geschäftsidee voranzutreiben. Dies geschieht oftmals, indem ihnen Zugang zu geeignetem Fachpersonal, Expertenwissen und potentiellen Kunden verschafft wird (Löher et al. 2017; Hartl 2017).

Darüber hinaus spielt das Netzwerk explizit für den Erfolg der Plattform eine entscheidende Rolle. Dies lässt sich anhand des Schuldscheingeschäftes erläutern:

Auf einer Plattform suchen Emittenten den Kontakt zu möglichen Investoren. Die Attraktivität dieser Plattform steigt für den Emittenten dabei mit steigender Anzahl an registrierten Investoren an (Engelhardt et al. 2017). Für die Investoren gilt dabei dasselbe. Sobald eine Plattform eine ausbalancierte ‚kritische Masse' an Teilnehmern überschritten hat, steigt die Nutzerzahl aufgrund der Netzwerkeffekte ohne weiteres Zutun exponentiell an (Dewenter und Rösch 2015). Im Unterschied dazu ist die Anfangsphase einer Plattform mit großen Anstrengungen verbunden. Hier tritt ein ‚Henne-Ei-Problems' auf: Wie kann man Nutzer in einem mehrseitigen Markt gewinnen, wenn die Anwender der einzelnen Seiten jeweils von der Existenz der anderen abhängen (Parker et al. 2017)? Angewandt auf den Schuldscheinmarkt bedeutet dies, dass Emittenten sich nur dann einer Plattform anschließen werden, wenn sich dort bereits Investoren befinden. Die Investoren werden sich wiederum nur dann anmelden, wenn dort von vorne herein die Interaktion mit Emittenten möglich ist. Da Banken das Schuldscheingeschäft seit jeher ‚offline' betrieben und sich dadurch bereits ein großes Netzwerk aus Emittenten und Investoren aufgebaut haben, müssen sich diese dementsprechend nicht mit dem ‚Henne-Ei-Problem' auseinandersetzen.

Folglich profitieren auch hier Multi-Dealer in der Praxis von ihrem gewählten kooperativen Ansatz, da sie in erster Linie Banken für die Plattform gewinnen müssen, welche dann ihr eigenes Netzwerk von Emittenten und Investoren automatisch auf die Plattform integrieren. Makler-Plattformen stehen vor einer weitaus größeren Aufgabe, denn sie versuchen gleichzeitig, eine große Investoren- und Emittenten-Basis aufzubauen (Habdank 2016; FINANCE-TV 2018). Bislang ist dies in der Praxis keiner Makler-Plattform gelungen, was die Theorie der ‚Henne-Ei-Problematik' bestätigt.

Da es sich bei Single-Dealer-Lösungen in erster Linie um reine Softwarelösungen handelt, welche stark auf hauseigene Prozesse (z.B. der ursprünglichen Geschäftsbanken) ausgelegt sind, können sie folglich von anderen Banken schwer angewandt werden. Unabhängig davon kommt hinzu, dass andere Banken aus Wettbewerbsgründen von einer Übernahme der Konkurrenzprodukte Abstand nehmen. Beides ist folglich für den Aufbau eines Netzwerks hinderlich. Dementsprechend ist auch der Nutzen dieser Single-Dealer-Plattformen gering. Investitionen in die Entwicklung einer solchen Plattform wären nur im Falle eigener hoher Volumina (d.h. ohne Hinzunahme von Netzwerkpartnern) sinnvoll. Allerdings ist dies im Schuldscheinsegment kaum möglich. Kleine Volumina stehen also einem hochkomplexen Entwicklungs- und Implementierungsprozess gegenüber (Zöller 2018).

4.1.4.3 Solides Fundament

Hinsichtlich eines soliden Fundaments ist in der Theorie zwei Punkten besondere Bedeutung zuzuschreiben (vgl. Abb. 4.3): Zum einen das Vertrauen der Kundenbasis und zum anderen ein hoher Kundennutzen (Roland Berger 2016). In puncto Vertrauen genießen Banken auf dem Gesamtmarkt nach wie vor die einen Vorschuss (Tiberius und Rasche 2017), was sich für den Aufbau von Single-Dealer-Plattformen als vorteilhaft erweisen kann. Dementsprechend müssen FinTechs der Kategorie Herausforderer in diesem Bereich starke Investitionen tätigen, um Kunden zu überzeugen. Multi-Dealer-Plattformen profitieren hingegen wiederum von der Vertrauensbasis der miteingebundenen Banken. Betrachtet man nun den generierten Kundennutzen der Plattformen, so gilt für alle gleichermaßen, dass durch die Digitalisierung die Kosten gesenkt werden können und darüber hinaus die Prozessgeschwindigkeit erheblich gesteigert werden kann.

Doch wie unterscheidet sich der Kundennutzen von Makler-Plattform und Multi-Dealer-Plattform? In der Praxis bieten die Betreiber von Multi-Dealer-Plattformen den Emittenten einen von einem Arrangeur professionell betreuten Prozess. Betreiber von Makler-Plattformen stellen im Gegensatz dazu vor allem die Kontrolle als maßgeblichen Vorteil gegenüber den Multi-Dealern heraus (FINANCE-TV 2018). Denn auf deren Plattformen steuert der Emittent den Prozess und kann ihn frei gestalten. Fraglich ist nun was in der Praxis seitens der Emittenten tatsächlich gewünscht ist. Laut dem Gründer einer Makler-Plattform, suchen Unternehmen zunehmend einen eigenen Zugang zum Kapitalmarkt, fernab von Banken und Brokern (FINANCE-TV 2017). Doch stellt dies tatsächlich den Grund für das Fernbleiben des Mittelstandes vom Kapitalmarkt dar? Eine Studie der Prüfungs- und Beratungsgesellschaft Ebner Stolz kommt zu dem Ergebnis, dass Unternehmen primär vor den Kosten und Transparenzerfordernissen in Verbindung mit dem Kapitalmarkt zurückschrecken (Ebner Stolz Management et al. 2016). Zudem wird der Bankkredit nach wie vor als unproblematisches Finanzierungsmittel gesehen (Ebner Stolz Management et al. 2016). Kombiniert man diese Erkenntnisse mit der

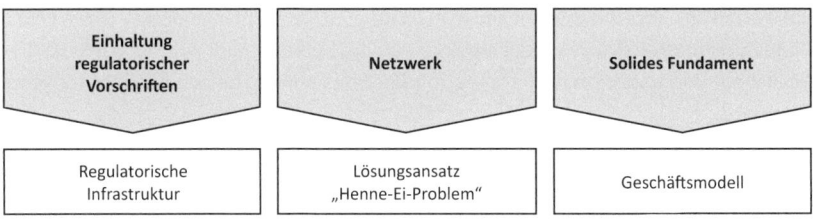

Abb. 4.3 Erfolgsfaktoren FinTech-Plattformen (Quelle: eigene Darstellung)

Tatsache, dass Banken traditionell den ersten Ansprechpartner in Finanzierungsfragen darstellen und das Vertrauensverhältnis trotz Finanzkrise nicht wesentlich gelitten hat, kann man die Aussage nicht bestätigen (Ebner Stolz Management et al. 2016). Hieraus resultiert, dass Emittenten in erster Linie unkomplizierte Lösungen suchen, welche mithilfe von langjährigen Geschäftspartnern wie Banken begleitet werden. Der Kontrollaspekt scheint also keinen erheblichen Mehrwert zu generieren.

4.1.5 Handlungsempfehlungen, Fazit und Ausblick

Der Markt für Schuldscheindarlehen birgt durch bislang weitgehend intransparente und wenig effiziente Prozesse viele Potenziale. Dies hat zum Markteintritt innovativer FinTechs geführt, was die Wettbewerbsintensität in diesem Segment steigerte. Alle Geschäftsmodelle, sowohl die der Single-Dealer, Makler, als auch Multi-Dealer haben in diesem Markt ihre Berechtigung. Ausgehend von den vorangestellten Analyseergebnissen scheint die strategische Ausrichtung als Multi-Dealer die beste Ausgangslage zu bieten, um sich langfristig erfolgreich am Markt zu etablieren. Um diese Position zu halten, sollten sich Multi-Dealer primär auf die Gewinnung weiterer Arrangeure konzentrieren, damit sie dadurch möglichst schnell die „kritische Masse" erreichen. Im nächsten Schritt ist die Realisierung von Skaleneffekten wichtig, um sich auch langfristig von Single-Dealern absetzen zu können. Makler-Plattformen sollten das Ziel verfolgen, sich in einer Nische des Marktes zu behaupten um dort die Kunden zu bedienen, die tatsächlich autonome Finanzierungslösungen wünschen. Dies könnte auf längere Sicht durch Fusionen mit anderen Makler-Plattformen möglich sein. Banken, welche eine eigene Single-Dealer-Plattform betreiben, sollten intern abwägen, ob es nicht kostengünstiger und effizienter ist, sich einer Multi-Dealer-Plattform anzuschließen. Abschließend ist davon auszugehen, dass FinTechs auch weiterhin zur digitalen Transformation der Finanzwirtschaft, des Kapitalmarkts sowie der Geschäftsmodelle der Marktteilnehmer beitragen werden. Dieser Trend wird in der Zukunft noch viele weitere Forschungsfragen aufwerfen. In Verbindung mit diesem Beitrag ist dies unter anderem die weitere Untersuchung und Präzision der aufgeführten Erfolgsfaktoren, welche in den nächsten Jahren durch eine breitere Datengrundlage des bislang jungen Marktes möglich sein wird.

Die AutorInnen

Svenja Gillé, *B.A.* hat Betriebswirtschaftslehre an der HFT Stuttgart studiert und verfasste ihre Bachelorthesis zum Thema „FinTech-Plattformen für Schuldscheindarlehen".
Kontakt: svenja.gille@gmx.de

Prof. Dr. Tobias Popović hat eine Professur für Allg. BWL, insb. Corporate Finance, Capital Markets, Risk Management im Studienbereich Wirtschaft der HFT Stuttgart inne. Seit 2010 ist er Ethikbeauftragter und von 2010 bis 2017 war er ebenfalls Nachhaltigkeitsbeauftragter der HFT. Seit 2014 ist er Co-Leiter des Zentrums für Nachhaltiges Wirtschaften und Management (ZNWM). Zu seinen bevorzugten Forschungsgebieten zählen Genossenschaftswesen, Sustainable Innovation und Entrepreneurship sowie Sustainable Finance. Für Gastvorlesungen zum Thema Sustainable Finance war er u.a. von der Universidad de Oviedo sowie der Tatung University in Taipeh eingeladen. Vor seiner Hochschultätigkeit war er für die DZ BANK in Frankfurt sowie als Verwaltungsratsmitglied bei der Banco Cooperativo Español in Madrid tätig.
Kontakt: tobias.popovic@hft-stuttgart.de

Stefan Fromme, *MBA* ist Gründer und Geschäftsführer von Value Concepts.
Kontakt: stefan.fromme@value-concepts.de

Literatur

Bundesverband Öffentlicher Banken Deutschlands. (2015). *Das Schuldscheindarlehen: Best Practice für die Europäische Kapitalmarktunion.* https://www.voeb.de/de/publikationen/fachpublikationen/schuldscheindarlehen-best-practice-kapitalmarktunion. Zugegriffen: 13.04.2018

Deloitte. (2016). "Banking is necessary, banks are not". http://blogs.deloitte.ch/banking/2016/09/banking-is-necessary-banks-are-not-bill-gates.html. Zugegriffen: 22.05.2018

Dewenter, R., & Rösch, J. (2015). *Einführung in die neue Ökonomie der Medienmärkte: Eine wettbewerbsökonomische Betrachtung aus Sicht der Theorie der zweiseitigen Märkte.* Wiesbaden: Springer Gabler.

Dietz, M., Khanna, S., Olanrewaju, T., & Rajgopal, K. Cutting through the noise around financial technology. In McKinsey & Company (Hrsg.), *FinTechnicolor: The New Picture in Finance* (S. 6–14).

Dorfleitner, G., & Hornuf, L. (2016). *Fintech-Markt in Deutschland.* http://www.bundesfinanzministerium.de/Content/DE/Standardartikel/Themen/Internationales_Finanzmarkt/2016-11-21-Gutachten-Langfassung.pdf?__blob=publicationFile&v=1. Zugegriffen: 07.09.2018.

Drummer, D., & Jerenz. (2016). *Die Fintech-Herausforderung: Wie die Digitalisierung den Finanzsektor verändert.* https://www.mckinsey.de/files/160425_fintechs.pdf. Zugegriffen: 03.04.2018

Ebner Stolz Management, Consultants GmbH, & Wolff & Häcker Finanzconsulting AG. (2016). *Finanzierung im Mittelstand Studie 2016: Im Fokus: Digitalisierung und Unternehmensnachfolg.* https://www.ebnerstolz.de/de/finanzierung-im-mittelstand-studie-2016-142679.html. Zugegriffen: 23.04.2018

Ekkenga, J., & Schröer, H. (2014). *Handbuch der AG-Finanzierung.* Köln: Carl Heymanns.

Engelhardt, S. von, Wangler, L., & Wischmann, S. (2017). *Eigenschaften und Erfolgsfaktoren digitaler Plattformen.* Berlin. https://www.digitale-technologien.de/DT/Redaktion/DE/Downloads/Publikation/autonomik-studie-digitale-plattformen.pdf?blob=publicationFile&v=6. Zugegriffen: 04.05.2018

Europäische Kommission. (2017). *Identifizierung von Markt- und regulatorischen Hindernissen für die Entwicklung von Privatplatzierungen von Schuldinstrumenten in der EU: Zusammenfassung.* https://ec.europa.eu/info/sites/info/files/180216-study-private-placements-summary_de.pdf. Zugegriffen: 03.04.2018

FINANCE-Research (Ed.). (2017). *Gegner, Helfer, Partner: Fintechs und das Firmenkundengeschäft der Banken.* Frankfurt am Main: Der F.A.Z.-Fachverlag. https://www2.deloitte.com/content/dam/Deloitte/de/Documents/financial-services/FINANCE-FinTech-Studie.pdf. Zugegriffen: 10.04.2018

FINANCE-TV (2017). *Firstwire-Gründer Johannes Haidl: Erster Corporate Deal in Sicht.* Interview mit Johannes Haidl, Firstwire-Gründer Johannes Haidl. https://www.finance-magazin.de/finance-tv/credx-ceo-ralf-kauther-cfos-und-investoren-behalten-die-kontrolle-2012341/. Zugegriffen: 15.05.2018

FINANCE-TV (2018). *Credx-CEO Ralf Kauther: CFOs und Investoren behalten die Kontrolle.* Interview mit Ralf Kauther, CEO credX AG. https://www.finance-magazin.de/finance-tv/credx-ceo-ralf-kauther-cfos-und-investoren-behalten-die-kontrolle-2012341/. Zugegriffen: 15.05.2018

Gesetz über das Kreditwesen 17.07.2017.

Grunow, H.-W., & Zender, C. (2018). *Finanzinstrument „Schuldschein": Attraktiver Baustein der Unternehmensfinanzierung. essentials.* Wiesbaden: Springer Fachmedien Wiesbaden.

Habdank, P. (2016). Wie das Fintech Firstwire um CFOs und Treasurer buhlt. https://www.finance-magazin.de/finanzierungen/alternative-finanzierungen/firstwire-michael-dreiner-ceo-fintech-schuldschein-anleihe-kredit-firmenkundengeschaeft-transparenz-vermittler-360t-1394551/. Zugegriffen: 20.05.2018

Hartl, A. (2017). *Mit Vernetzung zum Erfolg: FinTechs im Rahmen der Digital Hub Initiative des Bundeswirtschaftsministeriums.* Vortrag im Rahmen des Innovationsforum FinTech. Frankfurt am Main. http://www.innovationsforum-fintech.de/images/pdf/BMWi_Hub-initiative_FinTech_Forum_Frankfurt.pdf. Zugegriffen: 20.04.2018

Heinrichs, M. (2017). HSBC-Deutschlandchefin sagt „Fintech-Sterben" voraus. https://www.finance-magazin.de/wirtschaft/deutschland/hsbc-deutschlandchefin-sagt-fintech-sterben-voraus-2002211/. Zugegriffen: 07.05.2018

Kögler, A. (2018). Der Schuldschein wird digitalisiert. https://www.finance-magazin.de/finanzierungen/schuldscheine/der-schuldschein-wird-digitalisiert-2014091/. Zugegriffen: 20.05.2018

Kuthe, T., & Zipperle, M. (2014). *Die Emission von Anleihen und anderen Debt Produkten: Rechtliche Rahmenbedingungen für die Investorenkommunikation.* Wiesbaden: Gabler.

Löher, J., Paschke, M., & Schröder, C. (2017). *Kooperationen zwischen etablierten Mittelstand und Start-ups.* Gefördert durch: Bundesministerium für Wirtschaft und Energie (No. IfM-Materialien Nr. 258). Bonn. https://www.ifm-bonn.org/uploads/tx_ifmstudies/IfM-Materialien-258_2017.pdf. Zugegriffen: 08.05.2018

London Stock Exchange Group. (2018). *Finance for FinTech.* London. http://www2.londonstockexchangegroup.com/Finance-For-Fintech. Zugegriffen: 18.04.2018

Nord LB. (2016). *Das deutsche Schuldscheindarlehen.* https://www.nordlb.de/fileadmin/redaktion/analysen_prognosen/oeffentliche_emittenten/2016/20160318_SSDSpecial-Final.pdf. Zugegriffen: 08.04.2018

Parker, G., van Alstyne, M., & Choudary, S. P. (2017). *Platform revolution: How networked markets are transforming the economy – and how to make them work for you.* New York, London: W.W. Norton & Company.

Reichling, P., Beinert, C., & Henne, A. (2005). *Praxishandbuch Finanzierung.* Wiesbaden: Gabler Verlag.

Roland Berger. (2016). *FinTechs in Europe: Challenger and Partner.* Munich. https://febelfin.be/sites/default/files/InDepth/roland_berger_fintech_survey_final_-_belgian_version_vf.pdf. Zugegriffen: 15.04.2018

Scholz, T. (2017). *Newsletter Schuldscheindarlehen: 2. Quartal 2017.* Fixed Income Research. https://www.nordlb.de/fileadmin/redaktion/analysen_prognosen/corporates/schuldscheindarlehen/2017/Newsletter_Schuldscheindarlehen_Q2-2017.pdf. Zugegriffen: 14.05.2018

Tiberius, V., & Rasche, C. (Eds.). (2017). *Edition Bankmagazin. FinTechs: Disruptive Geschäftsmodelle im Finanzsektor.* Wiesbaden: Springer Fachmedien Wiesbaden.

Zöller, T. (2018). Interview von: S. Gillé. Stuttgart.

Digitalisierung im Zahlungsverkehr – Eine kritische Analyse der Chancen und Herausforderungen für Banken

4.2

Bastian Joas, Tobias Popović und Thomas Bäumer

Abstract

Für Genossenschaftsbanken ergeben sich durch die voranschreitende Digitalisierung einerseits Chancen, wie neue Geschäftsmodelle, innovative Produkte oder neue Wege in der Marketingkommunikation. Gleichzeitig bringt die Digitalisierung aber auch Herausforderungen mit sich wie z.b. ein erhöhter Konkurrenzdruck durch neue Wettbewerber aus dem Bereich Financial Technology (sog. „FinTechs"). Nicht zuletzt im Zahlungsverkehr können Anbieter von mobilen oder internetbasierten Bezahlverfahren (z.b. Paypal, Apple Pay) bei jüngeren, internetaffinen Kundengruppen, den sog. „Digital Natives", Marktanteile gewinnen. Vor diesem Problemhintergrund werden im ersten Teil dieses Beitrags – basierend auf einer Literaturanalyse – unterschiedliche Erfolgsfaktoren und strategische Optionen für Genossenschaftsbanken hergeleitet. Im zweiten Teil werden hieraus resultierende Thesen in einer Umfrage unter mehr als 300 „Digital Natives" und „Digital Immigrants" – als maßgeblichen Zielgruppen von Genossenschaftsbanken – getestet. Im Ergebnis kann gezeigt werden, dass die Zielgruppen bereits zu einem Großteil digitale Bezahlverfahren von FinTechs nutzen und in Zukunft noch intensiver zu nutzen beabsichtigen. Zwar sehen die Zielgruppen FinTechs als innovative Anbieter, die in Zukunft an Relevanz gewinnen werden. Gleichzeitig beurteilen sie Genossenschaftsbanken bei Erfolgsfaktoren wie Kundennähe, Vertrauenswürdigkeit und finanzwirtschaftlicher Kompetenz (noch) als überlegen. Hierauf aufbauend wird im weiteren Verlauf des Beitrags begründet, warum für Genossenschaftsbanken die Kooperationsstrategie gegenüber der Wettbewerbs- und der Investitionsstrategie als sinnvollste strategische Option mit Blick auf ihre zukünftige Ausrichtung zu beurteilen ist. Ebenso wird diskutiert, inwiefern sich die Ergebnisse auf andere Banken und Sparkassen übertragen lassen.

© Springer Fachmedien Wiesbaden GmbH, ein Teil von Springer Nature 2019
A. Lochmahr, P. Müller, P. Planing, T. Popović, *Digitalen Wandel gestalten*
https.//doi.org/10.1007/978-3-658-24651-8_4.2

4.2.1 Einleitung

Banken und Finanzdienstleister sehen sich insb. seit der Finanzkrise der Jahre 2008ff. einer Vielzahl von Herausforderungen ausgesetzt; wie z.b. den stetig wachsenden regulatorischen Herausforderungen, dem Niedrigzinsumfeld, dem demographischen Wandel (von Kunden und Mitarbeitern), einem volatileren Kundenverhalten, einer hohen Wettbewerbsintensität sowie Trends wie bspw. Künstlicher Intelligenz (KI) und Digitalisierung. Insb. die beiden letztgenannten Punkte haben tiefgreifende, z.T. disruptive Veränderungen zur Folge. Bisherige Strategien und Geschäftsmodelle werden in Frage gestellt (Vater, Youngsuh & Sidebottom, 2012,). Neue Konkurrenten in Form sog. FinTechs erhöhen den Wettbewerbsdruck. Hieraus resultiert vielfach die Erfordernis effizienterer Prozesse sowie die einer strategischen Neuorientierung (Grewe, Weber & Witter, 2016,). Der Niedergang ehemaliger Marktführer aus anderen Branchen, wie z.b. Nokia im Mobilfunkbereich, sind warnende Beispiele für die Konsequenzen, die resultieren können, wenn keine adäquaten Antworten auf Trends und Herausforderungen gefunden werden und gleichzeitig neue Konkurrenten mit innovativen Produkten (z.B. Apple mit dem iPhone) hohe Marktanteilsgewinne verzeichnen können (Vogt, 2017). Für (Genossenschafts-)Banken und Sparkassen stellt sich im Kontext von Digitalisierung und KI somit die Frage, welche Strategien verfolgt werden können und welche Faktoren in diesem Kontext wesentlich sind, um die eigenen Geschäftsmodelle angesichts der wachsenden Konkurrenz durch FinTechs zukunftsfähig weiterentwickeln zu können.

4.2.2 Methodik und Struktur

Zur Beantwortung dieser Fragestellung wurden in der diesem Beitrag zugrundeliegenden Bachelor-Thesis auf Basis einer Literaturanalyse (Kapitel 3, 4) eine Geschäftsfeldtypologie entworfen sowie strategische Optionen und Erfolgsfaktoren für die Geschäftsmodelle von (Genossenschafts-)Banken hergeleitet (Kapitel 5). Um diese strategischen Optionen und Erfolgsfaktoren anhand der Praxis zu überprüfen wurde eine Online-Umfrage durchgeführt (Kapitel 6). Dabei wurde eine Stichprobe von N=335 Personen zum einen zu ihrem Zahlungsverhalten befragt und dabei untersucht, inwieweit digitale Angebote bereits verbreitet sind. Zum anderen sollte die Frage beantwortet werden, ob FinTechs bereits eine Alternative zu traditionellen Banken darstellen. Die Stichprobe bestand überwiegend (89 Prozent) aus Studierenden, die der Gruppe der „Digital Natives" zuzuordnen sind, von denen die höchste Offenheit und Nutzungsbereitschaft gegenüber digitalen Angeboten zu erwarten ist. Die Befragung, die im Mai 2017 durchgeführt wurde, dauerte ca. 10 Minuten. Die Stichprobe wurde v.a. über die Hochschule an Studierende, aber auch über soziale Netzwerke gestreut, um die Aussagekraft der Ergebnisse zu stärken.

4.2.3 Transformation des Zahlungsverkehrsgeschäfts von Banken durch Digitalisierung und FinTechs

Seit einigen Jahren entstehen durch den digitalen Wandel in vielen Branchen grundlegende Veränderungen. Je nachdem wie hoch die Dynamik und Wahrnehmung des Wandels ist, spricht man von Basistechnologien, Zukunftstechnologien, Schrittmachertechnologien, Schlüsseltechnologien und Querschnittstechnologien (Zimmermann, 2007). Durch solche Veränderungen entsteht oftmals gänzlich neue Wettbewerbskonstellationen auf dem Markt. Viele Unternehmen müssen durch diese digitale Transformation des Marktes ihre gesamten Geschäftsmodelle oder einzelne Teilbereiche neu überdenken und gegebenenfalls an die neuen Umstände anpassen. Es verändern sich die Kernprozesse, Kundenanforderungen aber auch die angebotenen Produkte bzw. Dienstleistungen (Hess, 2016).

Der Begriff „FinTech" verbindet die Termini „Financial Services" und „Technology". Gemeint sind damit junge Unternehmen, welche mit Hilfe von neuartigen Technologien, Finanzdienstleistungen anbieten. FinTechs treten mit neuen Geschäftsmodellen auf den Markt und versuchen durch eine hohe Kundenorientierung eine Alternative zu herkömmlichen Finanzdienstleistern zu bieten (Danker, 2016). Sie zeichnen sich dadurch aus, dass sie weniger physische Infrastruktur benötigen und somit deutlich agiler und dynamischer handeln können. Zusätzlich unterliegen sie nur teilweise den regulatorischen Einschränkungen, an welche sich die herkömmlichen Banken halten müssen. Die Mehrheit der FinTechs konzentriert sich hauptsächlich auf den Privatkundensektor („Retail-Segment").

In den letzten Jahren drängten Start-Ups in diesem Bereich mit innovativen Geschäftsmodellen auf den Markt und erhöhten die Wettbewerbsintensität für etablierte Finanzdienstleister. Das Marktwachstum der FinTechs zeigt, welche Herausforderung für die etablierten Unternehmen auf dem momentanen Bankenmarkt herrscht. Während das Marktvolumen im Jahr 2012 noch bei 31 Millionen Euro lag, lag es 2017 bei 249 Millionen Euro (Ziegler et al., 2018). 2015 konnten insgesamt 433 Unternehmen als FinTechUnternehmen identifiziert werden (Dorfleitner & Hornuf, 2016).

FinTechs können eine breite Zielgruppe ansprechen, da (potentielle) Kunden generell vermehrt elektronische Kanäle nutzen (Initiative D21, 2018): Der Anteil an Internetnutzer in Deutschland ist in den letzten 15 Jahren um mehr als das Doppelte gestiegen und liegt im Jahr 2016 bereits bei 79 Prozent. Mit ihren Angeboten orientieren sich diese „Nicht-Banken" immer mehr an der Wertschöpfung von den klassischen Banken (Alt & Puschmann, 2016). Besonders im Zahlungsverkehr spielen diese Nicht-Banken eine immer wichtigere Rolle. Im Jahr 2015 waren in Deutschland bereits 94 FinTech-Unternehmen in diesem Bereich tätig (Dorfleitner & Hornuf, 2016). Da die Digital Natives besonders online-affin sind, werden diese in Kapitel 4 im Vergleich zu den Digital Immigrants betrachtet.

Die Geschäftsfelder, in denen FinTechs aktiv sind, lassen sich analog zu den Geschäftsfeldern von Universalbanken in die vier folgenden *Segmente* untergliedern: *Finanzierung, Vermögensmanagement, Zahlungsverkehr und sonstige FinTechs* (Dorfleitner & Hornuf, 2016). Der Zahlungsverkehr lässt sich wiederum aufgliedern in Internetbezahlverfahren, mobile Bezahlverfahren, Wallet-Lösungen und dem Segment der Blockchain und Kryptowährungen (Dorfleitner & Hornuf, 2016).

Innerhalb des Zahlungsverkehrs haben v.a. *Internetbezahlverfahren* infolge der steigenden Volumina im E-Commerce (z.B. über Online-Plattformen wie Amazon) erheblich an Bedeutung gewonnen (Dapp, 2015). So haben bereits 82 Prozent der Online-Nutzer ab dem Alter von zehn Jahren einmal private Einkäufe über das Internet abgeschlossen (Statistisches Bundesamt, 2017). Neben den klassischen Zahlungsmöglichkeiten wie z.b. dem Kauf auf Rechnung, Kreditkarte oder dem Lastschriftverfahren existiert hier inzwischen eine immer größer werdende Auswahl an neuen Bezahlmethoden, welche von verschiedenen FinTechs angeboten werden (bitkom e.V., 2015). Die bekanntesten Anbieter sind PayPal, SOFORT Überweisung und Giropay, die aufgrund ihrer Beliebtheit ein hohes Wachstum aufweisen können (Tennert, 2017).

Die o.g. Internetbezahlverfahren können i.d.R. auch als *Mobile Bezahlverfahren* genutzt werden (Abrolat, 2015). Von steigender Relevanz sind hier auch sog. Wallet-Lösungen (d.h. Smartphone quasi als digitale Brieftasche), in der über eine App relevante Daten wie z.B. von Führerschein, Kreditkarten oder Zugangsberechtigungen gespeichert sind. Somit benötigt der Verbraucher lediglich das mobile Endgerät und kann sämtliche weiteren physischen Medien zuhause aufbewahren (bitkom e.V., 2015). Zu den derzeit bekanntesten Anbietern zählt hier z.B. Google mit seinem Produkt Google Wallet. Auch digitale bzw. *virtuelle Währungen* (z.B. Blockchain-basiert) gewinnen an Bedeutung und werden zunehmend von FinTechs als alternative Zahlverfahren eingesetzt (European Banking Authority, 2014).

4.2.4 Zahlungsverkehrsverhalten von Digital Natives und Digital Immigrants

Unter „Digital Natives" werden in Anlehnung an den Begriff „Native Speakers" (Muttersprachler) Personen verstanden, die die digitale Sprache von Computern bzw. unterschiedliche Aspekte der Digitalisierung von Kindheit an erlernt bzw. miterlebt haben. Digital Immigrants sind hingegen diejenigen, die sich erst in einer späteren Lebensphase mit diesen Aspekten auseinandergesetzt bzw. sich entsprechende Fertigkeiten aneignen mussten (Prensky, 2001). Die Digital Natives umfassen i.d.R. die nach 1980 geborene Bevölkerungskohorten, d.h. die Generation Y und Generation Z (Prensky, 2001). Zu den Digital Imigrants werden entsprechend die Nachkriegs-Generation (1945–1955), die Babyboomers (1956–1965) und die Generation X (1965–1980) gezählt (Klaffke, 2014).

Das Wachstum digitaler Bezahlverfahren wurde in den letzten ca. 20 Jahren stark durch das Wachstum des E-Commerce getrieben. 2015 wurden bereits nahezu 20 Prozent des Umsatzvolumens über digitale Bezahlverfahren beglichen. Die korrespondierenden Transaktionsvolumina stiegen allein zwischen 2012 und 2015 um 64 Prozent auf über 10 Mrd. EUR. Die meisten Transaktionen wurden hierbei über die rund 16 Mio. Kundenkonten bei Paypal abgewickelt (Stappel, 2016). Dieses Wachstum ist zu großen Teilen auf die Digital Natives zurückzuführen: 2016 nutzte diese Gruppe bereits ebenso häufig digitale Bezahlwege (25 Prozent) wie z.B. ihre Kreditkarte (27 Prozent). Bei den Digital Immigrants hingegen überwog noch ganz deutlich die Kreditkarte: So nutzten bspw. abgestuft nach Altersgruppen lediglich 9-23 Prozent in dieser Gruppe digitale Bezahlwege (Stappel, 2016). Allerdings weiten digitale Zahlungsanbieter ihre Marktanteile zunehmend auch bei den Digital Immigrants aus. Gleichzeitig gewinnen die Digital Natives im Zuge des fortschreitenden Generationenwechsels an wirtschaftlicher Relevanz. In der Konsequenz stellen digitale Zahlverfahren eine wachsende Konkurrenz für den herkömmlichen Zahlungsverkehr der Banken dar (Stappel, 2016). Zusätzlich ergibt sich für (Retail-) Banken die Herausforderung, dass aufgrund des stark Smartphone-geprägten Nutzungsverhalten v.a. der Digital Natives bei Finanzdienstleistungen insgesamt die Filialnutzung zunehmend an Relevanz verliert (Zierhofer & Bruch, 2018). Dies wiederum bringt für traditionelle (Retail-)Banken weitere Herausforderungen hinsichtlich der Gestaltung des Angebotsportfolios sowie des Customer Relationship Managements mit sich. Im Folgenden sollen die Handlungsoptionen für klassische Banken diskutiert werden, um sich diesen Herausforderungen zu stellen.

4.2.5 Strategische Optionen und Erfolgsfaktoren für Banken im Kontext der Digitalisierung des Zahlungsverkehrs

Grundsätzlich stehen (Retail-)Banken drei unterschiedliche Optionen zur Auswahl, um zukunftsfähige Strategien für ihre Zahlungsverkehrsaktivitäten im Kontext der Digitalisierung zu entwickeln: Bei der *Investitionsstrategie* bauen Banken ein eigenes innovatives digitales Zahlungsverkehrsangebot auf, das in das bestehende Produktportfolio integriert wird. Ziel ist hierbei, die vorhandenen Kunden an sich zu binden und somit den Wechsel der Kunden zu einem FinTech zu verhindern. Die Entwicklung des eigenen Produktangebots kann neben der reinen Eigenentwicklung auch im Rahmen eines Akzelerators oder eines Incubators stattfinden, an dem sich die jeweilige Bank auch mit Eigenkapital beteiligt (Dapp, 2015; Habdank, 2015). Bei der *Kooperationsstrategie* wird eine enge Zusammenarbeit mit einem bereits etablierten FinTech angestrebt. Der Vorteil besteht hierbei in geringeren Investitionen im Vergleich zur reinen Eigenentwicklung sowie einer kürzen Time-to-Market. Bei der *Wettbewerbsstrategie* wird sich hingegen auf eine Eigenentwicklung konzentriert, die als wettbewerbsfähiges Konkurrenzangebot zu bereits bestehenden FinTechs angeboten werden soll. Im Gegensatz zur Investitionsstrategie ist hierbei jedoch eine enge Kooperation mit einem Wissenschaftspartner, der bereits in ein etabliertes Innovationsökosystem integriert ist, ein elementarer Bestandteil der Strategie (vgl. Abb. 4.4).

Bei der Strategieimplementierung ist für die betreffenden (Retail-)Banken wesentlich, sich an unterschiedlichen *Erfolgsfaktoren* zu orientieren:
1. Konsequente *Kundenorientierung*: FinTechs erheben den Anspruch, sich bereits bei der Produktentwicklung konsequenter als die etablierten an den Bedürfnissen

Abb. 4.4 Zusammenspiel von strategischen Optionen und Erfolgsfaktoren (eigene Darstellung).

bzw. „Pain Points" der Kunden zu orientieren (Reichmayr & Baur, 2015; Grewe et al., 2016). Im Umkehrschluss bedeutet dies für (Retail-)Banken, sich z.B. unter Einsatz von Methoden des Innovationsmanagements wie dem Design Thinking stärker als bisher an den Kundenbedürfnissen zu orientieren und hierbei auch die bereits vorhandenen Kundendaten unter Einsatz von KI besser zu nutzen.
2. Aus der Kundenorientierung resultieren *Produktinnovationen* als weiterer Erfolgsfaktor. Hierbei sind nicht nur die Produkteigenschaften, sondern auch die Time-to-Market von wesentlicher Bedeutung (Dümmler & Steinhoff, 2015).
3. Hinsichtlich des Marketings ist ein *flexibler Omni-Channel-Ansatz* von hoher Relevanz, bei dem ein individuell auf die spezifischen Bedürfnisse der Kunden zugeschnittenes Produktportfolio permanent zur Verfügung steht, das jederzeit bei Bedarfsänderungen zeitnah angepasst werden kann (Brinkmann, 2015; Kern, 2015).
4. Vollständige *Transparenz* gegenüber den Kunden bzgl. aller wesentlichen Produkteigenschaften sowie der entsprechenden Preise bzw. Kosten (Neuhaus, 2015, S. 269)
5. *Vertrauen und Sicherheit*: Hierzu zählen neben Datenschutz und dem Schutz der Privatsphäre auch das Vertrauen, dass der Kunde der Bank bzw. dem FinTech als Unternehmen sowie den jeweiligen Ansprechpartnern entgegenbringt.

Ziel der koordinierten Abstimmung von strategischen Optionen und Erfolgsfaktoren im Rahmen der Strategieimplementierung aus Sicht des jeweiligen Anbieters ist es, die Wettbewerbsfähigkeit zu erhöhen, sich bei den relevanten Zielgruppen besser zu positionieren sowie die Marktanteile zu stabilisieren bzw. zu steigern.

4.2.6 Umfrageergebnisse zum Zahlungsverkehrsverhalten der Digital Natives

In der erfassten Stichprobe zeigte sich die erwartete Affinität zu digitalen Angeboten: 83 Prozent der Teilnehmer schließen mindestens einmal pro Woche Bankgeschäfte *online* ab, während *Filialen* zu diesem Zweck nur von 30 Prozent aufgesucht werden. Hierbei handelt es sich um einen zunehmenden Trend: 66 Prozent der Befragten nutzen derzeit häufiger Online-Angebote als noch vor 5 Jahren, 38 Prozent suchen im Vergleich seltener eine Filiale auf. Diese Affinität für digitale Angebote zeigt sich auch beim Thema Zahlungsverhalten: Bei der Bezahlung von Online-Käufen wurden bereits unterschiedliche digitale Bezahlmöglichkeiten genutzt: PayPal (76 Prozent), SOFORT-Überweisung (66 Prozent) und Giropay (23 Prozent). Andere Anbieter (z.B. Apple Pay) wurden lediglich im einstelligen Prozentbereich genutzt. Über der Befragten 80 Prozent gaben an, dass FinTechs im Zahlungsverkehr zukünftig eine hohe bis sehr hohe Relevanz haben werden. Denn gerade mit diesem Thema bringen viele Befragten FinTechs in Verbindung.

Die hohe und weiter ansteigende Online-Nutzung zeigt zwar, dass dieser Kanal immer mehr an Relevanz bei den Endverbrauchern gewinnt, allerdings können sich nur 45 Prozent aller Umfrage-Teilnehmer vorstellen, ihr gesamtes Vermögen online zu verwalten. Vielen ist immer noch der persönliche Kontakt (37 Prozent) und die langfristige Beziehung (39 Prozent) zu einem Bankberater wichtig. Somit erscheinen die Online-Angebote ein zeitgemäßes Zusatzangebot zu sein, dass den Nutzungsgewohnheiten der Digital Natives entgegenkommt. Die Erwartung ist dabei auch, dass der Einfluss von digitalen Angeboten in Zukunft weiter zunehmen wird: Über 60 Prozent der Befragten gehen davon aus, dass es in absehbarer Zukunft überhaupt keine Bankfilialen mehr geben wird. Allerdings möchten selbst in dieser Generation nicht alle auf ein Filialsystem bei Bankgeschäften verzichten: Über 30 Prozent sehen das drohende Sterben der Bankfilialen eher kritisch.

Es stellt sich die Frage, ob und womit traditionelle Banken bei der jungen Zielgruppe der Digital Natives noch einen Wettbewerbsvorteil gegenüber den aufstrebenden FinTechs haben. Laut der Umfrage scheinen bei Bankgeschäften auch die meisten der Digital Natives eher konservativ zu denken und Innovationsfreude weniger ausleben zu wollen: Etwa 60 Prozent der Befragten gaben an, dass Vertrauen und Sicherheit für sie wichtigsten Kriterien bei der Auswahl des Zahlungsabwicklers sind. Für lediglich 4 Prozent waren bspw. Innovationen und Zukunftsorientierung die wichtigsten Kriterien. Vertrauen und Sicherheit wurden aber überwiegend mit traditionellen Banken (73 Prozent) und nicht mit FinTechs (24 Prozent) in Verbindung gebracht. Auch beim Kriterium Kundenorientierung/-nähe waren die traditionellen Banken den FinTechs deutlich überlegen (76 Prozent ggü. 9 Prozent). Hieraus lässt sich als Hypothese ableiten, dass ggf. gerade der persönliche Kundenkontakt, der über ein weit verbreitetes Filialnetz ermöglicht wird, eine wichtige Grundlage für das bestehende Vertrauen darstellt. Hier haben vor allem die Sparkassen und Genossenschaftsbanken ihre Stärken. Weiterhin kann angenommen werden, dass Vertrauen im Bankensektor deshalb eine so große Rolle spielt, weil wirtschaftlichen Themen generell große Unsicherheit gerade in der jungen Zielgruppe besteht (DSGV, 2018). Den traditionellen Banken wird eher finanzwirtschaftliche Kompetenz zugesprochen als den FinTechs (40 Prozent ggü. 16 Prozent). Allerdings dürfen die traditionellen Banken nicht den Wunsch der Digital Natives nach Innovation und Zukunftsorientierung aus den Augen verlieren: Hier schnitten die FinTechs (70 Prozent) deutlich besser als die traditionellen Banken (4 Prozent). Das gleiche Bild zeigt sich beim Thema Flexibilität (73 Prozent vs. 6

Prozent). Daraus leitet sich ein Anspruch an die traditionellen Banken ab, auf die Wünsche der neuen Kundengenerationen besser einzugehen, gerade bei der Gestaltung und Nutzung der Bankfilialen und bei den Kommunikationsmöglichkeiten bzw. beim Thema Kundenkontakt.

4.2.7 Handlungsempfehlungen, Fazit und Ausblick

Eine zentrale Erkenntnis der Umfrage ist, dass trotz des steigenden Wettbewerbsdrucks durch FinTechs die große Mehrheit der Befragten die Kriterien Vertrauen und Sicherheit mit traditionellen Banken aber nur eine Minderheit mit FinTechs in Verbindung brachten. Dies ist insofern von besonderer Relevanz, als diese Kriterien bei den Befragten den höchsten Stellenwert besaßen. Daher erscheint die *Kooperationsstrategie* als sinnvollste strategische Option, bei der die jeweilige (Retail-) Bank mit einem FinTech eng im digitalen Zahlungsverkehr zusammenarbeitet. Hierbei lässt sich zum einen das Alleinstellungsmerkmal Vertrauen und Sicherheit als Ausgangsbasis bzw. i.S. einer „Trusted Brand" nutzen (Ullrich, 2016). Zum anderen kann die Bank neben ihrer Marke eine Banklizenz in die Kooperation als weiteres „Asset" einbringen, was die Zusammenarbeit wiederum für innovative FinTechs attraktiv machen kann, da diese vielfach nicht über eine Banklizenz verfügen. Das FinTech sollte neben dem konsequent auf die Kundenbedürfnisse ausgerichteten Zahlungsverkehrsangebot möglichst auch neuartige Datenanalysemethoden einbringen, die es ermöglichen, den bereits bei der Bank vorhandenen Kunden, möglichst personalisierte und flexibel anpassbare Angebote über alle Lebensphasen hinweg über einen Omi-Channel-Ansatz anzubieten (Dapp, 2014). Mit Hilfe der Kooperationsstrategie sollte sich auf diese Weise eine Win-Win-Situation für Bank und FinTech i.S. eines „Best-of-Both-Worlds-Ansatzes" realisieren lassen.

Die Autoren

Bastian Joas, *B.A.* hat Betriebswirtschaftslehre an der HFT Stuttgart studiert und verfasste seine Bachelorthesis zum Thema „Digitalisierung des Zahlungsverkehrs". Kontakt: basti_joas@gmx.net

Prof. Dr. Tobias Popović hat eine Professur für Allg. BWL, insb. Corporate Finance, Capital Markets, Risk Management im Studienbereich Wirtschaft der HFT Stuttgart inne. Seit 2010 ist er Ethikbeauftragter und von 2010 bis 2017 war er ebenfalls Nachhaltigkeitsbeauftragter der HFT. Seit 2014 ist er Co-Leiter des Zentrums für Nachhaltiges Wirtschaften und Management (ZNWM). Zu seinen bevorzugten Forschungsgebieten zählen Genossenschaftswesen, Sustainable Innovation und Entrepreneurship sowie Sustainable Finance. Für Gastvorlesungen zum Thema Sustainable Finance war er u.a. von der Universidad de Oviedo sowie der Tatung University in Taipeh eingeladen. Vor seiner Hochschultätigkeit war er für die DZ BANK in Frankfurt sowie als Verwaltungsratsmitglied bei der Banco Cooperativo Español in Madrid tätig.
Kontakt: tobias.popovic@hft-stuttgart.de

Prof. Dr. Thomas Bäumer ist Sozialpsychologie mit einem Schwerpunkt auf Konsum-und Entscheidungsforschung. Er hat knapp 10 Jahre lang bei der GIM Gesellschaft für Innovative Marktforschung mbH als Studienleiter gearbeitet. Seit 5 Jahren ist er Professor für (psychologischer) Marktforschung im Studiengang Wirtschaftspsychologie an der HFT Stuttgart. Seine Expertise liegt in der Konzeption, Durchführung und Analyse von Befragungen.
Kontakt: thomas.baeumer@hft-stuttgart.de

Literatur

Abrolat, J. (2015). Zukunft des Bezahlens: Mobile Technologien im Handel. In C. Linnhoff-Popien, M. Zaddach & A. Grahl (Hrsg.), *Marktplätze im Umbruch. Digitale Strategien für Services im Mobilen Internet* (EBL-Schweitzer, Online-Ausgabe, S. 369–377). Berlin, Heidelberg: Springer.
Alt, R. & Puschmann, T. (2016). *Digitalisierung der Finanzindustrie. Grundlagen der Fintech-Evolution.* Berlin: Springer Gabler.
Bitkom e.V. (Hrsg.). (2015). *Positionspapier zum Status Quo der FinTechs in Deutschland.* Verfügbar unter https://www.bitkom.org/noindex/Publikationen/2015/Positionspapiere/Positionspapier-zum-Status-Quo-der-FinTechs-in-Deutschland/20151123-Bitkom-Positionspapier-Status-Quo-FinTechs-in-Deutschland.pdf. Zugriff am 20.09.2018.
Brinkmann, S. K. (2015). Mobile Banking Einordnung und Entwicklung des mobilen Kanals im Multikanalvertrieb. In H. Brock & I. Bieberstein (Hrsg.), *Multi- und Omnichannel-Management in Banken und Sparkassen. Wege in eine erfolgreiche Zukunft* (S. 285–296). Wiesbaden: Springer Gabler.
Danker, W. (2016). *FinTechs: Junge IT-Unternehmen auf dem Finanzmarkt.* Verfügbar unter https://www.bafin.de/dok/7849754. Zugriff am 20.09.2018.
Dapp, T. F. (2015). *Fintech reloaded Die Bank als digitales Ökosystem. Mit bewährten Walled Garden-Strategien in die Zukunft* (Deutsche Bank AG, Hrsg.) (Aktuelle Themen: Digitale Ökonomie und struktureller Wandel). Frankfurt am Main. Verfügbar unter https://www.dbresearch.de/PROD/RPS_DE-PROD/PROD0000000000443890/Fintech_reloaded_%E2%80%93_Die_Bank_als_digitales_%C3%96kosyste.pdf. Zugriff am 20.09.2018.
Dorfleitner, G. & Hornuf, L. (2016). *FinTech-Markt in Deutschland. Abschlussbericht.* Zugriff am 20.09.2018. Verfügbar unter https://www.bundesfinanzministerium.de/Content/DE/Standardartikel/Themen/Internationales_Finanzmarkt/2016-11-21-Gutachten-Langfassung.pdf?__blob=publicationFile&v=3. Zugriff am 20.09.2018.
DSGV. Wie viel Vertrauen haben Sie generell in die folgenden Geldinstitute? Verfügbar unter https://de.statista.com/statistik/daten/studie/71791/umfrage/vertrauen-in-finanzinstitute-und-versicherungen-in-der-finanzkrise/. Zugriff am 20.09.2018.
Dümmler, M. & Steinhoff, V. (2015). Kundenemanzipation Folgen für den Multikanalvertrieb von Regionalinstituten. In H. Brock & I. Bieberstein (Hrsg.), *Multi- und Omnichannel-Management in Banken und Sparkassen. Wege in eine erfolgreiche Zukunft* (S. 75–92). Wiesbaden: Springer Gabler.
European Banking Authority (Hrsg.). (2014). *EBA Opinion on 'virtual currencies'* (EBA/Op/2014/08). Verfügbar unter http://www.eba.europa.eu/documents/10180/657547/EBA-Op-2014-08+Opinion+on+Virtual+Currencies.pdf. Zugriff am 20.09.2018.
Grewe, I., Weber, J. & Witter, M. (2016). *Co-Opetition in the Banking Industry. Gezielt strategisch annähern wie Banken und FinTechs voneinander profitieren* (BearingPoint, Hrsg.). Verfügbar unter https://www.bearingpoint.com/files/Coopetition_Banking_Industry_DE.pdf&d%20ownload=0&itemId=286382. Zugriff am 20.09.2018.
Habdank, P. (Finance Magazin, Hrsg.). (2015). *Fintech-Strategien deutscher Banken Teil 1 Die drei Fintech-Säulen der Commerzbank.* Verfügbar unter http://www.finance-magazin.de/maerkte-wirtschaft/banken/die-drei-fintechsaeulen-/. Zugriff am 20.09.2018.
Hess, T. (2016). *Digitalisierung.* Enzyklopädie der Wirtschaftsinformatik: Online-Lexikon. Verfügbar unter http://www.enzyklopaedie-der-wirtschaftsinformatik.de/lexikon/technologien-methoden/Informatik--Grundlagen/digitalisierung. Zugriff am 20.09.2018.

Initiative D21 (Hrsg.). (2018). *D21 DIGITAL INDEX 2017/2018. Jährliches Lagebild zur Digitalen Gesellschaft*. Verfügbar unter https://initiatived21.de/app/uploads/2018/01/d21-digital-index_2017_2018.pdf. Zugriff am 20.09.2018.

Kern, H. J. (2015). Kundenzentrierung Kundenmanagement im Kontext eines innovativen Multikanalvertriebs. In H. Brock & I. Bieberstein (Hrsg.), *Multi- und Omnichannel-Management in Banken und Sparkassen. Wege in eine erfolgreiche Zukunft* (S. 227–238). Wiesbaden: Springer Gabler.

Klaffke, M. (2014). *Generationen-Management. Konzepte, Instrumente, Good-Practice-Ansätze*. Wiesbaden: Springer Gabler.

Neuhaus, D. (2015). Mobile und Social Media Digitalisierung im Multikanalvertrieb. In H. Brock & I. Bieberstein (Hrsg.), *Multi- und Omnichannel-Management in Banken und Sparkassen. Wege in eine erfolgreiche Zukunft* (S. 269–284). Wiesbaden: Springer Gabler.

Prensky, M. (2001). Digital Natives, Digital Immigrants Part 1. *On the Horizon, 9*, 1–6. https://doi.org/10.1108/10748120110424816. Zugriff am 20.09.2018.

Reichmayr, C. & Baur, I. (2015). ‚It's the digital, stupid' Herausforderungen für Banken. In C. Linnhoff-Popien, M. Zaddach & A. Grahl (Hrsg.), *Marktplätze im Umbruch. Digitale Strategien für Services im Mobilen Internet* (EBL-Schweitzer, Online-Ausgabe, S. 63–72). Berlin, Heidelberg: Springer.

Stappel, M. (2016). *Digital Natives Auswirkungen auf Unternehmen, Banken und Gesellschaft* (DZ Bank AG, Hrsg.) (Branchenanalysen). Frankfurt am Main.

Statistisches Bundesamt (Hrsg.). (2017). *Private Haushalte in der Informationsgesellschaft – Nutzung von Informations- und Kommunikationstechnologien* (Wirtschaftsrechnungen Fachserie 15, Nr. 4). Verfügbar unter https://www.destatis.de/DE/Publikationen/Thematisch/EinkommenKonsumLebensbedingungen/PrivateHaushalte/PrivateHaushalteIKT2150400177004.pdf?__blob=publicationFile. Zugriff am 20.09.2018

Tennert, F. (2017). Akzeptanz und Risikoeinschätzung digitaler Bezahlverfahren. Subjektive Theorien von Verbrauchern zu innovativen Bezahlinstrumenten. In SRH Fernhochschule (Hrsg.), *Digitalisierung in Wirtschaft und Wissenschaft* (Weiterbildung und Forschung der SRH Fernhochschule, S. 67–87). Wiesbaden: Springer.

Ullrich, M. (2016). FinTech und Digitales Banking what's next? In A. Pfingsten (Hrsg.), *Die neue Welt der Banken. Münsteraner Bankentage 2015* (ifk edition, Band 25, S. 53–63). Wiesbaden: Springer Gabler.

Vater, D., Youngsuh, C. & Sidebottom, P. (2012). *Retail-Banking: Die digitale Herausforderung* (Bain & Company Inc., Hrsg.). München, Zürich. Verfügbar unter http://www.bain.de/Images/Retail_Banking_II_Digitalisierung_ES.pdf. Zugriff am 20.09.2018.

Vogt, M. (Management Circle AG, Hrsg.). (2017). *Etablierte Unternehmen scheitern an der Digitalisierung*. Verfügbar unter https://www.management-circle.de/blog/etablierte-unternehmen-scheitern-an-der-digitalisierung/. Zugriff am 20.09.2018.

Ziegler, T., Shneor, R., Garvey, K., Wenzlaff, K., Yerolemou, N., Hao, R. et al. (2018). *EXPANDING HORIZONS. The 3rd European Alternative Finance Industry Report* (Cambridge Centre for Alternative Finance, Hrsg.). Cambridge.

Zierhofer, R. M. & Bruch, D. (2018). Smartphone-Banking für Digital Natives. Wie sich das „mobile" Kundenverhalten verändert und neue Ertragsmodelle für Banken ermöglicht. *Börsen-Zeitung*, 106, B10. Verfügbar unter https://www.boersen-zeitung.de/index.php?li=1&artid=2018106803&titel=Smartphone-Banking-fuer-Digital-Natives. Zugriff am 20.09.2018.

Zimmermann, K. (2007). *Technologieklassifikationen und indikatoren*. Wien: bmvit. Verfügbar unter http://www.qucosa.de/fileadmin/data/qucosa/documents/5460/data/Zimmermann.pdf. Zugriff am 20.09.2018.

4.3 Initial Coin Offerings (ICOs) als Finanzierungsalternative für Innovationen und Startups – Eine kritische Analyse unter besonderer Berücksichtigung des deutschen Kapitalmarkts

Alissa Palosch, Marc Mehlhorn und Tobias Popović

Abstract

Nicht nur auf dem Gebiet der digitalen Transformation scheint Deutschland gegenüber anderen Ökosystemen für Innovationen (z.b. USA, Israel) im internationalen Wettbewerb zurückzufallen. Eine wachsende Zahl wissenschaftlicher Untersuchungen weist zunehmend und konsistent darauf hin, dass die mangelnde Verfügbarkeit von (Wagnis-)Kapital für die Vermarktung von Innovationen als wesentlicher Engpassfaktor zu sehen ist. Auf Basis der Blockchain-Technologie ist mit Initial Coin Offerings (ICOs) eine neue Finanzierungsalternative entstanden, die in der jüngeren Vergangenheit eine zunehmende, nicht zuletzt mediale, Aufmerksamkeit erzielen konnte. Vor diesem Hintergrund werden in diesem Beitrag – basierend auf einer Literaturanalyse – ICOs zunächst definiert und ihre Ausprägungsformen und Funktionsweisen erläutert. Besondere Aufmerksamkeit wird u.a. der Bedeutung von Blockchain- und Distributed Ledger-Technologien, Smart Contracts sowie Kryptowährungen und Wallets gewidmet. Es kann gezeigt werden, dass Token überaus vielseitig für die Verbriefung von sehr unterschiedlichen Rechten eingesetzt werden können und dementsprechend vielfältig einsetzbar sind. Des Weiteren werden Vor- und Nachteile von ICOs aufgezeigt und damit die Potenziale und Herausforderungen für Unternehmen dargestellt. Mit Hilfe von konkreten Handlungsempfehlungen für Kapitalmarktteilnehmer (Investoren, Börsen, etc.), Aufsichtsbehörden, den Gesetzgeber kann zum einen das Potenzial von ICOs sowie die Notwendigkeit eines raschen Aufbaus stabiler Rahmenbedingungen aufgezeigt werden.

© Springer Fachmedien Wiesbaden GmbH, ein Teil von Springer Nature 2019
A. Lochmahr, P. Müller, P. Planing, T. Popović, *Digitalen Wandel gestalten*
https.//doi.org/10.1007/978-3-658-24651-8_4.3

4.3.1 Hintergrund

Mit der Entwicklung von Bitcoin rückte die Blockchain-Technologie immer mehr in den Fokus der Öffentlichkeit und zieht die Aufmerksamkeit vieler Unternehmen und Marktteilnehmer auf sich. Die neue Technologie bietet insbesondere im Finanzsektor erhebliche Potenziale (Tapscott und Tapscott 2018). Diese machen sich Startups und Unternehmen, die Innovationen finanzieren möchten zum Vorteil. Die bisher komplizierte und langwierige Suche nach Kapital, um ihre Geschäftsideen und Projekte zu finanzieren, wird durch ICOs, eine auf der Blockchain-Technologie basierenden Finanzierungsmöglichkeit, ersetzt (Hahn und Wons 2018). Allein im ersten Quartal 2018 wurden bereits 6,3 Milliarden US-Dollar durch ICO-Finanzierungen generiert (Floyd 2018). Die meisten Startups weisen ein sehr geringes Startkapital auf und sind daher früh auf externe Kapitalgeber angewiesen (Achleitner 2018). Bei bisherigen klassischen und innovativen Finanzierungsmöglichkeiten besteht jedoch der Nachteil, dass meist Anteile am Unternehmen oder Gewinn oder (Stimm-)Rechte an die Investoren abgegeben werden müssen (Hahn und Wons 2018).

4.3.2 ICOs als innovative Finanzierungsalternative

4.3.2.1 Definition und aktuelle Entwicklung

ICOs sind eine neue Form der Kapitalaufnahme um Gründungs- oder Unternehmensvorhaben zu finanzieren. Der Begriff ICO ist an den des IPOs, also einen Börsengang angelehnt (BaFin 2017). ICOs sind insbesondere für Blockchain-Technologie-basierte Projekte und Unternehmen zu einer beliebten Finanzierungsform geworden. Der erste ICO fand im Jahr 2013 durch Mastercoin statt (Hahn und Wons 2018). Während in 2016 200 Mio. US-Dollar durch ICOs generiert werden konnten, konnte von Januar bis November 2017 mit 4,6 Milliarden US-Dollar bereits eine 23-fache Steigerung beobachtet werden (Diemers 2017).

4.3.2.2 Voraussetzungen und informationstechnologische Grundlagen

ICOs können grundsätzlich in zwei Formen stattfinden. Die erste basiert auf Smart Contracts, die auf einer, schon bestehenden Blockchain wie beispielsweise Ethereum programmiert sind. Bei Smart Contracts (intelligenten Verträgen) handelt es sich um webbasierte Computerprotokolle, welche Verträge abbilden. Es wird keine dritte, zentrale Partei benötigt, um Rechtssicherheit zu gewährleisten, da die Verträge durch Algorithmen an bestimmte Bedingungen gekettet sind und bei zuvor bestimmten Ereignissen in Kraft treten (Hahn und Wons 2018). Es handelt sich um klassische Wenn-Dann-Beziehungen, denn wenn eine bestimmte Bedingung eintritt, wird das nächste Ereignis automatisch durchgeführt. Ein Smart Contract ermöglicht einen automatischen Transfer von digitalen Werten oder Vermögen(sgegenständen) (Rentrop 2017). Aufgrund der fehlenden dritten Partei können Transaktionskosten reduziert und gleichzeitig die Sicherheit des Vertrags erhöht werden (Hildner und Danzmann 2017, S.385). Als bekannteste Plattform für Smart Contracts gilt Ethereum, bei der es sich um eine Blockchain handelt (Buterin 2013). Bei der zweiten Form von ICOs werden neue Blockchains oder Blockchain-ähnliche Datenstrukturen und damit digitale Einheiten erzeugt, wie es beispielsweise bei Bitcoin und Ethereum der Fall ist. Die Gemeinsamkeit liegt darin, dass bei beiden Formen neue virtuelle Einheiten erzeugt werden. Die Bundesanstalt für Finanzdienstleistungsaufsicht (BaFin) definiert Blockchains wie folgt:

> „Blockchains sind fälschungssichere, verteilte Datenstrukturen, in denen Transaktionen in der Zeitfolge protokolliert, nachvollziehbar, unveränderlich und ohne zentrale Instanz abgebildet sind." (BaFin 2017)

Eine Blockchain ist demnach eine dezentrale Datenbank, welche durch Transaktionen („Blöcke") chronologisch erweitert wird. Es handelt sich um eine Ausgestaltungsform der Distributed Ledger Technologie (DLT) (Stellar Development Foundation / The Luxembourg House Of Financial Technology 2017). Distributed Ledger (DL) sind dezentrale Datenbanken, auch verteiltes Kontenbuch genannt, bei der es keine zentrale Partei gibt, die Änderungen oder Einträge vornimmt. Dabei wird in öffentlich und nicht öffentlich zugängliche Ledger unterschieden (BaFin 2017).

Der Begriff ICO wird allerdings sowohl für die zweite Form, bei der Coins ausgegeben werden und für die erstgenannte, bei der Token ausgegeben werden, verwendet (BaFin 2017). Ein Token ist eine kryptografisch gesicherte, digitale Verbriefung von Rechten (Stellar Development Foundation/The Luxembourg House Of Financial Technology 2017). Token bei einem ICO können mit Aktien bei einem Börsengang verglichen werden, haben jedoch eine andere Struktur und Funktionsweise (Hahn und Wons 2018). ICOs werden über das Internet oder durch soziale Medien durchgeführt, wobei die Token meist mit der Blockchain-Technologie oder DLT erzeugt und auch verbreitet werden (BaFin 2018). Token können nicht unabhängig von einer zugrundeliegenden Kryptowährung bzw. Blockchain existieren. Da sie keine neue Infrastruktur benötigen, sind sie einfacher zu generien als Coins (Giese 2018). Coins sind meist mit keinerlei Rechten verbunden und werden aufgrund dessen den Intrinsic Token zugeordnet. Hierzu gehört Bitcoin als virtuelle Währung. Diese Token stellen laut der BaFin eine Rechnungseinheit und damit ein Finanzinstrument dar und sind an dessen Erlaubnispflichten gebunden (BaFin 2016). Durch Smart Contracts und somit durch Token lassen sich jedes Recht und jeder Wert abbilden. Sie können abhängig ihrer Funktion in unterschiedliche Tokenarten eingeteilt werden. Token können einen digitalen Coupon für eine meist noch nicht existierende Dienstleistung oder Produkt darstellen. Sie können dabei als Zugang für beispielsweise eine zukünftige Plattform benutzt werden oder dort als Zahlungsmittel dienen. Diese Token werden Utility Token genannt, da sie eine direkte Verwendung für den Besitzer darstellen (Hahn und Wons 2018). Einige Token verbriefen Gewinnbezugsrechte an zukünftigen Erlösen. Dabei handelt es sich um Security Token. Verbrieft ein Token weitere Rechte, wie Stimmrechte oder sogar Anteile am Unternehmen, handelt es sich um Equity Token und stellen damit eine Unterform der Security Token dar. Beide sind wertpapier- oder eigenkapitalähnlich ausgestaltet (Brücher 2018). Eine weitere Nutzung von Token besteht in der Möglichkeit, diese später auf meist unregulierten Handelsplattformen für Kryptowährungen gegen herkömmliche oder virtuelle Währungen zu tauschen (Hahn und Wons 2018). Dies ist jedoch nicht der Grund für Unternehmen, einen ICO durchzuführen. Vielmehr geht es um die Einnahmen, die damit erzielt werden. Doch viele Käufer gehen davon aus, die Token auf dem Sekundärmarkt, der sich bildet, weiterzuverkaufen und somit spekulieren sie auf eine Wertsteigerung. Dies sind die gleichen Merkmale wie bei Wertpapieren (Pollock 2018).

4.3.2.3 Ablauf eines ICOs

Im Rahmen eines ICOs werden von Unternehmen oder Einzelpersonen digitale Token ausgegeben, um Kapital für Projekte oder Geschäftsideen zu erhalten. Interessenten können die emittierten Token rein digital über eine Plattform erwerben, indem sie gängige Kryptowährungen wie beispielsweise Bitcoin oder Ether, selten aber auch herkömmliche Währungen wie EUR oder USD aus ihrer Wallet auf einen Smart Contract vom emittierenden Unternehmen übertragen. Im Gegenzug erhalten sie vom ausgebenden Unternehmen Token. Daher werden ICOs auch als Initial Token Offerings oder Token Sales bezeichnet. Mit dem erhaltenen Kapital versuchen die Emittenten, ihre Geschäftsidee zu finanzieren (Stellar Development Foundation/The Luxembourg House Of Financial Technology 2017).

4.3 Initial Coin Offerings (ICOs) als Finanzierungsalternative für Innovationen und Startups

Der Entwicklungsprozess eines ICOs beginnt mit der Entscheidung der Gründer zu ihrer Geschäftsidee, welche Plattform verwendet werden und wie der ICO strukturiert werden soll. Nach der Erstellung und sorgfältigen Prüfung durch Experten eines White Papers, kann die Investorenakquise durch Marketing gestartet werden (vergleichbar mit einer Roadshow beim IPO). Oft kommt es dabei zu einem Pre-Sale, um für die daraus entstehenden Kosten und weitere Aufwände für bspw. Rechtsberatung aufkommen zu können (Stellar Development Foundation/The Luxembourg House Of Financial Technology 2017). Das White Paper beinhaltet die Rahmenbedingungen eines ICOs und soll zukünftigen Kapitalgebern die Plattform und die Geschäftsidee vorstellen. Es kann als das Verkaufsprospekt des ICOs gesehen werden, welches neben den technischen auch die rechtlichen Bedingungen beinhaltet (Hahn und Wons 2018). Nach der erfolgreichen Durchführung des ICOs und dem darüber eingesammelten Kapital, wird die Geschäftsidee umgesetzt, bis es schließlich zum Markteintritt des Produktes oder der DL kommt (Stellar Development Foundation/The Luxembourg House Of Financial Technology 2017). Um mit den Token zu handeln, können diese auf Kryptowährungsbörsen gelistet werden (Hahn und Wons 2018).

ICOs werden inzwischen von Unternehmen aus unterschiedlichen Ländern als Finanzierungsmöglichkeit verwendet. Die Regularien gehen in der internationalen Betrachtung weit auseinander. Während es im Schweizer Kanton Zug, welcher als Krypto Valley bezeichnet wird, sehr ICO freundlich zugeht, haben andere Länder wie China und Südkorea ICOs bereits komplett untersagt. Die Isle of Man hingegen zählte bereits Anfang 2013 zu den Ersten, die regulatorische Rahmenbedingungen für Kryptowährungen entwickelten. Auf dieser Basis wurde 2017 der weltweit erste regulatorikkonforme ICO durchgeführt, in deren Rahmen die Adel Ecosystem Ltd 1 Mio. EUR aufnehmen konnte (Bitcoin Magazine 2018; Fintech.Finance 2018). In der Schweiz ist es bereits möglich, Kryptowährungen und Token als Sachkapitaleinbringung eines Unternehmens ins Handelsregister einzutragen. Mit der Veröffentlichung von Richtlinien zur ICO-Regelung versucht die schweizerische Eidgenössische Finanzmarktaufsicht FINMA den Markt zu regulieren, ohne Einschränkungen oder Verbote zu bestimmen. Der Fokus der Richtlinien liegt insbesondere auf der Verhinderung von Geldwäsche-Aktivitäten (FINMA 2018). Liechtenstein bereitet mit dem für Sommer 2019 geplanten *Gesetz über auf vertrauenswürdigen Technologien (VT) beruhende Transaktionssysteme* derzeit ebenfalls eine rechtliche Grundlage vor, auf der Unternehmen die Innovationsmöglichkeiten der Blockchain-Technologie auf rechtlich sicherer Basis nutzen können (Neue Züricher Zeitung 2018).

Interessant ist jedoch nicht nur der Blick auf das unterschiedliche Verhalten der Regierungen, sondern auch die differenzierte Einschätzung von Unternehmen: So haben bspw. die der Digitalisierung sehr offen gegenüberstehenden Unternehmen Facebook, Google und Twitter jüngst angekündigt, dass sie Werbung zu ICOs auf ihren Plattformen verbieten werden (SkyNews 2018).

4.3.2.4 Herausforderungen und Potenziale eines ICOs für Innovationen und Startups

ICOs bringen sowohl für Emittenten als auch für Token-Käufer Herausforderungen mit sich. Gleichzeitig beinhaltet diese innovative Finanzierungsalternative für die unterschiedlichen Beteiligten auch Potenziale. Der größte Vorteil aus Emittentensicht besteht in der Wandelbarkeit bzw. der flexiblen Gestaltungsmöglichkeit der Token. Es müssen keine direkten Anteile am Unternehmen oder andere Sonderrechte veräußert werden. Des Weiteren ermöglicht die digitale Akquise der Kapitalgeber eine hohe Reichweite, auch auf internationaler Ebene und ist sehr schnell realisierbar. Unternehmen generieren oft schon vor Start ihres Geschäfts zukünftige Kunden, da Token als Zugang oder Coupon am Produkt oder der DL dienen können. Daher haben Käufer meist ein hohes Interesse am Produkt und dessen positiver Entwicklung, was zum Fortbestand des Unternehmens beiträgt. Der administrative Aufwand ist im Vergleich zu anderen Finanzierungsmöglichkeiten sehr gering und stellt für Unternehmen einen weiteren positiven Aspekt dar. Da das Unternehmen von Beginn an in der Öffentlichkeit steht, ist der hohe Erwartungsdruck von außen als Herausforderung zu nennen. Ein weiterer Nachteil, sowohl für Emittenten als auch für Käufer, ist der entstehende Anreiz für ungewollte Spekulanten (Hahn und Wons 2018). Für Käufer bedeutet ein ICO die Möglichkeit, früh an einem innovativen Projekt teilzuhaben. Dies war bisher nur großen Investorengruppen möglich. Der unkomplizierte Zugang, um bei ICOs Token erwerben zu können, stellt einen weiteren Vorteil dar. Die Wertsteigerung des Tokens steht für viele Käufer im Vordergrund. Dabei erhoffen sich zahlreiche Marktteilnehmer durch den evtl. stattfindenden Sekundärhandel hohe Renditen, wenngleich diese Hoffnung auch in andere und klassische Verbriefungsformen projiziert wird. Dem steht jedoch das Risiko eines Totalverlustes gegenüber, was unter anderem am Erfolg des Projekts und der hohen Volatilität der Token liegt. Da meist nur die Idee eines Produktes existiert, ist der Erfolg der Geschäftsidee noch nicht garantiert. Des Weiteren haben Anleger keinen Anspruch auf die Handelbarkeit der Token und es existieren bislang kaum regulierte Sekundärmarktplattformen. Aufgrund der Wandelbarkeit der Token stehen Käufern meist keine Stimmrechte oder Anteile an Unternehmen zu, was als Nachteil für diese zu werten ist. Die noch weitgehend wenig regulierte Situation und damit die fehlende Rechtssicherheit führt dazu, dass Investoren über keine

Absicherung verfügen. Ein weiteres Risiko für Anleger ist der fehlende Schutz personenbezogener Daten. Ebenso liegt die Aufbewahrung der Token in den Händen der Anleger, was das Risiko eines Totalverlustes durch Diebstahl oder Verlust ihres digitalen Schlüssels erhöht. Aufgrund ihrer Struktur haben ICOs ein großes Betrugspotenzial. Für Anleger ist es häufig unmöglich nachzuvollziehen, ob die Tokenfunktion korrekt programmiert wurde und sie tragen deshalb das Risiko, dass Unternehmen bewusst falsche Angaben im Whitepaper machen und es sich um einen Betrug handelt. Dieses Risiko erhöht sich bei ICOs von anonymen Emittenten. Ebenso sind entstandene Ansprüche gegen Emittenten, welche ihren Sitz außerhalb von Deutschland haben, meist nur schwer durchsetzbar. Auch emittierende Unternehmen unterliegen dem Betrugsrisiko durch Cyberangriffe von Dritten oder Geldwäschedelikten (BaFin 2017).

4.3.3 Handlungsempfehlungen

Zwar gibt die BaFin in einem Merkblatt Hinweise zum Umgang mit den jeweiligen Einordnungen der Token, die auf Basis von ICOs emittiert werden: Allerdings bestehen hier viel Auslegungsspielraum und einige Unklarheiten. Die bisher kommunizierten Maßstäbe sind nicht ausreichend, denn letztendlich verweist die BaFin auf jeweilige Einzelprüfungen und legt die Verantwortung in die Hände der Emittenten. Für eine klare, verbindliche Einordnung der Token, aus der hervorgeht, welche Token als Wertpapier-, Utility- und Kryptowährungstoken gewertet werden, besteht hoher Bedarf. Insbesondere wenn es sich um Mischformen dieser handelt, ist die Lage nur mit großem Aufwand überschaubar, was im dynamischen und sich stetig wandelnden Technologie- und Startup-Bereich hinderlich sein kann (BaFin 2018). Die bestehenden Gesetze in Deutschland sorgen für Unklarheit, denn wie im Hinweisschreiben der BaFin beschrieben, ist die Voraussetzung der Einordnung als Wertpapier die Verkörperung von Rechten innerhalb eines Tokens. Hierzu zählen Gesellschafterrechte, schuldrechtliche oder damit vergleichbare Ansprüche. Wird diese Aussage wörtlich genommen, ist jede Art von schuldrechtlichen Ansprüchen ein Wertpapier. Die Einordnung eines Utiliy Token ist somit nicht möglich, was nicht der deutschen Praxis entspricht. Diese Aussage sollte daher spezifiziert werden, um Kryptoprojekte und andere Unternehmen, welche einen ICO planen, in Deutschland zu halten (BaFin 2018). Es ist jedoch wichtig, eine Überregulierung zu vermeiden, welche Entwicklungen in der Krypto- und Blockchain-Industrie beeinträchtigen kann. Im neuen Berliner Koalitionsvertrag wird deutlich, dass die Finanzierung von innovativen Unternehmen aus politischer Sicht gewollt ist und daher eine Überregulierung nicht geplant sein soll (SPD, Linke und Grüne 2016).

Der Staat und die Finanzaufsicht sollten statt Einzelprüfungen eine Standardisierung der ICO-Verfahren und deren Regulierung entwickeln, um Rechtssicherheit zu schaffen (Schiemzik 2018). Börsen oder andere Handelsplattformen haben die Möglichkeit, einen rechtsfähigen Regulierungsrahmen zu gestalten und die Entwicklung der ICOs zu fördern. Die emittierenden Unternehmen sollten aufgrund der hohen Unsicherheit zwingend Rechtsberatung hinsichtlich unklarer Sachverhalte in Anspruch nehmen. Des Weiteren ist eine transparente Aufklärung der verbrieften Rechte essenziell, um das Vertrauen der Anleger zu gewinnen. Darüber hinaus sollten sich künftige und bestehende Unternehmen die hierfür nötige Expertise aneignen. Vor dem Hintergrund der unklaren Rechtslage ist es zu begrüßen, dass einige etablierte Akteure (Börsen, Banken, Versicherungen und Finanzdienstleister) derzeit in intensivem Austausch mit der BaFin stehen, um über Einzelfallprüfungen sich gemeinsam einem generellen Rechtsrahmen zu nähern.

4.3.4 Fazit und Ausblick

Aufgrund des starken Wachstums der über ICOs emittierten Volumina wird zunehmend vor einer potenziellen Blasenbildung gewarnt. In diesem Kontext wird von einer „Krypto-Blase" gesprochen und es werden Parallelen zur der sog. Dotcom-Blase Anfang der 2000er Jahre gezogen (Scheuer und Wiebe 2017). Selbst bei einer zwischenzeitlichen Marktkorrektur ist zu vermuten, dass durch die Weiterentwicklung der Blockchain sowie entsprechender Plattformen in Verbindung mit einem sich stetig weiterentwickelnden Rechtsrahmen, dass ICOs an Relevanz weiter gewinnen werden (Zwinge 2018). ICOs ermöglichen Unternehmen, auch in schwierigen Startphasen vergleichsweise hohe Finanzierungsvolumina zu generieren. Aufgrund der Wandelbarkeit der Token und den damit abgebildeten Rechten wurde durch ICOs eine sehr flexible und wandelbare Finanzierungsalternative geschaffen, wie sie für (risikoreiche) Innovationen und Startups bisher nicht existierte. Die Nachteile dieser neuen Verbriefungsart sind den Marktteilnehmern mittlerweile ebenso bekannt wie die damit verbundenen Vorteile. Deshalb ist davon auszugehen, dass die auf der Blockchain basierende Art der Verbriefung nach einer Zeit der unklaren Regulierung nun Schritt für Schritt in einen regulatorisch stabilen Rahmen eingebettet wird und sich so insb. für Anleger der Schutz verbessern wird. Sofern dies gelingt, können sich ICOs tatsächlich als sinnvolle Alternative zu bisherigen Verbriefungsformen im Rahmen der Unternehmensfinanzierung etablieren.

Die AutorInnen

Alissa Palosch, *B.A.* hat Betriebswirtschaftslehre an der HFT Stuttgart studiert und behandelte im Rahmen ihrer Bachelorthesis das Thema „Initial Coin Offerings (ICOs) als Finanzierungsalternative für Innovationen und Startups Eine kritische Analyse unter besonderer Berücksichtigung des deutschen Kapitalmarkts".
Kontakt: alissapalosch@aol.com

Prof. Dr. Tobias Popović hat eine Professur für Allg. BWL, insb. Corporate Finance, Capital Markets, Risk Management im Studienbereich Wirtschaft der HFT Stuttgart inne. Seit 2010 ist er Ethikbeauftragter und von 2010 bis 2017 war er ebenfalls Nachhaltigkeitsbeauftragter der HFT. Seit 2014 ist er Co-Leiter des Zentrums für Nachhaltiges Wirtschaften und Management (ZNWM). Zu seinen bevorzugten Forschungsgebieten zählen Genossenschaftswesen, Sustainable Innovation und Entrepreneurship sowie Sustainable Finance. Für Gastvorlesungen zum Thema Sustainable Finance war er u.a. von der Universidad de Oviedo sowie der Tatung University in Taipeh eingeladen. Vor seiner Hochschultätigkeit war er für die DZ BANK in Frankfurt sowie als Verwaltungsratsmitglied bei der Banco Cooperativo Español in Madrid tätig.
Kontakt: tobias.popovic@hft-stuttgart.de

Dr. Marc Mehlhorn ist Leiter von Stuttgart Financial, der Finanzplatzinitiative für den Finanzplatz Stuttgart an der Börse Stuttgart. Von 2011 bis 2017 hat er im Bereich Marktmikrostruktur an der Universität Bayreuth bei Prof. Dr. Klaus Schäfer am Lehrstuhl Finanzwirtschaft und Bankbetriebslehre promoviert. Zu seinen bevorzugten Forschungsgebieten zählen neben der Marktmikrostruktur vor allem empirische Fragestellungen mit Kapitalmarktbezug und innovativer Finanzmarktinstrumente. Herr Dr. Mehlhorn ist als Gastdozent an der Shanghai International Studies University aktiv gewesen und übernimmt Lehraufträge an der Universität Bayreuth, der Universität Hohenheim und der DHBW Stuttgart.
Kontakt: mehlhorn@stuttgart-financial.de

Literatur

Achleitner, Ann-Kristin (2018). Stichwort: Start-up-Unternehmen. Springer Gabler Verlag (Hrsg.). https://wirtschaftslexikon.gabler.de/definition/start-unternehmen-42136. Zugegriffen: 20. April 2018

BaFin (Hrsg.). (2018). Initial Coin Offerings: Hinweisschreiben zur Einordnung als Finanzinstrumente WA 11-QB 4100-2017/0010. https://www.bafin.de/SharedDocs/Downloads/DE/Merkblatt/WA/dl_hinweisschreiben_einordnung_ICOs.pdf?__blob=publicationFile&v=2. Zugegriffen: 10. April 2018

BaFin (Hrsg.). (2017). Initial Coin Offerings Hohe Risiken für Verbraucher. BaFin Journal, Ausgabe November 2017, S. 15–18

BaFin (Hrsg.). (2016). Virtuelle Währungen / Virtual Currency (VC), https://www.bafin.de/DE/Aufsicht/FinTech/VirtualCurrency/virtual_currency_a rtikel.html. Zugegriffen: 02. Mai 2018

Bitcoin Magazine (Hrsg.). (2018). Digital Isle of Man Joins the British Blockchain Association. https://bitcoinmagazine.com/articles/digital-isle-man-joins-british-blockchain-association/. Zugegriffen: 02. November 2018

Brücher, Björn (2018). Initial Coin Offerings (ICOs) – Ein Leitfaden für Startups 1. WSS Redpoint Rechtsanwaltsgesellschaft mbH (Hrsg.). https://wss-redpoint.com/initial-coin-offerings-icos-ein-leitfaden-fuer-startups-teil-i. Zugegriffen: 02. Mai 2018

Buterin, Vitalik (2013). Ethereum White Paper – A Next Generation Smart Contract & Decentralized Application Platform. http://blockchainlab.com/pdf/Ethereum_white_paper-a_next_generation_smart_contract_and_decentralized_application_platform-vitalik-buterin.pdf. Zugegriffen: 10. Mai 2018

Diemers, Daniel (2017). Initial Coin Offerings – A strategic perspective: Global and Switzerland. pwc (Hrsg.). https://cryptovalley.swiss/wp- content/uploads/20171221_PwC-S-CVA-ICO-Report_December_final.pdf. Zugegriffen: 02. Mai 2018

FINMA (Hrsg.). (2018). Wegleitung für Unterstellungsanfragen betreffend Initial Coin Offerings (ICOs). https://www.finma.ch/de/~/media/finma/dokumente/dokumentencenter/8news/medienmitteilungen/20180216-mm-ico-wegleitung.pdf?la=de. Zugegriffen: 05. Oktober 2018

Fintech.Finance (Hrsg.). (2018). World's First Regulatory Compliant ICO Launched in the Isle of Man. https://www.fintech.finance/01-news/worlds-first-regulatory-compliant-ico-launched-in-the-isle-of-man/. Zugegriffen: 02. November 2018

Floyd, David (2018). $6.3 Billion: 2018 ICO Funding Has Passed 2017's Total. , CoinDesk Inc (Hrsg.). https://www.coindesk.com/6-3-billion-2018-ico-funding- already-outpaced-2017/. Zugegriffen: 19. Mai 2018

Giese, Philipp (2018). Token und Kryptowährungen – ein fundamentaler Unterschied. BTC-ECHO GmbH (Hrsg.). https://www.btc-echo.de/token-und-kryptowaehrungen-ein-fundamentaler-unterschied/. Zugegriffen: 18. Mai 2018

Hahn, Christopher & Wons, Adrian (2018). Initial Coin Offering (ICO) Unternehmensfinanzierung auf Basis der Blockchain-Technologie. Wiesbaden: Springer Gabler Verlag

Hildner, Alicia & Danzmann, Max (2017). Blockchain-Anwendungen für die Unternehmensfinanzierung. Corporate Finance, Ausgabe 11–12, S. 385–390.

Neue Züricher Zeitung (Hrsg.). (2018). Liechtenstein surft auf der Blockchain-Welle. https://www.nzz.ch/schweiz/liechtenstein-galoppiert-auf-der-blockchain-welle-ld.1416270. Zugegriffen: 21. Oktober 2018

Pollock, Darryn (2018). Legitimierung von ICO-Token: die Suche nach Anwendbarkeit besiegt Wertanlagen. Cointelegraph (Hrsg.). https://de.cointelegraph.com/news/legitimising-the-ico-token-finding-utility-over-security. Zugegriffen: 15. Mai 2018

Rentrop, Christian (2017). Was ist ein Smart Contract?. Vogel IT-Medien GmbH (Hrsg.). https://www.dev-insider.de/was-ist-ein-smart-contract-a-585679/,/. Zugegriffen: 14. Mai 2018

Scheuer, Stephan & Wiebe, Frank (2017). Das zweifelhafte Business der Krypto-Börsengänge. Handelsblatt GmbH (Hrsg.). https://www.wiwo.de/finanzen/boerse/ico-im-fokus-das-zweifelhafte-business-der-krypto-boersengaenge/20275426.html. Zugegriffen: 11. Mai 2018

Schiemzik, Boris (2018). Die Gier bei digitalen Börsengängen erinnert an den Neuen Markt. Axel Springer SE (Hrsg.). https://www.welt.de/wirtschaft/bilanz/article175102051/ICOs-Die-Gier-bei- digitalen-Boersengaengen-erinnert-an-den-Neuen-Markt.html. Zugegriffen: 08. Mai 2018

SkyNews (Hrsg.). (2018). Twitter to prohibit range of cryptocurrency ads. https://news.sky.com/story/twitter-to-prohibit-range-of-cryptocurrency-ads-11293387. Zugegriffen: 21. Oktober 2018

SPD, Linke und Grüne (Hrsg.). (2016). Koalitionsvertrag Berlin gemeinsam gestalten. Solidarisch. Nachhaltig. Weltoffen. https://www.berlin.de/rbmskzl/_assets/rbm/161116-koalitionsvertrag-final.pdf. Zugegriffen: 15. Mai 2018

Stellar Development Foundation & The Luxembourg House Of Financial Technology (Hrsg.). (2017). Understanding Initial Coin Offerings: Technology, Benefits, Risks, and Regulations. http://www.lhoft.com/uploads/editor/files/news/WhitePaper.pdf. Zugegriffen: 25. April 2018

Tapscott, Don & Tapscott, Alex (2018). Die Blockchain Revolution – Wenn die Technologie hinter Bitcoin nicht nur das Finanzsystem, sondern die ganze Welt ändert. 4. Aufl., Kulmbach: Plassen Verlag.

Zwinge, Tamo (2018). Investitionen in Startups – Sind ICOs die Zukunft des Crowdinvestings?. wallstreet:online AG (Hrsg.). https://www.wallstreet-online.de/nachricht/10168832-investitionen-startups-icos-zukunft-crowdinvesting. Zugegriffen: 14. Mai 2018

Logistik umweltgerecht abwickeln und Mobilität sicherstellen

5.0

Im Spannungsfeld von Digitalisierung und Umweltorientierung werden in diesem Kapitel ausgewählte innovative Logistik- bzw. Mobilitätskonzepte vorgestellt. In Verbindung mit zunehmend digitalisierten Prozessen im Transportumfeld eröffnen sich sowohl für Verbraucher als auch für Unternehmen zahlreiche Möglichkeiten für eine ökonomische Verbesserung sowie gleichzeitig für eine ökologische Ausrichtung. Insbesondere die Aspekte von umweltorientierten Logistikprozessen unter Berücksichtigung knapper Ressourcen (Rohstoffe, Energie, Infrastruktur etc.) und sich zunehmend verschärfender nationaler und internationaler Umweltvorschriften (Abfall- und Recyclingquoten, Schadstoffemissionen, Lärm, Bodenversiegelung etc.) bilden die Basis zukünftiger elektrifizierter und digitaler Logistik- und Mobilitätskonzepte. Darauf aufbauend beschäftigt sich der erste Beitrag mit der Konzeption einer digitalen Abrechnungs- und Abwicklungssystematik beim Laden batterieelektrischer Fahrzeuge aus Sicht unterschiedlicher Stakeholder und innerhalb der Restriktionen der vorhandenen Ladeinfrastruktur. Eine generalistische Sicht im Kontext von Logistik, Umwelt und IT wird im zweiten Beitrag diskutiert und es wird aufgezeigt, dass Effizienzsteigerungen auf der einen Seite nicht mit umweltbelastenden Neben-/Reboundeffekten auf der anderen Seite einhergehen dürfen. Der dritte Beitrag bezieht sich auf das Konsumverhalten bei Online-Lebensmitteleinkäufen und auf der Fragestellung, ob sich auf Basis der vorhandenen Verkehrs- und Logistikinfrastruktur aus ökologischer und/oder aus ökonomischer Sicht das Online-Geschäft oder der stationäre Einkauf als vorteilhafter erweisen. Die Nutzungsakzeptanz gesellschafts- und umweltförderlicher Mobilitätssysteme steht im vierten Beitrag im Vordergrund. Für die analysierte E-Bike-Sharing-App ist es u.a.

© Springer Fachmedien Wiesbaden GmbH, ein Teil von Springer Nature 2019
A. Lochmahr, P. Müller, P. Planing, T. Popović, *Digitalen Wandel gestalten*
https://doi.org/10.1007/978-3-658-24651-8_5.0

wichtig, eine hohe Benutzerfreundlichkeit zu gewährleisten und somit positive Emotionen beim Kunden auszulösen.

Charging Tariffs for Electric Vehicles and the Possibility of Flexible Charging Tariffs to Optimize the Charging Infrastructure

5.1

Philipp Kutter and Andrea Lochmahr

Abstract

The mobility of the future will be electric – this fact is more certain than ever before. But the mass adoption of clean and electric transportation systems will not happen overnight. It requires a comprehensive and powerful charging infrastructure first and it has to be profitable for the owner to operate a station. To improve the current charging infrastructure, innovative ways of setting charging tariffs are presented in this article. The objective is to optimize the user-experience for drivers of electric vehicles and simultaneously maximize the profit for owners by ensuring a stable energy grid and the availability of charging stations whenever and wherever needed. To reach this, simple laws of economic sciences are combined with the possibilities of digitization. The developed best practice of setting tariffs not only helps to build a comprehensive charging infrastructure, it also encourages the use of electric vehicles as a medium to store huge amounts of over capacities produced by renewable energy sources thus solving a number of issues concerning the energy revolution.

© Springer Fachmedien Wiesbaden GmbH, ein Teil von Springer Nature 2019
A. Lochmahr, P. Müller, P. Planing, T. Popović, *Digitalen Wandel gestalten*
https.//doi.org/10.1007/978-3-658-24651-8_5.1

5.1.1 Introduction

Since the turn of the millennium no other topic has continuously dominated the news like the climate change has. According to the World Economic Forum two of the five greatest risks humanity will have to face over the next decades are caused by the rise of average temperatures on our planet (cf. Grey 2017). The main driving force for the change of climate is the severe increase of CO_2 pollution on a worldwide scale. One of the major polluters is the transportation sector with 29 percent of CO_2 emission (cf. International Energy Agency 2017). The praised solution to counteract against this issue is to electrify these transportation systems. The focus on this new way of transportation is on plug-in electric vehicles (PEVs).

Based on a survey from 2017 on unconventional car drivers, four of the top five most important purchase criteria for an electric vehicle (EV) have a direct connection to the charging infrastructure. This fact shows that for the adoption of PEVs, a comprehensive public charging infrastructure is most essential. Today, the operation of charging stations is unprofitable for many companies and municipalities with offers for charging more as an additional service for their employees and visitors to generate a sustainable positive image. In the long term, however, with an expected rising number of PEVs, the operation of charging stations has to become profitable for the owner. Another issue installing a comprehensive charging infrastructure is the distribution of energy demand with the current grid systems being incapable of managing the needed capacity with everyone charging simultaneously (Schröter 2017).

Counteracting by setting up charging tariffs will play an important role in the future of electric mobility. Car drivers will always aim to purchase at the lowest possible energy price so charging tariffs will always have a direct influence on the demand of electricity. This effect should be used to shift the huge demand of electricity away from peak hours to increase the stability of the energy grids which requires the stations to communicate with each other and smartly adjust their prices automatically. Therefore, the present text is an empirical work based on economic theories, e.g. price theory and the theory of behaviour, which assumes that the decision maker or consumer acts rational in the sense of Homo Oeconomicus.

In many aspects the charging infrastructure is a role model area for digital transformation. Since the beginning of the production of charging stations most of the stations have been running with cloud-based software communicating by using a mobile internet connection. There is also a defined data format for the communication between hard- and software called "Open Charge Point Protocol" (OCPP), the global standard allowing free access. This interoperability enables users to manage any number of stations from any supplier using only one software. Also, several mobility service providers are developing systems enabling the usage of the block chain technology to transfer the data faster and safer. The current charging infrastructure already offers the perfect preconditions to tap the full potential of digital transformation.

Especially the area of setting of charging tariffs does not make use of this potential. The above-mentioned problems are not solved – they are on the contrary even exaggerated by the current fix-tariff system. Today charging sessions are invoiced by the charged amount in Kilowatt hours (kWh) or by the plug-in time at the station using the same tariff no matter the circumstances and despite of constantly changing.

5.1.2 Possible Effect of Price Changes on Charging Behaviour

Prices indisputably are the most powerful marketing instrument at hand. Especially with everyday goods and services customers show high price sensitivity. This is also applying to the purchase of energy for cars. The establishment of a market-transparency unit of fuels in Germany in 2013 publishing all petrol prices in a software application clearly proves this. Even this service is not widely used – due to the awareness of actual prices, a mere nine percent more customers filled up their car at the bottom price (cf. Haucap et al 2017). The effect on changes of charging tariffs might turn out similarly which is quite uncertain at these early adoption stages. PHEVs consume three to four times more kW per 100km than litre fuel, so similar absolute price changes per unit have a three to four times greater impact. Additionally, PHEV drivers are even more price sensible comparing charging tariffs in direct competition with fuel prices (cf. Hall et al 2017). For a driver of a Volkswagen Passat GTE (PHEV) there is a mere cost advantage of 0.33 EUR/kW driving electric compared to a charging tariff (at a Gasoline consumption of 6.1 l/100km, an electricity consumption of 24.75 kW/100 km and a fuel price of 1.34 EUR/l (Brand 2018)).

A flexible pricing model should not lead to a disadvantage for the customer, taking advantage of their crucial need to recharge their car. On the one hand, it should aim to enhance the profitability and the capability of the charging infrastructure but on the other hand also enhance positive user experiences driving an EV – a high-wire act. With fuel cars, many drivers feel they have to refill their car as soon as it reaches the tank reserve level or even before with a remaining range of 80 km or more. A modern electric car, however, has an average range of 240 km which can prove to be inefficient depending on driving habits, outside temperatures, and road conditions (cf. Horváth & Partners 2016). Limited range and long charging times require careful planning of charging behaviour. As a result, over 70 percent of drivers recharge their EV with a battery level of over 40 percent (cf. Franke, Krems 2013). Based on the average range this equals a remaining range-buffer of over 96 km. With an average daily cruising distance of 38 km (cf. Kraftfahrt-Bundesamt 2017) in Germany, this range lasts at least one and a half days. In most cases, there is no crucial necessity to charge the car and the charging session could be postponed.

5.1.3 Flexible Charging Tariffs

5.1.3.1 Cost-Based Approach

One of the most important influencing factors for the setting of prices are the service costs. The costs for operating a charging station in Germany consists of 55 percent fixed costs like hardware price, software, and maintenance and 45 percent variable energy costs. Operators of public charging infrastructure which are in the most cases energy suppliers, can offer and purchase electricity at the European Electricity Exchange where prices between days and especially during the day are subject to a high fluctuation as shown in Figure 5.1 (European Energy Exchange 2018).

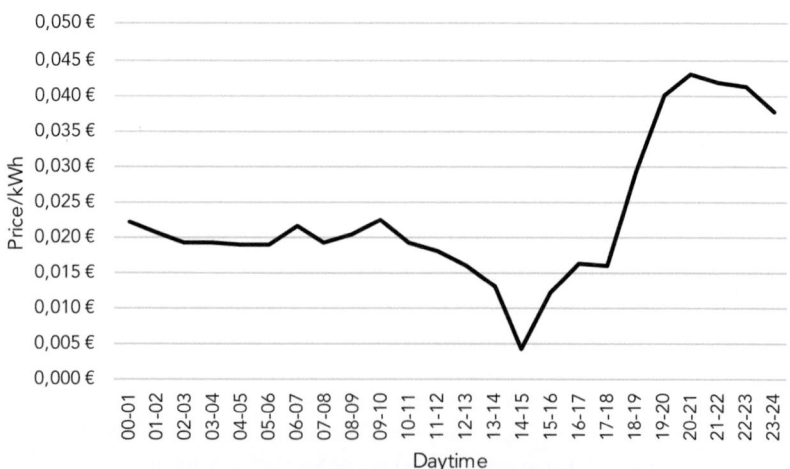

Abb. 5.1 Spot Prices per kWh at the European Energy Exchange as per 8 April 2018 (Data source: European Energy Exchange 2018)

On that very day electricity fluctuated by a factor of 9.6 from 0.0045 EUR/kWh to 0.0431 EUR/kWh. On some days there were even negative energy prices as for example on January 1, 2018, when energy prices dropped to -0.076 EUR/kW (cf. European Energy Exchange 2018). This absurd phenomenon has its roots in the uniqueness of the energy market. In case of demand shortage in a common market, suppliers will store their goods or will reduce their production. Yet energy cannot be stored in huge quantities. Moreover, over-capacities need to be used to guarantee a stable energy grid. The energy market is also unique in terms of customer behaviour, an inflexible market consisting of commercial and private customers who will not react on short-term price changes but rather have to fulfill their basic needs independent on prices on offer (cf. Andor et al 2010).

This way operators can offer reduced prices for drivers instead of selling energy at low or even negative prices. Since the price development is known in advance, the customers can adapt their charging behaviour accordingly. This in turn will lead to a positive user experience with drivers being well informed about the price development during charging sessions beforehand and the effect of shifting charging sessions to the bottom prices is enhanced. Further energy market prices reflecting the shortage of energy so that the price automatically shits away the charging load from the peak to the off-peak hours what leads to a stabilization of the energy grid.

5.1.3.2 Control-Energy Approach

An imbalance between demand and supply effects not only the prices at the Energy Exchange. Transmission system operators offer control energy so as to ensure a steady grid frequency of 50 Hertz even when supply and demand of energy differ. In general, there are two different kinds of control energy: positive and negative. Positive control energy is offered when the demand exceeds the supply of energy. In this case, companies are paid when shutting down energy-consuming facilities to create new capacities in the grid. Negative control energy is tendered in the event of an oversupply of energy. In this case, companies are paid for the consumption of energy. The prices being paid for the willingness to choose either positive or negative control energy vary enormously. Based on the annual average, 4.80 EUR for the provision of one Megawatt positive and 33 EUR for the provision of 1 Megawatt negative energy control resource was paid (cf. Simon 2017). This equals 4.80 EUR/kW for the positive and 33 EUR/kW for the negative control energy. One Megawatt equals the daily charging capacity of around one hundred charging stations but due to the rising charging demand, the needed number will be halved in approximately nine years.

For a profitable implementation of this option, a smart software is needed that allows connecting and managing serval charging infrastructures from various operators. According to the operator of the electricity transmission grid in the German state of Baden-Württemberg, TransnetBW GmbH, the implementation is merely profitable in three-digit amounts of charging stations (cf. TransnetBW 2018). The German company sonnen GmbH, whose business model is the installation of batteries in households, already uses this kind of software. In these batteries, energy is generated by a private photovoltaic system as well as from grid capacities, from renewable energy sources and from purchased control energy. If needed, the stored energy is given back to the grid to compensate fluctuation. (cf. sonnen 2017). An electric car offers even better conditions to store energy due to its higher battery capacity (up to 100 kW) and faster charging speed (EV up to 22 kW, battery 3.7 kW) (cf. sonnen 2018).

So far, this technology has only been utilized in the home charging sector but it also offers opportunities to be adapted to public charging. The charging sessions can be stopped when there is a tender of positive control energy. With negative control energy, all charging sessions can be stopped beforehand and turned up with maximum capacity within the time frame of over-capacity. Next to the advantage of a stabilized grid system, the potential profit of dealing with control energy is huge for operators, as mentioned above, and it enables them to offer cheap charging tariffs to encourage customers to use this service. The advantages can be enhanced by vehicles to grid (V2G) and vehicles to home (V2H), systems that are being developed by automobile and charging station manufacturers. Vehicles to grid/home means that the car is given the ability to transfer back electricity to the grid/home. Cars and charging stations with this feature could either give back energy stored in their battery to the grid or directly to their owner's household during peak hours and recharge their battery during off-peak hours (cf. Ministry of Economic Affairs 2017).

5.1.3.3 Supply-and-Demand-Regulated Prices

As already mentioned in the introduction, one of the most significant purchase criteria for EVs is the availability of charging stations (cf. Wilkens 2017). Especially for full electric cars a wide availableness is essential to avoid range anxiety (cf. EVBox 2017). But arrival times of EV drivers have a peak in the evening when availability is limited (cf. Sun 2015). Most stations are used by PHEVs owing to their higher numbers and lower battery capacities (cf. The Boston Consulting Group 2017).

5.1 Charging Tariffs for Electric Vehicles

The average charging time of an EV is around two to three hours.[1] Especially in residential areas where night-time charging is preferred, drivers leave their car plugged in until the next morning. As a result, the mean idle time for charging at home is ten hours, three times longer than the actual charging session, and almost five percent leave their car plugged in longer than 24 hours (cf. Sadeghianpourhamami, Refa, Strobbe, Develder 2018). During this time the customer blocks the charging station for others and – even worse – operators cannot generate revenue when kWh-based tariffs are applied (cf. EVBox 2017). In this case also drivers who arrive after a peak, for example at night, can face problems to find a free station. Predominantly drivers of full EVs might experience huge obstacles here relying on electricity, in contrast to PHEVs that do not need energy because they have the ability to be also operated with fuel only. These customers are also more price sensible dealing with charging tariffs in direct competition with fuel prices (cf. Hall et al 2017). Here the application of the Law of Demand and Supply would be smart which is "…undoubtedly the simplest and most frequently used tool of microeconomic […]" (Humphrey 1992). There are two ways of utilizing this law: either to adjust supply or to adjust demand through price. Supply can be adjusted at short notice, so prices must be adapted to ensure equilibrium (cf. Humphrey 1992).

But it is necessary to interconnect all charging stations within an area with all of them delivering live data of their respective abilities. This is easiest accomplished in areas where the entire infrastructure is provided by one operator only or through a cooperation of several operators. This kind of platform, having operators and service providers communicate with each other, is already accessible. As mentioned in the introduction, standardized communication platforms enable operators to provide the data needed for real-time information, user authentication, invoicing, and other application cases (cf. e-clearing.net 2018).

An algorithm can set a live price based on experience and availability information. This setting of prices is already common in many online businesses. With charging stations, operators have to set a lower and an upper limit to ensure profitability and to avoid extreme extents (cf. EVBox 2018). Another vital factor is price communication to customers as with the approaches mentioned above. Before starting the session, customers have to be aware of the prices they have to expect as in Uber's working model. Being aware of price schedules only after charging creates a negative user experience and what is more the desired effect is wasted (cf. Allego 2018).

---

[1] Charging Time equals Sojourn Time minus Idle Time

Implementing this approach enables operators to generate higher profits. Firstly, with costs of charging sessions remaining stable, the difference between normal standard prices and prices during peak hours are pure margin. Secondly, as already mentioned, there is no price acceptance for the higher prices with PHEV drivers and they enable full EV drivers to recharge their nearly empty battery. Due to the significantly higher battery capacity, the charged increase and unprofitable idle times decrease. As a result, the profitability of stations rises and through gathering and analysing data, bottlenecks in the infrastructure can be identified and the infrastructure can be developed in an efficient manner.

5.1.3.4 Best Practice and empirical findings

The approaches described above must be mixed and matched to achieve a substantial optimization in all critical areas of a charging infrastructure.

Taking advantage of all energy-related approaches entails being aware of the energy required and the time frame at the start of the charging session, thus spreading the demand over the entire sojourn time. Customers need to set their predicted departure time and the required cruising range. A more efficient approach is a price calculation based on the current situation and the experience-based forecast. If, for instance, a shortage of available charging stations is predicted during the provided sojourn time, an earlier deadline would be better for the operator and hence cheaper for the driver. If an energy shortage is predicted the system should react vice versa. Supporting customers in finding the most efficient sojourn time, the software should automatically suggest the cheapest time of departure based on the energy requested. The system could also suggest a later arrival time should enough battery capacity be left. The software should also inform customers about changes in preconditions such as tenders for control-energy capacity to enable them to change their departure time and safe money. Should costumers fail to select the suggested departure time, operators can charge a penalty fee for their missed profit due to long idle times and thus higher energy costs.

Another crucial point for the implementation of flexible charging tariffs is the communication of prices to drivers who only react in the desired manner when the current prices are transparent. The obvious way of communication, from a development point of view, is via website or a software application. But using the smartphone while driving is not allowed (cf. §23 Straßenverkehrsordnung). Even if drivers catch up on current prices before driving they might have already changed whilst driving. A possibility to solve this issue is to visualize available stations and their prices on the navigation map enables drivers to respond to price changes quickly.

5.1 Charging Tariffs for Electric Vehicles

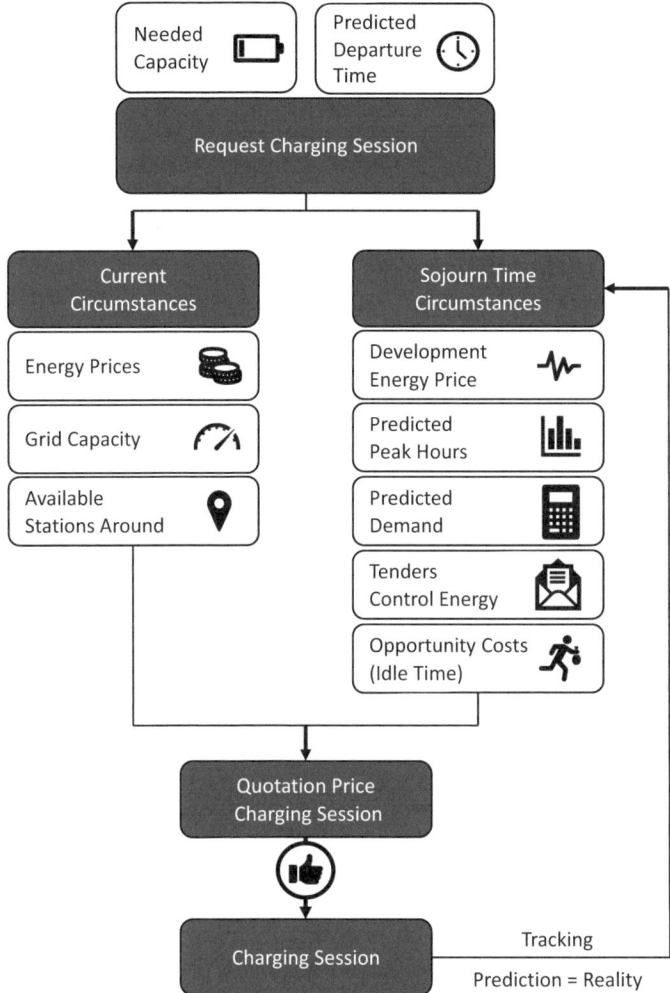

Abb. 5.2 Process of Setting Charging Costs

Based on the battery status and experience-based driving behaviour, the on-board computer can calculate the total price of a certain charging station and offer to book the station at the spot.

Figure 5.2 visualizes the process of setting a charging price.

5.1.4 Conclusion and Outlook

Today grid systems manage to handle the energy demand of EVs and their drivers find a station if they need one urgently. Anyway, the development of flexible charging costs should begin today to be ready to offer operators of charging infrastructures the essential technology when they need it in the foreseeable future. However, beside the great opportunities flexible charging tariffs offer, they involve risks as well. The greatest risk of flexible tariffs is that prices are just adjusted upward. This way the total costs of ownership for an EV rises and harms the adoption of EVs. Another critical point is the need of owning a smart phone or a car with access to the Internet to recharge their EV. But these days most people own a smart phone and many of them only use its basic functions like text messaging. Many people, especially those in the so-called best-ager group, feel uncomfortable using such innovative platforms and try to avoid dependency on new technologies. To prevent the loss of customers, which involves a harm of the adaption of the e-mobility, the charging infrastructure must be accessible without any applications to offer the service to the entire target group. However, in the long-term with the increasing level of the digitization flexible charging tariffs will be the only way to guarantee a comprehensive and stable charging infrastructure which is needed to electrify the whole transportation sector.

Die Autoren

Philipp Kutter studierte Betriebswirtschaftslehre (B.A.) an der Hochschule für Technik in Stuttgart. Während des Bachelor Studiums verantwortete er bei EVBox B.V. in Amsterdam, dem Weltmarktführer für Ladestationen für Elektroautos und dazugehörige Services, über ein Jahr hinweg die gesamten Marketing- und Sales-Aktivitäten für die DACH Region. Aktuell absolviert er ein jobintegriertes Masterprogramm (M. Sc. / MBA, br.) an der School of International Business and Entrepreneurship der Steinbeis Hochschule Berlin. Neben dem Masterprogramm ist er als Junior Manager for Digital Transformation of Marketing and Sales bei der Bosch Sicherheitssysteme GmbH tätig, wo er marketingseitig ein Projekt zur Implementierung eines neunen eCommerce-Portals betreut.
Kontakt: philipp.kutter@de.bosch.com

Prof. Dr. Andrea Lochmahr studierte Wirtschaftswissenschaften an der Universität Regensburg und war danach 12 Jahre bei der Audi AG in unterschiedlichen Positionen in Vertrieb und Logistik tätig, zuletzt war sie insbesondere für die strategische Ausrichtung der Audi Logistik zuständig. Seit 2008 ist sie Professorin für

die Fachgebiete Logistik, Operations Research sowie Produktion und Einkauf an der Hochschule für Technik in Stuttgart. Sie ist neben der Lehre in zahlreichen regionalen und überregionalen Logistiknetzwerken als wissenschaftliche Beraterin und Fachexpertin tätig, u.a. im AKJ Automotive, der Gesellschaft für Produktionsmanagement GfPM, im Logistik-Netzwerk Baden-Württemberg oder im Logistik-Cluster des Wirtschaftsministeriums Baden-Württemberg. Ihr Forschungsschwerpunkt ist umweltorientierte Logistik mit Schwerpunkt Automobillogistik. Erste Ergebnisse sind in ihren Büchern „Handbuch grüne Logistik" sowie im „Praxishandbuch grüne Automobillogistik" dokumentiert. Zudem ist sie wissenschaftliche Leiterin des Logistiklabors an der Hochschule für Technik, in dem u.a. VR-/AR-Technologien zum Einsatz kommen.
Kontakt: andrea.lochmahr@hft-stuttgart.de

List of references

AirBnB, Inc. (publisher) (2018), About us, press.atairbnb.com, accessed 05 May 2018
Allego B.V. (2018), Interview with the Account Manager Interoperability, 25 April 2018
Andor, M., Flinkerbusch, K., Janssen, M., Liebau, B., Wobben, M. (2010), Negative Strompreise und der Vorrang Erneuerbarer Energien, in: Energiewirtschaft 34, p. 91
Beyond Pricing (publisher) (2018), How it Works, beyondpricing.com, Ten Twenty-Four, Inc., accessed 04 May 2018
Bitar, E., Xu, Y. (2017), Deadline Differentiated Pricing of Deferrable Electric Loads, published in IEEE Transactions on Smart Grid (Volume 8, Issue: 1), IEEE (publisher), p. 13–25
Brand, M. (2017), ADAC autotest VW Passat Variant GTE DSG, https://www.adac.de/_ext/itr/tests/Autotest/AT5573_VW_Passat_Variant_GTE_DSG/VW_Passat_Variant_GTE_DSG.pdf, Allgemeiner Deutscher Automobil-Club e.V. (publisher), accessed 13 April 2018
e-clearing.net (2018), About us, www.e-clearing.net, smartlab Innovationsgesellschaft mbH (publisher), accessed 07 May 2018
European Energy Exchange AG (publisher) (2018), Auction | EPEX SPOT, www.eex.com, accessed 16 April 2018
European Energy Exchange AG (publisher) (2018), List of Trading Participants, www.eex.com, accessed 17 May 2018
EVBox (2018), Interview with the Senior Architect and Head of Software Development, 18 May 2018
EVBox B.V. (publisher) (2017), Charging Management, www.evbox.com, accessed 15 May 2018
EVBox B.V. (publisher) (2017), Five things to learn before buying an electric car, Amsterdam, p. 4 and p. 20

Franke, T., Krems, J. F. (2013), Transportation Research Part F, Understanding Charging Behaviour of Electric Vehicle Users, Elsevier Ltd. (publisher), p. 76

Gray, A. (2017), These are the biggest risks the world faces, www.weforum.org, World Economic Forum (publisher), accessed 23 March 2018

Hall, D., Lutsey, N. (2017), Emerbing Best Practises for Electric Vehicle Charging Infrastructure, International Council on Clean Transportation (publisher), Washington, p. 28

Haucap, J., Heimeshoff, U., Kehder, C., Odenkirchen, J., Thorwarth, S. (2017), The Effects of the Market Transparency Unit for Fuels in Germany, Wirtschaftsdienst 2017, Leibniz Information Centre for Economics (publisher), Hamburg, p. 725

Horváth & Partners (2016), Durchschnittliche Reichweite von Elektrofahrzeugen nähert sich der 250-Kilometer-Marke, www.horvath-partners.com, Horváth AG (publisher), accessed 19 April 2018

Humphrey, T., (1992) Marshallian Cross Diagrams and Their Uses before Alfred Marshall, Economic Review, Mar/Apr, Federal Reserve Bank of Richmond (publisher), location N/A, 1992, p. 3

International Energy Agency (IEA) (2017), CO2 emissions from fuel combustion Highlights, IEA/OECD (publisher), Paris, p. 67

Kraftfahrt-Bundesamt (2017), www.kba.de, Verkehr in Kilometern der deutschen Kraftfahrzeuge im Jahr 2016, accessed 11 April 2018

Ministry of Economic Affairs (publisher) (2017), Vision on the Charging Infrastructure for Electric Transport, p. 15

Sadeghianpourhamami, N., Refa, N., Strobbe, M., Develder, C., International Journal of Electrical Power & Energy Systems, Quantitive Analysis of Electric Vehicle Flexibility: A data-driven approach, Elsevier Ltd. (publisher), Ghent, Arnhem, 2018, p. 455

Schröter, B. (2018), HFT Stuttgart, Interview in Mai 2018

Simon, R. (2017), Nachfrageseitige Flexibilitätsoptionen: Demand-Side-Management, Energiespeicher und Regelenergie in Industrielle Energiestrategie, Wiesbaden, p. 258

sonnen GmbH (2018), Interview with the Project Manager "sonnenCharger", 18 May 2018

sonnen GmbH (publisher) (2017), Unsere Stromtarife, sonnen.de, accessed 2 May 2018

Straßenverkehrsordnung, § 23 as amended by Law from 06 March 2013 (BGB l. I S. 367)

Sun, X., Yamamoto, T., Morikawa, T. (2015), Transportation Research Part D, Charge Timing Choice Behaviour of Battery Electric Vehicle U, Elsevier Ltd., p. 100

The Boston Consulting Group (publisher) (2017), The Electric Car Tipping Point, Research Highlights, Boston, p. 3

TransnetBW GmbH (2018), Interview with the Consultant for Control Reserve and Interruptible Loads, 15 May 2018

TransnetBW GmbH (publisher) (2018), Who we are, www.transnetbw.com, accessed 15 May 2018

Uber Technologies Inc. (publisher) (2018), Company Information, www.uber.com, accessed 05 May 2018

Wilkens, A. (2017), Kriterien für den Kauf eines Elektrofahrzeugs, GfK-Study raised by Tank & Rast between 2 June and 9 June 2017, www.heise.de, Heise Medien GmbH & Co. KG (publisher), accessed 3 May 2018

Grüne IT für eine grüne Logistik – Umweltorientierter Einsatz von Informationstechnologien für eine nachhaltige Logistik

5.2

Dieter Uckelmann, Tamara Bogenreuther und Iris Bräutigam

Abstract

Informationstechnologie (IT) kann einen Beitrag zur Verbesserung wirtschaftlicher und ökologischer Faktoren in der Logistik leisten. Dabei muss das Paradoxon von Energieverbrauch in der IT den Energieeinsparungen durch die IT gegenübergestellt werden. Der Bezug von Green IT zur Logistik wird bisher selten hergestellt. In diesem Beitrag soll deshalb das Zusammenspiel von umweltschonender *grüner* IT und *grüner* Logistik untersucht werden. Hierfür wird Green IT in der Logistik genauer definiert. Um die Relevanz von Green IT in der Logistik zu beleuchten, wurden Interviews mit Vertretern aus der Wirtschaftsbranche geführt. Diese haben bestätigt, dass IT ein wichtiger Bestandteil der Logistik ist, IT aber noch nicht *grün* gelebt wird.

© Springer Fachmedien Wiesbaden GmbH, ein Teil von Springer Nature 2019
A. Lochmahr, P. Müller, P. Planing, T. Popović, *Digitalen Wandel gestalten*
https://doi.org/10.1007/978-3-658-24651-8_5.2

5.2.1 Erhöhte Umweltansprüche an Informationstechnologien

Mit einem CO_2-Anteil von zwei Prozent an den weltweiten Emissionen sind Informations- und Kommunikationstechnik (IKT) umweltbelastender als der Flugverkehr (Lampe 2010). Dennoch sollte Green IT als Problemlösefaktor wahrgenommen werden (Loos 2011).

Der Strombedarf stieg in den letzten Jahren kontinuierlich und machte 2007 bereits zehn Prozent des deutschlandweiten Energiebedarfs aus (Fraunhofer 2015). Deshalb hat die Bundesregierung Deutschland 2008 die Entwicklung von energieeffizienten IKT veranlasst. Der Kostenaspekt sollte dabei nachrangig sein (Bundesministerium für Wirtschaft und Technologie 2008).

5.2.2 Kenntnisstand zum Thema Green IT

In Öffentlichkeit und Wissenschaft wird die ökologische Bedeutung der IT unter dem Begriff Green IT diskutiert. IT wird vermehrt genutzt, um schneller auf Marktveränderungen in einer globalisierten Welt zu reagieren (Seidel und Recker 2011). Durch die kontinuierliche Zunahme an IT-Komponenten und zu deren Betrieb erforderlicher Infrastruktur steigt nicht nur der Energieverbrauch, sondern auch die damit verbundenen CO_2-Emissionen weltweit (Zarnekow und Kolbe 2013).

Die Forschung im Bereich Green IT, speziell im Kontext der IT-gestützten Logistik befindet sich noch „in den Kinderschuhen" (Hausladen 2016). In der Wissenschaft findet sich keine übereinstimmende Definition. Bezug zur Logistik wird nur selten hergestellt. Während einige Autoren sich nicht einig sind, ob Green IT tatsächlich ein eigener Bereich oder nur eine Unterkategorie von Green Information Systems (IS) ist, finden sich bei anderen Autoren Diskussionen darüber, welche Unternehmensbereiche von Green IT beeinflusst werden (Tab. 5.1).

Tabelle 5.1: Sammlung Green IT Definitionen

Quelle	Definition Green IT
Ein Thema für die Wirtschaftsinformatik. (Seidel und Recker 2011)	„Green IS […] als ein neuer Bereich in der Wirtschaftsinformatikforschung beschäftigt sich mit der Gestaltung und der Implementierung von Informationssystemen, die einen Beitrag zu nachhaltigen Geschäftsprozessen leisten. Es wird argumentiert, dass die durch die Green IS ermöglichten Veränderungen weit über einen verringerten Energieverbrauch und eine verbesserte Effizienz, die durch nachhaltige IT-Infrastrukturen ("Green IT") ermöglicht werden, hinausgehen."

5.2 Grüne IT für eine grüne Logistik

Tabelle 5.1: Fortsetzung

Quelle	Definition Green IT
Harnessing Green IT: Principles and Practices. (Murugesan 2008)	"the study and practice of designing, manufacturing, using, and disposing of computers, servers, and associated subsystems [...] efficiently and effectively with minimal or no impact on the environment. Green IT also strives to achieve economic viability and improved system performance and use, while abiding by our social and ethical responsibilities."
A Model of Users' Perspective on Change: The Case of Information Systems Technology Implementation. (Joshi 1991)	"Conceptually, green IT can be viewed as an organizational change process, which requires integrating technology with people and processes."

Es wurden Vertreter aus der Logistik und dem Energiemanagementsektor zu Green IT interviewt. Zielgruppe waren Logistikdienstleister und Global Player mit einer größeren Logistiksparte. Insgesamt wurden 70 Unternehmen kontaktiert (Rücklaufquote: zehn Prozent). Dieser niedrige Prozentsatz ist darauf zurückführen, dass einigen Unternehmen das Thema unbekannt ist oder die Optimierung der IT nicht unter dem Begriff Green IT geführt wird. Die Befragung bestand aus neun offenen Fragen, um herauszufinden, was Unternehmen mit Green IT assoziieren, wie stark Green IT bereits genutzt wird und, ob Unternehmen tatsächlich einen Mehrwert aus Green IT ziehen. In Bezug auf den Energiemanagementsektor wurde erfragt, ob sich ein Trend hin zu grünem Strom in Unternehmen abzeichnet. Die Ergebnisse der Umfrage werden im Abschnitt *Aktuelle Trends der Branche* dargestellt.

5.2.3 Definition und Abgrenzung von Green IT

Die Komponenten von Green IT können in drei Ebenen unterteilt werden.

In Abb. 5.3 ist ersichtlich, dass die Hardware bei allen IT-Anwendungen die Basis bildet. Neue Technologien, wie energieeffiziente Rechner, Kühlsysteme oder Mikrochips, können ebenso einen Beitrag zur Nachhaltigkeit leisten wie die Hardware mit grünem Strom zu betreiben.

Die Software ermöglicht die Umsetzung logistischer Anwendungen. Durch den vermehrten Einsatz von Hard- und Software haben Unternehmen die Möglichkeit Prozesse grüner zu gestalten. Anwendungsgebiete in der Logistik sind beispielsweise die energieoptimierte Routenplanung oder die vollautomatische Städtemaut für LKWs.

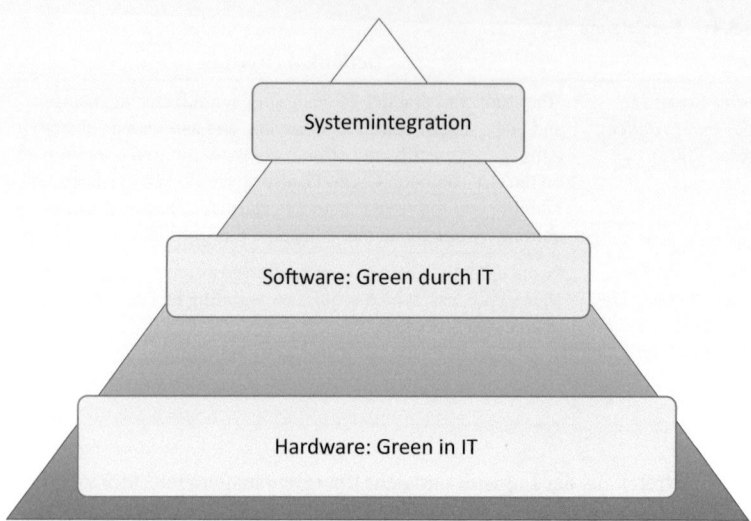

Abb. 5.3 Stufen der Green IT. (Quelle: nach Reisinger 2014)

Die Spitze der Pyramide bildet die Systemintegration. Nachhaltige Konzepte zeigen erst durch die tatsächliche Anwendung ihren Nutzen. Ohne die Annahme und Akzeptanz neuartiger Prozesse durch den Menschen ist jegliche Anstrengung der Implementierung von Technologie hinfällig und zu kostenintensiv (Reisinger 2014).

Betrachtet man dieses Zusammenspiel von Hardware, Software und Systemintegration, lässt sich Green IT im Rahmen dieses Artikels wie folgt definieren:

> ▶ „Green IT ist ein Bewusstseinswandel im Unternehmen, der auf der Implementierung von grünen IT Komponenten bestehend aus Hardware und Software beruht. Ergänzend können IT- Komponenten mit grünem Strom betrieben werden."

5.2.4 Das Green IT Paradoxon

Die Miniaturisierung von Elektronikkomponenten führt aufgrund verringerter Rechenleistung meist zu sinkenden Energieverbräuchen und CO_2-Reduzierungen (Fraunhofer 2015; Lampe 2010). Darüber hinaus verbessert sich die Technik, die bei Computern, Displays und mobilen Endgeräten zum Einsatz kommt und es werden Energiewandlungsverluste minimiert (Fraunhofer 2015).

Betrachtet man neuartige Laptop-Prozessoren gibt es „keine Technologie, die vergleichbare Fortschritte in der Energieeffizienz vorweisen könnte (Hilti 2014).

„Ein sicherlich wichtiger Grund für die forcierte technische Verbesserung der Endgeräte sind regulative Maßnahmen, welche die Europäische Kommission in den vergangenen Jahren im Rahmen der Europäischen Ökodesign-Richtlinie und der Energieeffizienz-Kennzeichnung ergriffen hat (Fraunhofer 2015)."

In der Logistik führt vermehrter Technologieeinsatz zu einer Reduktion im Energieverbrauch und einer optimierten Arbeitsweise. Durch intelligente Fahrzeugnavigation und -elektronik können bis 2020 theoretisch 17,7 Megatonnen CO_2-Äquivalent in Deutschland eingespart werden (BCG 2008).

Dennoch nimmt der tatsächliche Energieverbrauch der IT um 17 Prozent jährlich zu und liegt somit signifikant vor anderen Branchen (Nebel et al. 2011). Die steigende Belastung hat verschiedene Gründe. Zum einen wächst „die Nachfrage nach IT-Leistung ... noch schneller als die Energieeffizienz (Hilti 2014)." Sowohl in Privathaushalten als auch in vielen Bereichen der Wirtschaft erfolgt eine zunehmende Technisierung, deren Rechenleistung nicht einzig durch den Einsatz von verbesserten Mikrotechnologien ausgeglichen werden kann (Lampe 2010). Die steigende Anzahl an benötigten Geräten führt zu einer höheren Produktionsfrequenz, deren Energieaufwand die Energieeinsparung fast aufhebt (Hilti 2014). Es wird prognostiziert, dass der Carbon Footprint der IT 2020 bis zu drei Prozent der weltweiten Emissionen ausmachen wird (Mithas et al. 2010).

Der größte Energieverlust in Rechenzentren entsteht bei der Energieübertragung oder der schlechten Kühlung (Nebel et al. 2011). Insgesamt benötigten Rechenzentren in Deutschland im Jahr 2016 2,3 Prozent des Gesamtstroms (Hintemann 2017). Auch das Internet der Dinge steigert den Energiebedarf durch den erhöhten Datenverkehr kommunizierender Maschinen, Fahrzeuge, Elektrogeräte, Sensoren, Steuerelemente und Anzeigesysteme (Fraunhofer 2015).

Zusätzlich wird der eingesetzte Strom oft durch fossile Brennstoffe gewonnen. Weitere Umweltschäden entstehen durch nicht ordnungsgemäß entsorgte Hardware. Elektroschrott enthält über 1.000 verschiedene, zum Teil giftige Substanzen. (Gupta et al. 2013).

5.2.4.1 Nutzung in der Logistik

Die Nutzung von IT in der Logistik wird oft in Zusammenhang mit *Smart Logistics* gebracht. Der Begriff Green IT fällt dabei nicht. Unter Smart Logistics „werden alle

durch IKT getriebenen Maßnahmen zusammengefasst, die den Verkehr durch die Verknüpfung von modernen Kommunikationsnetzen und intelligenten Mess- und Steuerungstechniken auf verschiedene Weise optimieren oder reduzieren können (BCG 2008)." Zusätzlich müssten die IT-Systeme der ganzen Supply Chain für eine flexiblere, agilere und wirtschaftlichere Gestaltung betrachtet werden. Typische Einsatzbereiche von IKT in der Logistik sind (Hausladen 2016; Zarnekow und Kolbe 2013):
- Frachtenbörsen und Logistikplattformen
- Routenplanung und Tourenoptimierung
- Track- und Tracing Applikationen
- Überwachungsapplikationen in Fahrzeugen, z.B. automatische Abstandsregelungen, CO_2-Emission
- Training von CO_2-effizientem Fahrverhalten sowie Ermittlung des Carbon Footprints
- Cross Docking, die effiziente Planung von Ressourcen bei Just-in-Time/ Just-in-Sequence- und Milkrun-Belieferungen sowie die Optimierung der Last Mile
- Echtzeitmonitoring der Produktionsprozesse
- Vendor Managed Inventory, virtuelle Märkte, E-Kanban, Online-Auktionen

IT ist in allen Tätigkeitsfeldern der Logistik verankert und somit eine unvermeidbare Komponente um Logistikabläufe zu verbessern. Der tatsächliche nachhaltige Mehrwert wird nur eingeschränkt von Unternehmensseite erkannt.

5.2.4.2 Mehrwert und Ziele der Green IT in der Logistik

Die Automatisierung von Prozessen in der Logistik mittels IKT führt zu einer erhöhten Transparenz in der Supply Chain, wodurch diese proaktiv nachhaltiger gestaltet werden kann. Es kommt zu kürzeren Durchlauf- und Bearbeitungszeiten, senkt die Prozess- und Umsetzungskosten und integriert die entsprechenden Stakeholder nachhaltig.

Digitalisierte Logistikapplikationen helfen, Transportfahrzeuge und Lagerhäuser besser auszulasten. Dies führt zu einer geringeren Anzahl an Fahrten und damit weniger Fahrzeugeinsatz. Auch die Abstimmung beim Modalsplit wird durch Echtzeitinformationen optimiert. Somit ist es möglich, Waren auf CO_2-effizienteren Verkehrswegen wie Wasser und Schiene zu transportieren. Zusätzlich wird durch die neue Technologie der Straßengüterverkehr umweltfreundlicher, da Fahrer durch angepasstes Fahrverhalten ihren CO_2-Ausstoß verringern können (BCG 2008).

Kosteneinsparungen durch effizienteren Straßentransport belaufen sich auf 53 Milliarden Euro. Der ökologische Mehrwert durch Investitionen in IT bleibt oft unberücksichtigt. Schätzungen gehen davon aus, dass Smart Logistics ein Reduktionspotenzial von rund 85,4 Megatonnen Kohlenstoffdioxid-Äquivalent deutschlandweit aufweist. Das ergibt eine Einsparung von 2,5 Mio. Euro für die Logistikbranche Deutschlands. Wenn Unternehmen zusätzlich in nachhaltige Hardwarekomponenten investieren, fällt die Ökobilanz noch besser aus (Fischer 2016).

5.2.4.3 Erfahrungen mit Green IT im Unternehmensalltag

Wie in der Literatur klaffen in der Wirtschaftswelt die Definitionen von Green IT stark auseinander und belegen somit die Notwendigkeit einer einheitlichen Definition. Während einige Unternehmen Green IT als Enabler sehen, langfristig Prozesse nachhaltiger zu gestalten, betonen andere die Nutzung von grünem Strom. Einzig eine effiziente Datenspeicherung und -generierung trägt in den Augen der Unternehmen nicht allein zu Green IT bei. Prozessverbesserungen werden häufig nicht auf Green IT zurückgeführt.

Dem befragten Energielieferanten zufolge nutzen Unternehmen nur dann grünen Strom, wenn es positiv zum Image beiträgt, ansonsten zählt lediglich der Preis. Bisher können große Industrieunternehmen noch nicht uneingeschränkt mit grünem Strom versorgt werden. Nur etwa 30 Prozent der Wirkarbeit der Gesamtenergie wird heute aus erneuerbaren Energiequellen gewonnen. Deshalb versuchen die Anbieter mit finanziellen Anreizen die Last zu verschieben.

Das Paradoxon der Green IT wird auch in der Wirtschaftsbranche deutlich. Hinter der Logistik steckt eine Vielzahl an IT-Lösungen und Daten, wodurch IT ein Stellhebel der Nachhaltigkeit in der Logistik wird. Heutzutage ist beispielsweise für die optimale Routenplanung oder das Tracking von Päckchen der Paketlogistik IT unabdingbar. Problematisch ist, dass der Paketdienst von Auslieferungen lebt. Mehr Zustellungen bedeuten höheren Gewinn und Marktanteil, aber auch mehr CO_2-Belastung. Deshalb trägt die verbesserte IT zwar zur Nachhaltigkeit bei, wird aber vom Wettbewerbsdruck größtenteils rationalisiert.

Unternehmen sehen aufgrund hoher Anschaffungskosten und interner Prozessumstrukturierungen häufig Hürden bei der Einführung von Green IT: Wenn Green IT offensichtlich die Kosten im IT-Bereich senken würde, könnten Unternehmen leichter davon überzeugt werden, diese zu implementieren. Zusätzlich ist die IT meist komplex aufgebaut, so dass entsprechende Spezialisten benötigt werden.

Der Zusammenhang zwischen Green IT und Logistik wird bei allen Befragten erkannt. Betont wird besonders die Optimierung von Transportkapazitäten, d.h.

bessere Auslastung und die Vermeidung unnötiger Fahrkilometer. Ansonsten wird in der Transportlogistik besonders stark auf die Nutzung von E-Fahrzeugen gesetzt. Die in den Autos verbaute Software ist vor allem in Hinblick auf die Kapazität der Batterie von hoher Bedeutung.

5.2.5 Fazit und Ausblick

Der Einsatz von IT in der Logistik tangiert alle Bausteine nachhaltigen Wirtschaftens: ökonomisch, ökologisch und sozial. Der ökonomische Aspekt spiegelt sich in der Kosteneinsparung durch optimierte Prozesse wider. In ökologischer Hinsicht sind die Ressourcenschonung und die Verminderung von Emissionen zu nennen. Der soziale Aspekt wird vor allem bei der Systemintegration aufgegriffen. Wird die Integration von allen Akteuren im Unternehmen umgesetzt, so kann die Ökobilanz verbessert werden. Dazu müssen Unternehmen der Bedeutung von IT in der Logistik mehr Wertschätzung entgegenbringen. Viele erkennen die IT noch nicht als Taktgeber für Einsparungen auf allen Ebenen, sondern betrachten sie als Notwendigkeit, für funktionierende Prozesse. Besonders im Hinblick auf die Nachhaltigkeitsziele der Unternehmen besteht entlang der Supply Chain Forschungsbedarf (Hausladen 2016). Dort besteht nach wie vor die Möglichkeit mit zunehmendem IT-Einsatz Ressourcen in Form von Energie zu sparen und die Ökobilanz der Unternehmen zu verbessern. Wenn also in IT aus der Logistik sowieso genutzt wird, warum dann nicht in einer grünen Variante?

Die AutorInnen

Prof. Dr.-Ing. Dieter Uckelmann ist Studiendekan für Informationslogistik an der Hochschule für Technik, Stuttgart. Er hat im Rahmen dieser Veröffentlichung als Fachbetreuer und Senior Researcher fungiert.
Kontakt: dieter.uckelmann@hft-stuttgart.de

Tamara Bogenreuther absolvierte ihren B.A. in Kulturwirtschaft an der Universität Passau und der University of Puget Sound in Tacoma, Washington, USA.
Kontakt: t.bogenreuther@googlemail.com,

Iris Bräutigam absolvierte ihren B.Sc. in Internationaler Betriebswirtschaftslehre an der Universität Bamberg und der Stellenbosch University, Stellenbosch, Südafrika. Seit September 2017 studieren beide an der Hochschule für Technik in Stuttgart den Studiengang „Umweltorientierte Logistik (M.Sc.)".
Kontakt: iris.braeutigam89@gmail.com

Literatur

Bundesministerium für Wirtschaft und Technologie (2008). Aktionsplan: Green IT-Pionier Deutschland, 20.11.2008. https://www.de.digital/DIGITAL/Redaktion/DE/IT-Gipfel/Publikation/2008/it-gipfel-2008-it-gipfel-aktionsplan-green-it-pionier-deutschland.pdf?__blob=publicationFile&v=4. Zugegriffen: 05.07.2018.

Fischer, B. (2016). In Deutschland kostet CO_2 besonders viel. http://www.faz.net/aktuell/wirtschaft/energiepolitik/oecd-bericht-co2-ausstoss-zu-billig-fuer-wirksamen-klimaschutz-14453726.html. Zugegriffen: 23.03.2018.

Fraunhofer (2015). Entwicklung des IKT-bedingten Strombedarfs in Deutschland. Studie im Auftrag des Bundesministeriums für Wirtschaft und Energie Projekt-Nr. 29/14.

Gupta, V., Abidi, N., Bansal, T., -6 Jain, R. K. (2013). Green Supply Chain Management Initiatives by IT Companies in India. The IUP Journal of Operations Management, 7(2), 1–25.

Hausladen, I. (2016). IT-gestützte Logistik: Systeme-Prozesse-Anwendungen. Wiesbaden: Springer.

Hilty, L. M. (2014). Green IT – eine Einführung. Das Bulletin der Alumni Wirtschaftsinformatik Universität Zürich 32(14): 3–5.

Hintemann, R. (2017). Update 2017: Rechenzentren in Deutschland: Eine Studie zur Darstellung der wirtschaftlichen Bedeutung und der Wettbewerbssituation. Boderstep Institut für Innovation und Nachhaltigkeit gemeinnützige GmbH.

Joshi, K. (1991): A Model of Users' Perspective on Change: The Case of Information Systems Technology Implementation. MIS Quarterly 15(2), 229–242.

Lampe, F. (2010). Green-IT, Virtualisierung und Thin Clients. Mit neuen IT-Technologien Energieeffizienz erreichen, die Umwelt schonen und Kosten sparen. Wiesbaden: Vieweg + Teubner.

Loos, P. (2011). Einleitung. Wirtschaftsinformatik 53(4), 239.

Mithas, S., Khuntia, J., & Roy, P.K. (2010). Green Information Technology, Energy Efficiency, and Profits: Evidence from an Emerging Economy. International Conference on Information Systems (ICIS). St. Louis.

Murugesan, S. (2008). Harnessing Green IT: Principles and Practices. IT Professional 10(1), 24–33.

Nebel, W., et.al. (2011). Green IT: Rechenleistung energieeffizient und verfügbar. Wirtschaftsinformatik 53(4), 240–241.

Reisinger, N. (2014). Green IT Strategien für den Mittelstand: Nachhaltige Lösungen in der IT und durch IT Unterstützung. Diplomica Verlag GmbH.

Seidel, S., & Recker, J. (2011). Green Business Process Management. Wirtschaftsinformatik 53(4): S. 245–246.

The Boston Consulting Group GmbH (BCG): SMART 2020 Addendum Deutschland: Die IKT-Industrie als treibende Kraft auf dem Weg zu nachhaltigem Klimaschutz, 2018.

Zarnekow, R., & Kolbe, L. (2013). Green IT. Erkenntnisse und Best Practices aus Fallstudien. Berlin: Springer.

Lebensmittellogistik im Zuge der Digitalisierung – ökonomische und ökologische Aspekte der letzten Meile

5.3

Sophia Koutsomitis und Andrea Lochmahr

Abstract

Die Digitalisierung schreitet immer weiter voran und bietet den Verbrauchern in Verbindung mit dem Internet neue Möglichkeiten der Lebensmittelbeschaffung. Im Vergleich zu anderen Branchen ist das Online-Bestellaufkommen bei Lebensmitteln jedoch noch sehr gering. Im Zuge dessen stellt sich die Frage, welche Art der Lebensmittellogistik sich auf Basis der vorhandenen Verkehrs- und Logistikinfrastruktur aus ökologischer und/oder aus ökonomischer Sicht als rentabel erweist. Bei eingehender Beschäftigung mit dem Online-Lebensmittelhandel wird schnell deutlich, dass dieser in den kommenden Jahren eine zentrale Rolle in dem Konsumverhalten der privaten Haushalte einnehmen wird.

© Springer Fachmedien Wiesbaden GmbH, ein Teil von Springer Nature 2019
A. Lochmahr, P. Müller, P. Planing, T. Popović, *Digitalen Wandel gestalten*
https://doi.org/10.1007/978-3-658-24651-8_5.3

5.3.1 Hintergrund

Die Produktgruppe der Lebensmittel realisiert in Deutschland mehr als ein Drittel der Einzelhandelsumsätze. Der Online-Lebensmittelhandel umfasst derzeit 3,8 Prozent des Gesamtumsatzes der Lebensmittel (IFH, HDE 2017). Dies zeigt, dass ein Großteil der Verbraucher Lebensmittel überwiegend traditionell im Ladengeschäft, d.h. im stationären Einzelhandel einkaufen. Umfragen zufolge soll die Bereitschaft zum Kauf der Lebensmittel online in den nächsten Jahren jedoch ansteigen. Im internationalen Vergleich wird ersichtlich, dass für den deutschen Markt ein hohes Entwicklungspotenzial besteht (PwC 2018).

5.3.1.1 Bedarfssituation und Problemstellung

Der Online-Markt für Lebensmittel verzeichnete in den zurückliegenden Jahren stetige Wachstumsraten. Der Online-Warenhändler Amazon verkauft mit dem Konzept Amazon Fresh unter anderem in München und Berlin bereits Lebensmittel online. Auch klassische Handelskonzerne wie der Lebensmittelkonzern REWE bietet einen Lieferdienst in mehr als 70 Städten in Deutschland an. Neben den genannten Anbietern existieren viele kleinere z.B. auf Bio-Produkte spezialisierte Unternehmen, welche die Bevölkerung mit Lebensmitteln beliefern (Graf 2018).

Der wachsende Online-Lebensmittelhandels korreliert mit einem steigenden Paketaufkommen. Die steigende Anzahl an Paketen an den Endkunden induziert ein höheres Transportaufkommen durch die KEP-Dienstleistung. Dies führt wiederum zu höherer Belastung der Verkehrsinfrastruktur, zu erhöhten Schadstoff- und Lärmemissionen sowie, insbesondere in urbanen Räumen und Innenstädten, zu höherem Verkehrsaufkommen und Verkehrsbeeinträchtigungen. Doch auch die häufigen privaten Fahrten zum Lebensmitteleinzelhandel tragen dazu bei, dass in vielen Städten sowohl die Lärm- als auch die Feinstaubgrenzwerte überschritten werden (PwC 2017).

Der vorliegende Text beschreibt in einer Fallstudie einen Prozessvergleich der letzten Meile, welcher die Lebensmittelbeschaffung anhand der Abwicklung nach einer Online-Bestellung und anhand der Abwicklung über den stationären Einzelhandel gegenübergestellt. Als Basis hierfür konnten unter Berücksichtigung von Studien auch durch Experteninterviews empirische Ergebnisse herangezogen werden.

5.3 Lebensmittellogistik im Zuge der Digitalisierung

5.3.1.2 Definitionen und Begriffe

Umwelt und Logistik
In der öffentlichen Diskussion findet sich der Begriff der grünen Logistik weit verbreitet, wobei die Inhalte gleichermaßen unübersichtlich sind wie außerordentlich kontrovers diskutiert werden. Die logistische Leistungserstellung ist grundsätzlich mit einer Umweltbelastung durch Ressourcenverbrauch (Kraftstoff und Strom) verbunden. Ebenso kommen Logistik- und Transportprozesse nicht ohne Lärmemissionen, Luftschadstoffemissionen, Abfallaufkommen, Bodenversiegelung durch Infrastruktur etc. aus (Nagel 2010). Eine grüne Logistik umfasst in erster Linie die Aufrechterhaltung der für die arbeitsteilige Wirtschaft erforderlichen Gütermobilität bei Erhaltung der natürlichen Umwelt (Bretzke und Barkawi 2012). Formal bedingt der Begriff einer ökologisch orientierten Logistik die Berücksichtigung knapper Ressourcen (Energie, Infrastruktur etc.) sowie die Beachtung zunehmend restriktiverer nationaler und internationaler Umweltvorschriften (Bretzke 2009). Auf den Kontext der vorliegenden Fallstudie bezogen und in einer umgekehrten Betrachtungsweise gelten Logistikprozesse dann als ökologisch, wenn die Schadstoffemissionen, die Lärmerzeugung, das Abfallaufkommen, der Verpackungsaufwand etc. minimiert werden (Lochmahr und Boppert 2014).

Letzte Meile
Die letzte Meile ist ein Teilbereich der Distributionslogistik und beinhaltet den Transportweg der Waren vom Händler bis hin zur Haustür des Kunden. Im Online-Handel definiert sich die letzte Meile als Schnittstelle zwischen Online-Händler und Konsument (Arnold et al. 2008).

Lebensmittellogistik
Die Hauptaufgabe der Lebensmittellogistik ist der schnelle und sicherere Transport der Lebensmittel unter Berücksichtigung der Qualitätsanforderungen (LFGB 2018, Verordnung (EG) Nr. 178 2002).

5.3.1.3 Veränderungstreiber und zukünftige Entwicklung

Verschiedene Einflussfaktoren führen zu einer Veränderung im Lebensmitteleinzelhandel. Der demographische Wandel führt dazu, dass bis 2030 29 Prozent der Bevölkerung älter als 65 Jahre sein und somit aufgrund körperlicher Beeinträchtigungen seltener zum stationären Geschäft fahren wird. Diesem Umstand entgegenwirkend ermöglicht der Kauf über das Internet eine bequeme und einfache Zustellung der Lebensmittel bis an die Haustüre (ZF 2016). Des Weiteren beeinflusst die Veränderung des Verbraucherverhaltens den Handel. Zum einen wird dem Kunden ein umweltbewusster Konsum immer wichtiger, zum anderen führen zunehmende Spontaneinkäufe und kurzzyklische Kleinmengenbeschaffungen dazu, dass insbesondere berufstätige Menschen zeitsparend einkaufen wollen. Zusätzlich kann online ein direkter und umfassender Kostenvergleich der Güter erfolgen, was dem Kunden einen Transparenzvorteil gegenüber der Preisfestsetzung im stationären Handel bietet (KPMG und GDI 2013).

Als weiterer zentraler Treiber ist der technologische Fortschritt in Verbindung mit der Digitalisierung zu nennen. Durch das Internet werden dem Kunden neue Möglichkeiten dargelegt, Informationen über Produkte einzuholen, diese auf elektronischen Märkten zu vergleichen und zu kaufen. Darunter fallen auch mobile Anwendungen, welche dem Verbraucher in Kombination mit seinem mobilen Endgerät (z.B. Smartphone) ermöglicht, von unterwegs und zu jeder Zeit Lebensmittel zu bestellen. Die Zeitersparnis liegt hier meist im Vordergrund, da die private Fahrt zum stationären Ladengeschäft entfällt (Bruhn und Heinemann 2013).

5.3.2 Fallstudie online vs. stationärer Lebensmittelkauf

Für den stationären Handel kann der Online-Lebensmittelhandel einen maßgeblichen Wettbewerber darstellen. Ein zukünftig steigendes Online-Volumen im Lebensmittelhandel, insbesondere verbunden mit neuen und innovativen Logistik- und Zustellkonzepten auf der letzten Meile, könnte durch ein hohes Maß an Wirtschaftlichkeit und Umweltverträglichkeit den klassischen Einzelhandel zurückdrängen. Doch auch eine langfristige Koexistenz beider Arten, durch die Bestellung online und die Abholung im Ladengeschäft, wie man sie durch das Konzept Click & Collect bereits praktiziert, ist denkbar. Die Vorteile der Online-Abwicklung (Preis- und Produkttransparenz, unabhängig von Öffnungszeiten etc.) könnten folglich mit den Vorteilen des stationären Geschäftes (persönliche und soziale Kontakte vor Ort, individuelle Qualitätsvorstellungen von Produkten und Prozessen, Klärung von Fragen vor Ort etc.) kombiniert werden (Beilhammer 2018).

5.3.2.1 Prozesse der letzten Meile

Stationär: Kunde-zur-Ware-Prozess
Unabhängig von der Betriebsform oder Betriebsorganisation verläuft die Logistik im stationären Handel grundsätzlich gleich. Der Lebensmitteleinzelhandel be-

schafft verschiedenste Konsumgüter, die über die Beschaffungslogistik von den Herstellerbetrieben, Importeuren etc. geliefert werden und verkauft diese im stationären Ladengeschäft (Zentes et al. 2012). Der Kunde entscheidet sich vorab, in welchen Laden er gehen möchte, d.h. im Kunde-zur-Ware-Prozess bleibt die Ware unbewegt, während sich der Kunde an den Verkaufsort begibt. Im Anschluss erfolgt der stationäre Kauf des Produkts (Gehrckens und Boersma 2013). Nachdem der Kunde den Kauf getätigt hat, ist er selbst für den Transport der Einkäufe nach Hause, also der letzten Meile, verantwortlich. Der Kunde entscheidet, welches Transportmittel verwendet wird und welche Strecke gefahren wird. Die Auswahl der Transportverpackung sowie die Einhaltung der Kühlkette übernimmt ebenfalls der Kunde selbst (DCTI 2015). Dieser Vorgang des Heimtransportes kann mit der letzten Meile im Online-Handel verglichen werden.

Online: Ware-zu-Kunde-Prozess
Der Online-Lebensmittelhandel deckt mit einem Umsatzanteil von 1 Prozent bisher nur einen geringen Teil des schnelllebigen Konsumgüterhandels ab. Doch im Verlauf der letzten Jahre ist ein stetiges Wachstum zu erkennen (IFH, HDE 2017).

Beim Logistikprozess des Online-Handels muss zwischen der Zustellung durch einen Kurier-, Express- und Paket-Dienstleister (KEP) und der Zustellung mit eigener Flotte unterschieden werden (Graf 2017). KEP-Dienstleister beginnen mit der Belieferung an ein Zentrallager des Händlers. Im Anschluss wird die Ware kommissioniert und weiter an die Filialen des Händlers, an Paketzentren oder regionale Depots geliefert. Von dort beginnt die Auslieferung auf der letzten Meile, auf der z.B. DHL das Paket direkt an den Kunden bzw. dessen gewünschten Lieferort ausliefert (DCTI 2015) Folglich wird im Ware-zu-Kunde-Prozess die Ware bewegt, während der Kunde einen feststehenden Ort definiert hat. Transportiert der Händler die Lebensmittel in Eigenregie zum Kunden, erfolgt die Anlieferung direkt in ein dezentrales Warenlager, regionales Depot oder Filiallager des Händlers. Dort werden die Waren kommissioniert und an den Kunden ausgeliefert (Experteninterview 2018).

5.3.2.2 Ökologische und ökonomische Aspekte der letzten Meile

Systemgrenzen
Die nachfolgende Ausarbeitung der ökologischen und ökonomischen Aspekte der Lebensmittellogistik online und stationär bezieht sich ausschließlich auf den Prozess der letzten Meile. Dieser spielt sich zum einen auf dem Transportweg vom Händler bis hin zur Haustür des Kunden ab. Zum anderen fällt die private Fahrt des

Kunden zum Lebensmitteleinzelhandel darunter. Innerhalb dieser Rahmenbedingungen wird weder der Herstellungsprozess der Transportmittel, noch die Produktion der Kraftstoffe, der Energie, der Verpackungen und der Lebensmittel selbst betrachtet. Auch der nachgelagerte Prozess der Entsorgungslogistik, mögliche Einweg-Mehrweg-Überlegungen, Recyclingprozesse etc. werden außer Acht gelassen. Die Analyse der Schadstoffemissionen konzentriert sich auf CO_2-Emissionen, d.h. Rußpartikel, Feinstaub, Stickoxide etc. werden in diesem Kurzbeitrag nicht berücksichtigt.

Des Weiteren findet ausschließlich die Berücksichtigung von Lebensmitteln statt, d.h. verzehrfertige warme Gerichte oder Convenience-Food (z.b. Pizza-Lieferdienst) sind ausgeschlossen. Die Berechnungen erfolgen für eine Haushaltsgröße von zwei Personen, unter Betrachtung eines Jahres (53 Wochen). Außerdem wird von einer Einkaufshäufigkeit von zweimal pro Woche ausgegangen.

Für die Online-Bestellung der Lebensmittel startet der Prozess mit der Fahrt des Händlers bzw. KEP- oder Logistikdienstleisters zum Kunden und endet mit der Bereitstellung am gewünschten Zustellort. Es wird davon ausgegangen, dass die Ware beim ersten Zustellversuch übergeben werden kann und somit keine weitere Fahrt für eine zweite Zustellung nötig ist. Rücksendungen, Leerfahrten, Rückfahrten und die Nichtannahme von Lieferungen werden ebenfalls ausgeschlossen. Bei der stationären Abwicklung beginnt der Prozess bei der Fahrt des Kunden zum Geschäft und endet mit der Rückkehr an der Haustür.

Ökologische Aspekte

Einen der ökologischen Aspekte stellt der aufkommende Abfall dar. Für den stationären Erwerb von Lebensmitteln beinhaltet dieser ausschließlich die Verkaufsverpackung, welche die Lebensmittel umhüllt. Die Transportverpackung wird in Anlehnung an Umfragen mehrheitlich vom Kunden selbst mitgebracht und wird somit nicht für die Berechnungen berücksichtigt (Dialego 2011). Im Zuge des Online-Versands von Lebensmitteln fallen sowohl die Verkaufs-, als auch die Transportverpackung an. Zum Transport der Lebensmittel kommen grundsätzlich Papiertüten, wiederverwendbare Boxen, verwert- bzw. recycelbare Behälter etc. in Frage (Experteninterview 2018). Exemplarisch erfolgt die Berechnung im Fallbeispiel für zwei Papiertüten pro Einkauf.

Basierend auf diesen Rahmenbedingungen und den zur Verfügung gestellten Daten des Umweltbundesamts (2017) und des Statistischen Bundesamts (2015) konnten für beide Arten der Lebensmittelbeschaffung für einen Zwei-Personen-Haushalt folgende Ergebnisse berechnet werden.

5.3 Lebensmittellogistik im Zuge der Digitalisierung

Tabelle 5.2: Abfallmenge der letzten Meile

Prozess	Abfallmenge pro Jahr (Zwei-Personen-Haushalt)
Lebensmittellogistik stationär	81,6 kg
Lebensmittellogistik online	87,5 kg

Als weitere ökologische Kennzahl ist die CO_2-Emissionen zu nennen, die beim Transportieren der Lebensmittel entstehen. Unter Berücksichtigung der Art des Transportmittels (Pkw bzw. leichtes Nutzfahrzeug 3,5 t, jeweils mit Verbrennungs- und Elektromotor sowie Elektro-Fahrrad/-Lastenrad) und der zurückzulegenden Strecke pro Jahr wurden hier die Emissionen sowohl für Hin- und Rückfahrt zum stationären Laden (6 km pro Einkauf, 636 km pro Jahr), als auch für die direkte Lieferung nach Hause (3 km pro Einkauf, 530 km pro Jahr) berechnet (Dialego 2011, Experteninterview 2018).

Tabelle 5.3: CO_2-Emissionen der letzten Meile

Stationärer Prozess		Online-Prozess	
Transportmittel	CO_2-Emission	Transportmittel	CO_2-Emission
VW Golf Benziner	68,7 kg	VW 3,5 t Benziner	113,4 kg
VW Golf Diesel	65,5 kg	VW 3,5 t Diesel	91,2 kg
VW Golf Elektro	0 kg	VW 3,5 t Elektro	0 kg
E-Fahrrad	0 kg	E-Lastenrad	0 kg

Die Lärm- bzw. Schallemissionen gehören ebenfalls zu den ökologischen Aspekten. Unter Lärm werden unerwünschte Geräusche verstanden, die für Mensch und Umwelt schädlich sind. Schallemissionen sind für die Erzeugung und Abstrahlung dieser Geräusche verantwortlich. Der sogenannte Schalldruckpegel wird in Dezibel (dB (A)) angegeben. Die Schmerzgrenze des Menschen liegt bei 140 dB (A). Der Verkehrslärm setzt sich zusammen aus den Motorgeräuschen (Kraftstoffverbrennung, Bremsen etc.), den Reifen in Verbindung mit der Fahrbahn (Reifenabrollgeräusche etc.) und dem Fahrtwind (Umströmungslärm etc.) (ADAC 2011).

Für die verschiedenen Transportmittel erfolgt nun eine Gegenüberstellung der Schallemissionen durch ein Bewertungssystem. Die eigens angelegte Skala beinhaltet drei Kategorien. Die erste von 0 bis 40 dB (A) für wenig Lärm (+), die zweite für 40 bis 70 db (A) für mittlere Lärmemission (o) und die dritte ab 70 db (A) für hohen Lärm (-).

Tabelle 5.4: Schallemissionen der letzten Meile

Stationärer Prozess		Online-Prozess	
Transportmittel	Schallemission	Transportmittel	Schallemission
VW Golf Benziner	-	VW 3,5 t Benziner	-
VW Golf Diesel	-	VW 3,5 t Diesel	-
VW Golf Elektro	o	VW 3,5 t Elektro	-
E-Fahrrad	+	E-Lastenrad	+

5.3.2.3 Ökonomische Aspekte

In der Logistik der letzten Meile sind die Hauptkostentreiber der Transport selbst sowie die benötigte Verpackung. Dazu zählt die Verkaufs- und die Transportverpackung (Arnold et al. 2008). Die Kosten der Verpackung setzen sich zusammen aus den direkten Kosten der Packmittel, Packhilfsmittel, Packstoffen sowie Aktivitäten, die indirekt mit der Verpackung zusammenhängen (z.B. Transportversicherung) (Buchner 1999). Für die Beschaffung der Lebensmittel online müssen sowohl die Kosten der Verkaufs- als auch die Kosten der Transportverpackung herangezogen werden.

In der Nahrungsmittelindustrie fallen etwa 7,0 Prozent des Warenwerts auf die Verpackung an. Der darin enthaltene Kostenanteil der Verkaufsverpackung beläuft sich auf 5,9 Prozent des Verkaufspreises (Buchner 1999). In einem Zwei-Personen-Haushalt werden im Monat durchschnittlich 221 Euro für Nahrungsmittel ausgegeben (Statistisches Bundesamt 2013). Auf ein Jahr gesehen sind dies 2.652 Euro. In Anlehnung an den Kostenanteil der Verkaufsverpackung von 5,9 Prozent ergeben sich jährliche Kosten von etwa 160 Euro. Für die Bestellung der Lebensmittel online kommen außerdem die Kosten der Transportverpackung hinzu. Unter der Annahme, dass ausschließlich Papiertüten für den Transport der Lebensmittel verwendet werden, erfolgt deren Berechnung auf Basis eines Stückpreises von 0,50 Euro (Experteninterview 2018). Aus den vorangegangenen Überlegungen ist die benötigte Anzahl von zwei Tüten pro Lieferung zu entnehmen. Dies ergibt einen Wochenbedarf von vier Tüten. Jährlich beläuft sich die Summe somit auf etwa 210 Papiertüten. Unter Berücksichtigung der anfallenden Kosten pro Tüte ergibt sich für einen Haushalt mit zwei Personen ein Aufwand von etwas über 100 Euro pro Jahr. Zusammen mit den Kosten der Verkaufsverpackung sind dies in Summe etwa 260 Euro[1] an

---

[1] Der Verbraucher zahlt den Produkt- bzw. Warenpreis inkl. Verpackung und unterscheidet nicht zwischen echtem Warenwert und Verpackungspreis.

Verpackungskosten im Online-Prozess und die genannten 160 Euro im stationären Prozess.[2]

Für den Transport der Lebensmittel sind die anfallenden Energie- und Kraftstoffkosten zu betrachten. Die Transportkosten der Lebensmittellogistik online beinhalten neben den Energie- und Kraftstoffkosten auch die Personalkosten für den Fahrer (Arnold et al. 2008). Diese fallen anteilig an. Sie werden dem Kunden jedoch nicht direkt in Rechnung gestellt, sondern sind Kalkulationsbestandteil des Geschäftsmodells des jeweiligen Anbieters. Unter Berücksichtigung der zurückgelegten Strecke pro Jahr (Kauf stationär: 636 km pro Jahr; Lieferung nach Hause: 530 km pro Jahr) (Dialego 2011, Experteninterview 2018) wird der Energie- und Kraftstoffverbrauch auf Basis des durchschnittlichen Verbrauchs gemäß Herstellerangaben der verschiedenen Transportmittel ermittelt. Allerdings werden aus Sicht des Kunden nicht die tatsächlichen Transportkostenanteile in Rechnung gestellt, sondern meist eine von der Kaufsumme, der Liefergeschwindigkeit, der Entfernung etc. abhängige Kostenpauschale. Der Kostenvergleich hat diesbezüglich nur als theoretische Gegenüberstellung Gültigkeit.

Tabelle 5.5: Exemplarischer Kostenvergleich online vs. stationär (ohne Personalkosten)

Kosten pro Jahr in Euro	Schallemission	Schallemission
Verpackungskosten	160	260
Transportkosten VW Golf Benziner[1] bzw. VW 3,5 t Diesel[2]	4.500	4.100

[1] Durchschnittlicher Verbrauch 5,0 Liter pro 100 km, durchschnittlicher Benzinpreis Jahr 2018 142,2 Euro-Cent je Liter (Stand 9/2018).
[2] Durchschnittlicher Verbrauch 6,2 Liter pro 100 km, durchschnittlicher Dieselpreis Jahr 2018 124,3 Euro-Cent je Liter (Stand 9/2018)

5.3.3 Fazit und Diskussion

Grundsätzlich kommt es sehr darauf an, unter welchen Annahmen und Systemgrenzen die Gegenüberstellung der Online-Prozesse im Lebensmittelhandel und stationären Prozesse erfolgt. Aus dem Blickwinkel eines Haushalts ist die Lebensmittellogistik online im direkten Vergleich zur Lebensmittellogistik stationär derzeit weder eindeutig aus ökologischer noch aus ökonomischer Sicht rentabel. Je nach

---

[2] Unter der Annahme, dass der Kunde keine zusätzliche Transportverpackung im Ladengeschäft erwirbt.

Konsumverhalten, Konsumgewohnheiten, Bündelungseffekten mit anderen Fahrten etc. ist dem stationären oder dem Online-Geschäft dem Vorzug zu geben. Für die volkswirtschaftliche Perspektive können ähnliche Schlussfolgerungen gezogen werden. Die reduzierte Darstellung und Vernachlässigung der Komplexität der Themenstellung erlaubt keine eindeutige Aussage. Neben der Bewertung von Einweg- und Mehrwegsystemen, Einbeziehung von weiteren Emissionsarten etc. sind insbesondere innovative Logistikkonzepte der letzten Meile (Drohnenzustellung, Same-Day-Delivery, Mikro-Depot-Konzepte, autonom fahrende Zustellfahrzeuge etc.) sowie alternative Antriebs- und Kraftstoffkonzepte (batterieelektrische Fahrzeuge, CNG-betriebene Fahrzeuge etc.) zu berücksichtigen und mittels Simulations- oder Szenariotechnologie die Wirkungs- und Rückkopplungszusammenhänge zwischen Ökologie und Ökonomie zu analysieren.

Die Autorinnen

Sophia Koutsomitis absolvierte von 2012 bis 2014 eine Ausbildung zur Industriekauffrau bei der MAHLE Industrial Thermal Systems GmbH & Co. KG. Im Jahr 2018 schloss sie ihr Studium mit der Fachrichtung Betriebswirtschaft an der Hochschule für Technik ab. Ihre Schwerpunkte lagen dabei in den Bereichen Logistik, Controlling und Unternehmenssteuern. Vorliegender Beitrag war Teil ihrer Abschlussarbeit im Bereich Logistik und Beschaffung unter der Betreuung von Frau Prof. Dr. Andrea Lochmahr. Diese Abschlussarbeit mit dem Titel „Lebensmittellogistik online vs. stationär ökologische und ökonomische Aspekte der letzten Meile" wurde von der Bundesvereinigung Logistik (BVL) e.V. mit dem Thesis Award 2018 ausgezeichnet.
Kontakt: sophia.koutsomitis@gmail.com

Prof. Dr. Andrea Lochmahr studierte Wirtschaftswissenschaften an der Universität Regensburg und war danach 12 Jahre bei der Audi AG in unterschiedlichen Positionen in Vertrieb und Logistik tätig, zuletzt war sie insbesondere für die strategische Ausrichtung der Audi Logistik zuständig. Seit 2008 ist sie Professorin für die Fachgebiete Logistik, Operations Research sowie Produktion und Einkauf an der Hochschule für Technik in Stuttgart. Sie ist neben der Lehre in zahlreichen regionalen und überregionalen Logistiknetzwerken als wissenschaftliche Beraterin und Fachexpertin tätig, u.a. im AKJ Automotive, der Gesellschaft für Produktionsmanagement GfPM, im Logistik-Netzwerk Baden-Württemberg oder im Logistik-Cluster des Wirtschaftsministeriums Baden-Württemberg. Ihr Forschungsschwerpunkt ist umweltorientierte Logistik mit Schwerpunkt Automobillogistik. Erste Ergebnisse sind in ihren Büchern „Handbuch grüne Logistik" sowie im „Praxishandbuch grüne Automobillogistik" dokumentiert. Zudem ist sie wissenschaftliche Leiterin des Logistiklabors an der Hochschule für Technik, in dem u.a. VR-/AR-Technologien zum Einsatz kommen.
Kontakt: andrea.lochmahr@hft-stuttgart.de

Literatur

ADAC (Hrsg.) (2006). Straßenverkehrslärm (S. 6–8, 18 f.). München: Allgemeiner Deutscher Automobil-Club.
Ausschuss für Definitionen zu Handel und Distribution (2006). Katalog E (S. 46 f.). Köln: Universität Köln, Institut für Handelsforschung.
Arnold, D., u.a. (2008). Handbuch Logistik, 3. Aufl. (S. 405–408, S. 787, S. 1044). Berlin, Heidelberg: Springer.
Beilhammer, M. (12.03.2018). Stationärer Handel: Status im Vergleich zum Onlinehandel, http://www.einzelhandel-news.de/stationaerer-handel. Zugegriffen 29.10.2018
Bundesverbands Paket und Expresslogistik e.V. (Hrsg.) (2017). KEP-Studie 2017 Analyse des Marktes in Deutschland (S. 11–13, S. 16). Berlin.
Bretzke, W.R., Barkawi, K. (2012). Nachhaltige Logistik Antworten auf eine globale Herausforderung, 2. Auflage. (S. XIX). Berlin, Heidelberg.
Bretzke, W.R. (2009). Nachhaltige Logistiksysteme Anpassungsbedarfe in einer Welt überlasteter Verkehrswege, steigender Energiekosten und kontingentierter Schadstoffemissionen (S. 8). Vortrag Magdeburger Logistiktagung am 26.02.2009.
Bruhn, M., & Heinemann, G. (2013). Entwicklungsperspektiven im Handel Thesen aus der ressourcen- und beziehungsorientierten Perspektive, in: G. Crockford, F. Ritschel, & U.-M. Schmieder (Hrsg.). Handel in Theorie und Praxis Festschrift zum 60. Geburtstag von Prof. Dr. Dirk Möhlenbruch (S. 30 f.). Wiesbaden: Springer.
Buchner, N. (1999). Verpackung von Lebensmitteln Lebensmitteltechnologische, verpackungstechnische und mikrobiologische Grundlagen (S. 3, S. 29). Heidelberg: Springer.
Bundesamt für Energie BFE Sektion Mobilität (Hrsg.) (2017). Energieetikette für Personenwagen: Umweltkennwerte 2017 der Strom- und Treibstoffbereitstellung (S. 17). Bern.
Deutsches CleanTech Institut (Hrsg.) (2015). Klimafreundlich einkaufen Eine vergleichende Betrachtung von Onlinehandel und stationärem Einzelhandel (S. 32–36).
Dialego AG (Hrsg.) (2011). Studie Lebensmitteleinkauf (S. 5–10). Aachen.
Gehrckens, M., Boersma, T. (2013). Zukunftsvision Retail Hat der Handel eine Daseinsberechtigung?, in: Heinemann, G. u.a. (Hrsg.), Digitalisierung des Handels mit ePace Innovative E-Commerce-Geschäftsmodelle und digitale Zeitvorteile (S. 54). Wiesbaden: Springer.
Graf, A., Interview mit Udo Kießling (26.01.2018). Lebensmittel Online 2018: REWE Top, Lidl Flop, Amazon ok, EDEKA?, Aldi Totalausfall, in: Kassenzone, https://www.kassenzone.de/2018/01/26/lebensmittel-online-2018-rewe-top-lidl-flop-amazon-ok-edeka-aldi-totalausfall/. Zugegriffen: 03.04.2018
IFH Institut für Handelsforschung GmbH (Hrsg.) im Auftrag des Handelsverbands Deutschland HDE e. V. (2017), HANDELSREPORT LEBENSMITTEL ONLINE Fakten zum Online-Lebensmittelhandel 2017 (S. 8–121). Köln.
KPMG, Gottlieb Duttweiler Institute (Hrsg.) (2013). Die Zukunft des Einkaufens Perspektiven für den Lebensmitteleinzelhandel in Deutschland und Schweiz (S. 18 f.).
Kunkel, J., Lieferladen.de, Lebensmittellogistik im Online-Handel, Experteninterview in Stuttgart am 03.04.2018
Lochmahr, A., Boppert, J. (2014). Handbuch grüne Logistik, Hintergründe und Handlungsempfehlungen (S. 22). München: Huss.

Nagel, A. (2010). Thematische Einordnung, in: Straube, F., Nagel, A. (Hrsg.), Global Logistics Umweltschutz und Ressourceneffizienz)S. 4). Hamburg.
PwC (Hrsg.) (2017). Aufbruch auf der letzten Meile Neue Wege für die städtische Logistik (S. 14).
PwC (Hrsg.) (2018). Online-Lebensmittelhandel vor dem Durchbruch in Deutschland Bevölkerungsbefragung (S. 2–8).
Statistisches Bundesamt (Hrsg.) (2015). Eingesammelte gebrauchte Verkaufsverpackungen privater Endverbraucher 2015, https://www.destatis.de/DE/ZahlenFakten/GesamtwirtschaftUmwelt/Umwelt/ UmweltstatistischeErhebungen/Abfallwirtschaft/Tabellen/TabellenVerpackungPrivat_Verbleib.html. Zugegriffen: 09.04.2018
Statistisches Bundesamt (Hrsg.) (2019). Ausgewählte Ergebnisse aus der EVS 2013, Nahrungsmittel, https://www.destatis.de/DE/ZahlenFakten/GesellschaftStaat/Einkommen-KonsumLebensbedingungen/EVS2018/EVS2018.html. Zugegriffen: 23.04.2018
Umweltbundesamt (Hrsg.) (19.10.2017). Verpackungsabfälle, https://www.umweltbundesamt.de/ daten/ressourcen-abfall/verwertung-entsorgung-ausgewaehlter-abfallarten/verpackungsabfaelle. Zugegriffen: 11.04.2018
Umweltbundesamt (Hrsg.) (2017). Aufkommen und Verwertung von Verpackungsabfällen in Deutschland im Jahr 2015, TEXTE 106/2017 (S. 45.) Dessau-Roßlau.
Verordnung (EG) Nr. 178/2002 des Europäischen Parlaments und des Rates vom 28.01.2002 zur Festlegung der allgemeinen Grundsätze und Anforderungen des Lebensmittelrechts, zur Errichtung der Europäischen Behörde für Lebensmittelsicherheit und zur Festlegung von Verfahren zur Lebensmittelsicherheit, in: Amtsblatt der Europäischen Gemeinschaften vom 01.02.2002.
ZF Friedrichshafen AG (Hrsg.) (2016). ZF-Zukunftsstudie 2016 Die letzte Meile (S. 9–14).
§ 2 (2) LFGB, Begriffsbestimmungen, in: Bundesministerium der Justiz und für Verbraucherschutz (Hrsg.) (o.A.), https://www.gesetze-im-internet.de/lfgb/__2.html. Zugegriffen: 30.03.2018

5.4 Wie Apps Fahrradfahren zum Erlebnis machen: Förderung nachhaltiger Mobilitätsformen mittels digitaler Anwendungen

Jan Silberer, Nina Hieber und Thomas Bäumer

Abstract

Der Schutz der Umwelt kann als eine der größten Herausforderungen unserer heutigen Gesellschaft angesehen werden. Mobilität spielt hierbei eine bedeutsame Rolle. Die durch Autos verursachte Umweltverschmutzung hat dabei negative Auswirkungen auf das Wohlbefinden der Bürger. Daher braucht es zukünftig nachhaltigere Mobilitätsangebote. Gerade Sharing-Systeme könnten hier eine sinnvolle Alternative darstellen. Allerdings ist die Nutzungsbereitschaft bei den Bürgern noch recht eingeschränkt. Durch die Digitalisierung ergeben sich neue Möglichkeiten dies zu ändern. Digitale Anwendungen können dabei helfen, die Nutzerakzeptanz für solche Angebote zu erhöhen. Im Falle eines E-Bikesharing Systems ist es z.b. wichtig, eine einfache Bedienbarkeit des Systems zu gewährleisten sowie Spaß an der Nutzung des Systems zu vermitteln. In beiden Fällen kann auf digitale Anwendungen zurückgegriffen werden, wie eine Fallstudie zur User Experience einer Bikesharing App zeigt: Dabei wurden Ideen für neue Funktionen der App, die Spaß an der Nutzung des Sharing Systems erzeugen können, untersucht. Hieraus wurden Funktionen abgeleitet, von denen ein positiver Effekt auf die Nutzungsbereitschaft nachhaltiger Mobilitätssysteme und anderer Produkte sowie Dienstleistungen erhofft werden kann.

© Springer Fachmedien Wiesbaden GmbH, ein Teil von Springer Nature 2019
A. Lochmahr, P. Müller, P. Planing, T. Popović, *Digitalen Wandel gestalten*
https://doi.org/10.1007/978-3-658-24651-8_5.4

5.4.1 Hintergrund

Mobilität in Städten ist ein Thema, das schnell polarisiert, wie beispielsweise das Bahnprojekt *Stuttgart 21* (Susanka, 2018) oder die ersten Dieselfahrverbote in Hamburg (Norddeutscher Rundfunk, 2018). Derartige Projekte haben einen Einfluss auf das Leben der Einwohner einer Stadt und die ansässigen Unternehmen. Laut Small und Kazimi (1995) hängt die Anzahl von Autos je 1.000 Einwohner in einer Stadt mit dem Ausmaß der Luftverschmutzung zusammen. Die Luftverschmutzung hängt wiederum mit der Mortalitätsrate zusammen (Stieb, Judek & Burnett, 2002). In Stuttgart scheint das Problem der Luftverschmutzung besonders kritisch zu sein. Auch im Jahr 2018 hat die Stadt wieder mit hohen Feinstaubwerten zu kämpfen (Stuttgarter-Zeitung.de, 2018), wofür der Autoverkehr wesentlich mit verantwortlich ist: Hinsichtlich der Anzahl der Autos pro Einwohner weist Stuttgart mit 0,56 im Vergleich mit anderen Großstädten wie Berlin (0,34) oder München (0,48) den höchsten Wert in Deutschland auf. Allerdings gibt es in der Stadt auch 1,5 Millionen Arbeitsplätze im Automobilbau (Bundesagentur für Arbeit, 2017). Das macht die Lösungsfindung in diesem Interessenkonflikt besonders schwer für die lokal ansässigen Unternehmen. Die Daimler AG hat auf diese Problematik mit einer Umstrukturierung des Konzerns reagiert. Neben den Sparten Cars und Trucks wurde die Daimler Mobility Services AG geschaffen, welche den Kunden nachhaltigere Mobilitätsalternativen anbieten soll (Götz, 2018). Eine dieser Alternativen, ein innovatives E-Bike Sharing System, wird von Daimler TSS in Kooperation mit der Hochschule für Technik Stuttgart entwickelt (Gaspers, 2017). Per Definition kann unter Sharing die Aktivität des Erhalts, der Bereitstellung oder des Teilens des Zugangs zu Gütern oder Dienstleistungen über nutzerbasierte Online-Dienstleistungen verstanden werden (Hamari, Sjöklint & Ukkonen, 2016). Derartige Sharing Systeme könnten eine vielversprechende Option sein, um Kunden vom Auto wegzubewegen. Kunze von Bischoffshausen (2017) verweist darauf, dass besonders jüngere Menschen angeben, weniger Wert auf den Besitz von Gütern zu legen und offen für Sharing-Angebote sind. Obwohl Sharing Systeme von deutschen Konsumenten als attraktiv bezeichnet werden und sie vielen bekannt sind, werden sie noch relativ wenig genutzt (TNS Emnid, 2015). Im Projekt *i_city: Intelligente Stadt* sollen u.a. Erfolgsfaktoren und Geschäftsmodelle für E-Bikesharing Systeme untersucht werden (Gaspers, 2017). Ein besonderer Fokus liegt dabei auf einem besseren Kundenverständnis.

5.4.2 Kundenwünsche und -bedürfnisse an ein E-Bikesharing System

5.4.2.1 Ergebnisse einer Online-Befragung

Im Rahmen einer Zielgruppenanalyse wurden 436 Personen mittels Online-Fragebogen im Raum Stuttgart zur Akzeptanz gegenüber E-Bikesharing befragt. Dabei zeigte sich zum einen, dass Menschen, die häufiger Fahrrad fahren, einfacher zum E-Bike Fahren motiviert werden können. Zum anderen ergab sich, dass folgende Faktoren die Akzeptanz gegenüber einem E-Bikesharing Angebot erhöhen:
- Schnelle Zielerreichung
- Nützlichkeit für Alltagswege
- Usability des Systems
- Spaß bei der Nutzung
- Soziale Akzeptanz
- Unabhängigkeit vom Straßenverkehr und den Abfahrtszeiten des ÖPNV

Außerdem wurden zwei Zielgruppen mit unterschiedlichen Ansprüchen identifiziert: *E-Bikesharing Interessierte* und *E-Bikesharing Uninteressierte*. Folgende Faktoren motivieren besonders *Uninteressierte* E-Bikesharing auszuprobieren:
- Schnelle Zielerreichung
- Nützlichkeit für Alltagswege
- Möglichkeit körperlich fit zu bleiben
- Umweltaspekte
- Soziale Akzeptanz

E-Bikesharing Interessierte werden v.a. von folgenden Faktoren beeinflusst:
- Spaß bei der Nutzung
- Einfach bedienbare App
- Unabhängigkeit vom Straßenverkehr und den Abfahrtszeiten des ÖPNV

Es zeigt sich, dass nicht nur rationale Faktoren wie schnelle Zielerreichung für die Akzeptanz eines E-Bike Sharing Systems eine Rolle spielen. Besonders bei der Gruppe der E-Bike Sharing Interessierten sind positive Einflüsse auf die Akzeptanz von E-Bike Sharing durch emotionale Aspekte wie Spaß bei der Nutzung zu erwarten.

5.4.2.2 Akzeptanz von E-Bikesharing

Obwohl Anbieter von Sharing Systemen bereits vielen Bürgern bekannt sind, scheinen diese deren Wünsche und Bedürfnisse noch nicht ausreichend anzusprechen, um sie zur Nutzung zu motivieren. Im Fokus sollte hierbei zunächst die Gruppe der *Interessierten* liegen, da diese vermutlich leichter motiviert werden kann. Für diese Gruppe sind emotionale Aspekte (Spaß bei der Nutzung) und die Usability der zum Ausleihen notwendigen App wichtige Aspekte neben der Unabhängigkeit von Abfahrtszeiten. Da letzteres per se gegeben ist, sollen im Folgenden die beiden Aspekte der emotionalen Ansprache und Usability genauer betrachtet werden, v.a. vor dem Hintergrund, dass digitale Angebote hierbei die Attraktivität von E-Bikesharing positiv beeinflussen können.

Die *Usability* eines Produktes oder einer Dienstleistung beschreibt, in wieweit es von dessen Nutzern als effektiv, effizient und angenehm wahrgenommen wird, während es ihnen dabei hilft den Zweck zu erfüllen, zu dem es hergestellt bzw. angeboten wurde (Sarodnick & Brau, 2016). Im Falle eines E-Bikesharing Systems geht es um die Usability der App, die für das Ausleihen notwendig ist. Die Usability der App stellt die Grundlage zur Nutzerzufriedenheit dar. Laut Shih und Liu (2007) ist dies jedoch nicht hinreichend, um den Erfolg eines Produktes oder einer Dienstleistung sicherzustellen. Konsumenten müssen auch auf emotionaler Ebene angesprochen werden (vgl. Hieber, 2017). Aus theoretischer Sicht kann die emotionale Ansprache als Bestandteil der Interaktion zwischen Kunde und technischen Produkten oder Dienstleistungen im Konstrukt der User Experience verortet werden. Nach Tullis und Albert (2013) umfasst die *User Experience* die komplette Mensch-Maschine-Interaktion inklusive der daraus resultierenden Gedanken, Gefühle und Wahrnehmungen. Mit einer stark zweckgebundenen Dienstleistung, wie E-Bikesharing, kann die Ansprache von Kunden auf einer emotionalen Ebene im ersten Moment schwer umsetzbar erscheinen. Doch gerade digitale Zusatzanwendungen könnten hier neue Möglichkeiten bieten. Mit den in E-Bikes verbauten Bordcomputern und anderen Sensoren wie Fitnessarmbändern können beispielsweise über Smartphone Apps Daten aggregiert und genutzt werden. Dies ermöglicht die Entwicklung neuer Funktionen, die selbst eine normale Fahrt mit einem E-Bike von A nach B für die Kunden zu einem Erlebnis machen könnte. Zugleich stellen Smartphone Apps eine nutzerfreundliche Schnittstelle zu den Kunden dar. Die im folgenden Abschnitt dargestellte Studie beschäftigt sich mit der Ausgestaltung erster Ideen zur Umsetzung solcher Funktionen als Bestandteil einer E-Bikesharing App und deren Nutzerfreundlichkeit.

5.4.2.3 Fallstudie: Digitale Anwendungen und User Experience

In einer User Experience Studie wurde der Prototyp einer Verleih-App hinsichtlich dessen *Nutzerfreundlichkeit* und *emotionaler Ansprache* in einem iterativen Prozess untersucht. Fünf Studierende und sechs Daimler Arbeitskräfte testeten und bewerteten die App. Während die Usability bereits auf gutem Niveau war, zeigte sich Optimierungspotenzial bei der emotionalen Ansprache. Um die emotionale Ansprache zu verbessern, wurden Konzept-Ideen für zusätzliche Funktionen entwickelt und in einer Online-Umfrage an 100 Studierenden getestet. Die Konzept-Ideen wurden dabei mittels Kano-Analyse bewertet: Bei dieser Methode wird im Kern zwischen Basis-, Leistungs- und Begeisterungs-Anforderungen der Konsumenten unterschieden (Magerhans, 2005). *Basisanforderungen* sind grundlegende Bestandteile des Produkts, die vom Kunden als selbstverständlich erachtet werden. Deren Erfüllung erzeugt keine Zufriedenheit beim Kunden, fehlen sie jedoch zieht dies Unzufriedenheit nach sich. *Leistungsanforderungen* sind Funktionen, deren Erfüllungsgrad proportional mit der Zufriedenheit des Kunden zusammenhängt. *Begeisterungsanforderungen* sind Produktbestandteile, die die Kunden nicht erwarten und die sie positiv überraschen. Deren Fehlen erzeugt aber keine Unzufriedenheit. Zugleich können sie jedoch die Zufriedenheit des Kunden in einem großen Ausmaß erhöhen. Tabelle 5.6 zeigt Beispiele für Basis-, Leistungs- und Begeisterungsanforderungen, die für die untersuchte Verleih-App ermittelt wurden.

Tabelle 5.6: Ergebnisse der Kano-Analyse

Kategorie	Funktion	Beschreibung
Basisanforderung	Navigation zum nächsten E-Bike	-
Basisanforderung	Anzeige des Ladestandes	-
Leistungsanforderung	Fahrradfreundliche Route	Navigation über möglichst viele Fahrradwege
Leistungsanforderung	Sicherheitsroute	Navigation durch gut beleuchtete Orte an denen viele Menschen unterwegs sind
Begeisterungsanforderung	Personalisierte Fitnessroute	Automatische Anpassung der Tritkraftunterstützung an den Fitnesslevel und an den gewünschten Belastungsgrad
Begeisterungsanforderung	Touristenroute	Navigation zu verschiedenen Sehenswürdigkeiten in einer Stadt

Um den Einfluss, den die Umsetzung der Ideen haben könnte, grob einzuschätzen, wurde die generelle Nutzungs-Intention der Probanden für E-Bikesharing vor und nach Bewertung der neuen Funktionen abgefragt. Im Nachhinein war die Nutzungsintention gestiegen, was einen Mehrwert der vorgestellten Funktionen für das E-Bikesharing Angebot erwarten lässt. Da die Umsetzung solcher Ideen für neue Funktionen jedoch meist viel Aufwand mit sich bringt, ist es wichtig zu priorisieren. Dabei sollte der Fokus vor allem auf Funktionen mit Potenzial zur Verbesserung der emotionalen Ansprache gelegt werden.

5.4.3 Diskussion

Für die Steigerung der emotionalen Ansprache sind vermutlich insbesondere Begeisterungsanforderungen, aber teilweise auch Leistungsfaktoren von Interesse. In einer Usability-Studie konnte beispielsweise gezeigt werden, dass Funktionen mit Unterhaltungswert im ähnlichen Maße als Leistungs- sowie Begeisterungsanforderung kategorisiert wurden (Barutçu, Akgün & Utkun Dinçer Aydın, 2015).

Daraus lässt sich die Annahme für weitere Forschung ableiten, dass ein Gleichgewicht an Leistungs- und Begeisterungsanforderungen als förderlich für die emotionale Ansprache von Produkten und Dienstleistungen ist. Darüber hinaus müssen Basisanforderungen für eine ausreichende Usability gewährleistet werden. Im Rahmen vom Projekt i_city ist geplant, genau hier anzusetzen. Gerade digitale Applikationen bieten dabei die Möglichkeit, innovative Funktionen mit emotionaler Wirkung anzubieten. Somit lässt sich auch der Erlebniswert von Alltagsprodukten (wie einem Fortbewegungsmittel) steigern. Dies ist wichtig, da die rationalen Vorteile solcher Produkte und Dienstleistungen nicht immer ausreichen, um Konsumenten zu deren Nutzung zu bewegen. Dabei ist es empfehlenswert, die Nutzer so früh wie möglich in den Entwicklungsprozess gemäß des Design Thinking Ansatzes einzubinden und Funktionen zur Generierung emotionaler Ansprache zu integrieren (Curedale, 2013).

Bezogen auf die Ergebnisse aus der in Abschnitt 2.3 beschriebenen Fallstudie könnte beispielsweise die Fitnessfunktion nicht nur aufgrund der Begeisterung anfangs die emotionale Ansprache erhöhen, sondern mittelfristig die Einbindung des E-Bikesharing Systems in den Alltag der Kunden ermöglichen. Laut Neumann (2017) ist E-Bikesharing besonders für Pendler als Alternative zum Auto oder den Öffentlichen Verkehrsmitteln interessant. Zugleich wird die Möglichkeit, körperlich fit zu bleiben, in der in Abschnitt 2.1 dargestellten Online-Studie als motivierend benannt. Schafft man es dann, das Interesse der Nutzer am Sharing-System über die zusätzliche Fitnessfunktion zu wecken, ist zu erwarten, dass diese eine neue Nutzungs-Möglichkeit für Pendler aufzeigt. Somit könnten hier mehrere Bedürfnisse parallel angesprochen werden. Da Pendeln Zeit kostet, wird es Menschen geben, die es schwer finden, Zeit für sportliche Aktivitäten zu erübrigen. Mit der Funktion könnten sie dies beispielsweise auf dem Heimweg mit einem vergleichsweise geringen Zeitverlust unterbringen. Würde die App noch einen Trainingsplan vorschlagen, der auf die Bedürfnisse der Nutzer zugeschnitten ist, ist zu erwarten, dass die Dienstleistung E-Bikesharing ein fester Bestandteil im Privatleben der Konsumenten würde. Eine vollautomatische Anpassung der Motorunterstützungsstufe an den Fitnesslevel der Konsumenten hätte wegen der hiermit verbundenen technischen Raffinesse das Potenzial, auch längerfristig Begeisterung hervorzurufen. Zur Stützung dieser Annahmen werden jedoch noch einige Herausforderungen im *i_city* Projekt aufkommen. Momentan werden die Versuche im Rahmen des Forschungsvorhabens mit Studierenden durchgeführt. Ein besonders wichtiger Schritt wird es sein, die Stuttgarter Bevölkerung hierbei abzubilden, um letztendlich zuverlässige Schlussfolgerungen für die Förderung von E-Bike Sharing durch technologische Innovationen zu leisten.

5.4.4 Ausblick/Fazit

Die hier beschriebene Fallstudie zeigt, welchen Nutzen digitale Anwendungen potenziell für die Nutzungsakzeptanz gesellschaftsförderlicher Mobilitätssysteme haben, indem sie den Begeisterungsfaktor in hiermit eingebundene Produkte oder Dienstleistungen einbringen. Um digitale Anwendungen effizient in derartige Systeme zu implementieren, erfordert es jedoch neue Erkenntnisse aus der Forschung. Es ist wichtig herauszufinden, welchen Einfluss die Funktionen der digitalen Anwendungen auf die User Experience des Mobilitätssystems haben. Das heißt, es muss herausgefunden werden, auf welchen Teil der User Experience sich Funktionen, die in eine bestimmte Kategorie der Kano-Analyse eingeordnet wurden, Einfluss nehmen. Dies wird nach der Entwicklung der in Abschitt 2.3 vorgestellten Konzeptideen zu neuen Funktionen in weiteren User Experience Tests erfolgen. Das Hauptziel wird es hierbei sein, herauszufinden, welche Emotionen die Funktionen vor, während und nach der Nutzung auslösen. Hierdurch würde eine Priorisierung der Funktionen ermöglicht und die Nutzerfreundlichkeit sowie die Emotionalisierung gesellschaftsförderlicher Systeme gewährleistet werden. Wenn die Vorteile, die die Digitalisierung mit sich bringt, hierbei durchdacht genutzt werden, ist es möglich die Umwelt zu schonen ohne dabei größere Nachteile für den Konsumenten sowie für die ansässige Wirtschaft zu erzeugen.

Die AutorInnen

Jan Silberer hat einen Masterabschluss in Wirtschaftspsychologie mit einem Schwerpunkt auf Konsum- und Personalpsychologie. Er war 1,5 Jahre während seines Masterstudiums an der HFT Stuttgart als Aushilfe in der Forschung zu den Themen nachhaltiges Verhalten und nachhaltige Mobilität beschäftigt. Aktuell arbeitet er als wissenschaftlicher Mitarbeiter an der HFT Stuttgart und forscht im Projekt „i_city: Intelligente Stadt" zum Thema nachhaltige Mobilität.
Kontakt: 62sija1mwp@hft-stuttgart.de

Nina Hieber studierte im Bachelor Wirtschaftspsychologie an der HFT Stuttgart mit Schwerpunkt Marketing/ Marktforschung. Sie hat ihre Abschlussarbeit im Rahmen des Forschungsprojektes „i_city: Intelligente Stadt" zum Thema „Akzeptanz gegenüber E-Bike Sharing" geschrieben. Aktuell macht sie ihren Master in Psychologie an der Universität Ulm.
Kontakt: nina.hieber@uni-ulm.de

Prof. Dr. Thomas Bäumer ist promovierter Sozialpsychologie mit einem Schwerpunkt auf Konsum- und Entscheidungsforschung. Er hat knapp 10 Jahre lang bei der GIM Gesellschaft für Innovative Marktforschung mbH als Studienleiter gearbeitet. Seit 5 Jahren ist er Professor für (psychologische) Marktforschung im Studiengang Wirtschaftspsychologie an der HFT Stuttgart. Er forscht im Projekt „i_city: Intelligente Stadt" zum Thema nachhaltige Mobilität.
Kontakt: thomas.baeumer@hft-stuttgart.de

Hinweis: Das Projekt „i_city: Intelligente Stadt" wird vom Bundesministerium für Bildung und Forschung (BMBF) unter dem Förderkennzeichen 13FH9I011A gefördert und vom Projektträger VDI Technologiezentrum GmbH für das BMBF betreut.

Literatur

Barutçu, S., Akgün, A. & Utkun Dinçer Aydın, H. (2015). *An Analysis of M-Customer Satisfaction Drivers with Kano's Model* (Proceedings of 5th European Business Research Conference). Verfügbar unter https://wbiworldconpro.com/uploads/italy-conference-2015/marketing/1441094701.pdf. Zugriff am 04.09.2018.

Bundesagentur für Arbeit. (2017). *Arbeitsmarktmonitor. Brancheneinschätzung Stuttgart, Landeshauptstadt.*

Curedale, R. (2013). *Design thinking. Process and methods manual.* Topanga: Design Community College.

Gaspers, L. (2017). *Handlungsfeld 5: Nachhaltige Mobilität*, HFT Stuttgart. Verfügbar unter https://www.hft-stuttgart.de/Forschung/i_city/Handlungsfelder/Handlungsfeld5/de. Zugriff am 27.08.2018.

Götz, U. (2018). *Daimler zwischen Dieselskandal und künftiger Mobilität*, Deutschlandradio. Verfügbar unter https://www.deutschlandfunk.de/autoindustrie-daimler-zwischen-dieselskandal-und-kuenftiger.724.de.html?dram:article_id=425370. Zugriff am 28.08.2018.

Hamari, J., Sjöklint, M. & Ukkonen, A. (2016). The sharing economy: Why people participate in collaborative consumption. *Journal of the Association for Information Science and Technology, 67,* 20472059. https://doi.org/10.1002/asi.23552. Zugriff am 28.08.2018.

Hieber, N. (2017). *Akzeptanz gegenüber E-Bike Sharing. Eine Arbeit im Forschungsprojekt i_city in Kooperation mit der HFT Stuttgart und Daimler TSS.* Bachelor-Arbeit. Hochschule für Technik Stuttgart.

Kunze von Bischoffshausen, B. (2017). *Analyse von Bike-SharingSystemen aus Sicht der Konsumenten. Ergebnisse einer empirischen Untersuchung.* Bachelor-Arbeit. Hochschule für Technik Stuttgart.

Magerhans, A. (2005). *Kundenzufriedenheit im Electronic Commerce. Untersuchungen zur Ausprägung, zu Determinanten und zu Wirkungen der Kundenzufriedenheit im Online-Buchhandel.* Dissertation. Universität Göttingen.

Neumann, R. (2017). *Auswahl geeigneter Gebietstypen für E-Bike Sharing in Stuttgart anhand einer Kriterienuntersuchung zur Nutzung von E-Bike Sharing Systemen.* Bachelor-Arbeit. Hochschule für Technik Stuttgart.

Norddeutscher Rundfunk (Hrsg.). (2018). *Diesel-Fahrverbot. Fragen und Antworten.* Verfügbar unter https://www.ndr.de/nachrichten/hamburg/Diesel-Fahrverbot-Fragen-und-Antworten,fahrverbote120.html. Zugriff am 27.08.2018.

Sarodnick, F. & Brau, H. (2016). *Methoden der Usability Evaluation. Wissenschaftliche Grundlagen und praktische Anwendung* (3., unveränderte Auflage). Bern: Hogrefe.

Shih, Y.-H. & Liu, M. (2007). The Importance of Emotional Usability. *Journal of Educational Technology Systems, 36,* 203218. https://doi.org/10.2190/ET.36.2.h. Zugriff am 27.08.2018.

Silberer, J. (2018). *Evaluating and optimising the user-experience of a smartphone app for the e-bike sharing system of Daimler TSS using a multi-method approach in the field.* Master-Thesis. Hochschule für Technik Stuttgart.

Small, K. A. & Kazimi, C. (1995). On the Costs of Air Pollution from Motor Vehicles. *Journal of Transport Economics and Policy, 29,* 732.

Stieb, D. M., Judek, S. & Burnett, R. T. (2002). Meta-Analysis of Time-Series Studies of Air Pollution and Mortality: Effects of Gases and Particles and the Influence of Cause of Death, Age, and Season. *Journal of the Air & Waste Management Association, 52*, 470484. https://doi.org/10.1080/10473289.2002.10470794. Zugriff am 27.08.2018.

Stuttgarter-Zeitung.de (Hrsg.). (2018). *Luftreinhaltung. Stadt löst Feinstaubalarm aus.* Verfügbar unter https://www.stuttgarter-zeitung.de/inhalt.luftreinhaltung-stadt-loesterneut-feinstaubalarm-aus.ee6b1427-7c1d-4fd9-a9d2-61ee7d717cd8.html. Zugriff am 28.08.2018.

Susanka, S. (2018). *Proteste gegen Stuttgart 21. 400 mal Unverständnis und Wut,* Zweites Deutsches Fernsehen. Verfügbar unter https://www.zdf.de/nachrichten/heute/vierhundertste-montagsdemo-gegen-stuttgart-21-100.html. Zugriff am 27.08.2018.

TNS Emnid. (2015). *Sharing Economy. Die Sicht der Verbraucherinnen und Verbraucher in Deutschland.* Ergebnisbericht. Verfügbar unter https://www.vzbv.de/sites/default/files/downloads/sharing_economy-umfrage-bericht-emnid-2015-06-29.pdf. Zugriff am 27.08.2018.

Tullis, T. & Albert, B. (2013). *Measuring the user experience. Collecting, analyzing, and presenting usability metrics* (2nd ed.). Waltham, MA: Morgan Kauffmann/Elsevier.

Digitales Marketing kundenzentriert umsetzen 6.0

Dieses letzte Kapitel beschäftigt sich mit der Digitalisierung des Vertriebskanals und im Besonderen mit den damit verbundenen Auswirkungen auf die Kundenbeziehung. Die Beiträge beleuchten die Einsatzmöglichkeiten neuer Vertriebstechnologien gezielt aus der Sichtweise der potenziellen Konsumenten und ermöglichen somit eine Bewertung der Potenziale und Anwendungsszenarien. Die Digitalisierung stellt den Einzelhandel vor große Herausforderungen. Zunehmend kommen Kunden auf mehreren Endgeräten und in mehreren digitalen sowie physischen Kundenkontaktpunkten mit dem Unternehmen in Berührung. Im ersten Beitrag von Hohlbaum et al. werden die Effekte von Virtual Reality auf das wahrgenommene Risiko im Einkaufsprozess untersucht. Die Ergebnisse der Studie liefern hierbei wertvolle Erkenntnisse für die Einsatzmöglichkeiten dieser Technologie im Einzelhandel. Der zweite Beitrag von Miorin, Braun und Bäumer beschäftigt sich mit der Orchestrierung mehrkanaliger Vertriebsaktivitäten und vertieft insbesondere Anwendungsbeispiele aus dem Einzelhandel. Im nächsten Beitrag von Salomon und Müller wird untersucht wie Kommunikation optimal gestaltet werden kann um die Akzeptanz von vernetzten Haustechnik-Produkten sicherzustellen. Die Digitalisierung ermöglicht auch völlig neue Kundenkontaktprozesse. Chatbots eröffnen die Möglichkeit einer vollständig automatisierten, bilateralen Kommunikation zwischen Kunden und Unternehmen. Ob und unter welchen Bedingungen Kunden dies jedoch akzeptieren, wird im folgenden Abschnitt von Völkle und Planing in verschiedenen Einsatzszenarien untersucht. Abschließend werden hieraus Handlungsempfehlungen abgeleitet.

© Springer Fachmedien Wiesbaden GmbH, ein Teil von Springer Nature 2019
A. Lochmahr, P. Müller, P. Planing, T. Popović, *Digitalen Wandel gestalten*
https.//doi.org/10.1007/978-3-658-24651-8_6.0

Perceived Product Risk while Shopping Online: Does Virtual Reality vs. 2D Reduce Uncertainty?

6.1

Mara F. Hohlbaum, Stephanie Huber, Frank Huber,
Tanja C. Baumann, Katharina Schürmann and Madeleine Haas

Abstract

This research explores if a virtual reality (VR) vs. a 2D display of an online shop reduces the perceived product risk. Thereby the role of the sense of presence (SoP) will be analyzed and whether the evocation of the SoP can be predicted by the possibility to interact with the virtual environment as well as by the social connectivity with a friend while shopping online. The results of three empirical studies affirm the importance of a VR display to reduce uncertainties regarding the products in online shops and outline techniques how to trigger the SoP.

6.1.1 Introduction

A lack of trust has always been one of the main reasons why consumers avoid shopping online (Hoffman et al. 1999). Regarding a recent survey this confidence deficit still exists and affects the buying behavior of almost 50 percent of internet users worldwide (CIGI 2017). Specifically, missing opportunities to experience products and limited accesses to information (Forsythe and Shi 2003) lead to the fact that trust cannot be build up (Grabner-Kraeuter 2002). As a result, consumers perceive particularly among many other risks a product performance risk as part of their online shopping process (Forsythe and Shi 2003). To investigate a product in detail and thereby, to seek and process information about it, is the most widely used strategy to reduce the uncertainty and the perceived product risk. So far, online retailers have only been able to offer consumers the opportunity of discovering a new product to a limited extent. This could change now for the first time due to the technical development in the field of virtual reality (VR). VR applications enable consumers for example to individually configure different furniture in a computer-generated virtual three-dimensional environment by using touch controllers (e.g. Ikea). Furthermore, they improve test drives in the automotive sector (e.g. Audi) or they support the configuration of products in the textile industry (e.g. Nike). Goldman Sachs (2016) expects a market growth in the sector of VR technology of up to 95 billion US Dollars by 2025, due to the companies' investment in programming VR applications, because the companies anticipate a risk reduction through the possibility to experience and examine the products with the VR display. We focus on VR as a computer-generated simulation of a real-time, interactive and three-dimensional environment, which users can experience via head-mounted-displays (HMD) (Coates 1992).

Up to now, basic studies concerning the effects and benefits of a VR display are limited in the marketing sector. Examining the role of a VR compared to a 2D display in order to reduce the perceived product risk while shopping online also represents a new field of research. Therefore, we conducted three empirical studies to gain insights into the potential of this emerging technology to reduce the perceived product risk while shopping in an online shop and to make a comprehensive contribution to the literature in the field of product risk and online shopping.

Thus, our study conduces in three main ways. First, study 1 examines the differences of an online shop which is displayed in VR vs. 2D to reduce the perceived product risk accompanied by the clarification of the role of the sense of presence (SoP) for this risk reduction. Second, study 2 and 3 seek to find out if the evocation of the SoP while shopping online can be promoted with a technical (study 2) as well as a psychological component (study 3). Furthermore, we analyze whether there exist differences due to the interaction with the display type.

We begin by briefly introducing the flow theory within the context of risk-reduction processes and further relevant theoretical backgrounds of the applied constructs. Then, we subsequently present our studies and test the hypotheses by conducting a mediation analysis (study 1) and two analyses of variance (study 2 and 3). Finally, major managerial implications and further research suggestions as well as limitations will be derived.

6.1.2 Literature Review

Theoretical analyses and first research findings indicate that the feeling of a SoP is the fundamental reason for the meaningful role of a VR display (Biocca 1997; Kristoffersonet al. 2016). The SoP occurs, when users fully immerse into the computer-simulated environment (Biocca 1992; Steuer 1992) so that the imagination and perception of the VR display corresponds to the real world (Biocca 1997). Research results showed that the SoP increases information processing (Makowski et al. 2017) and positively influences the product knowledge (Yim et al. 2012).

6.1.2.1 Risk-Reduction Processes considering the Flow Theory

In order to comprehensively understand the impact of VR to reduce the uncertainty regarding the products in an online shop, we need to consider the effect of the SoP for information seeking and processing and to relate it to an essential theory: The flow theory. Similar to the SoP, the flow theory is often used to understand the consumer behavior in a computing environment (Hoffman and Novak 1996) to investigate the attitude and perception of websites (Huang 2003) or the online shopping behavior (Jiang and Benbasat 2004; Mahnke et al. 2014). Flow is described as a holistic feeling that people experience when they are fully engaged in an activity (Csikszentmihalyi 1975). In the literature, the terms flow and SoP are both used to describe an immersive experience in a computer-mediated environment, which is characterized by high involvement and attention of the user (Weibel and Wissmath 2011). Moreover, it is assumed that the SoP is a special, more intense, kind of a flow experience (Hoffman and Novak 1996). Due to this overlap, we predict that the positive effect of flow on the users' behavior, which various studies on consumer behavior in computing environment, virtual learning, and online shopping have already shown (Ozkara et al. 2017; Park et al. 2008; Shin 2006), also applies to the SoP. Furthermore, a flow state can be characterized by the four components control, focus of attention, curiosity and interest (Webster et al. 1993). Therefore, we assume

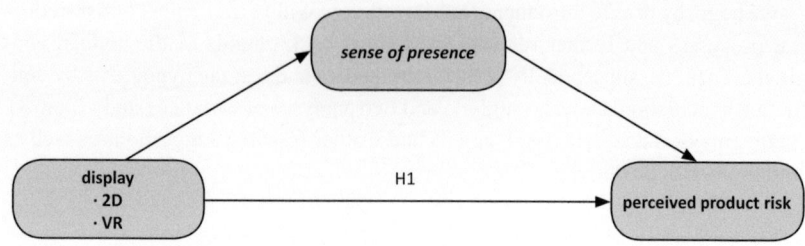

Abb. 6.1 Conceptual framework of study 1

that the consumers' flow experience is accompanied by a higher attention during the shopping process and a higher interest in testing the displayed product. Hence, we predict that the more intense the flow experience, the better the information seeking and processing (Ozkara et al. 2016), and consequently, the lower the uncertainty regarding the product. Consequently, we assume (see Figure 6.1):

- **H1:** Online shopping on a VR (vs. 2D) display will lower the perceived product risk and the SoP will mediate this effect.

6.1.2.2 Possibility to Interact

In his article about the SoP, Steuer (1992) describes that besides vividness, the possibility to interact, is one of the two main technical components that facilitates the evocation of the SoP (Yim et al. 2012). In this context the term interactivity means the ability to participate in the virtual world and to modify its content in real time (Steuer 1992). An existing research has already shown the influence of the technical interactivity to provoke the SoP (Li et al. 2002).

Furthermore, an investigation of Negash et al. (2003) indicated that the possibility to interact is of great importance for the user's satisfaction with the website. Fortin and Dholakia (2005) demonstrated in an investigation that the possibility to interact promotes the awareness and focus of the user. Moreover, further research findings revealed that the possibility to interact also encourages information processing and leads to a favorable perception of the product (Sicilia et al. 2005). Therefore, we expect that the possibility to interact is a predictor of the SoP and that it will interact with the display. Overall, we postulate (see Figure 6.2):

- **H2a:** Online shopping with the high (vs. low) possibility to interact will lead to a higher SoP.

6.1 Perceived Product Risk while Shopping Online   181

STUDY 2

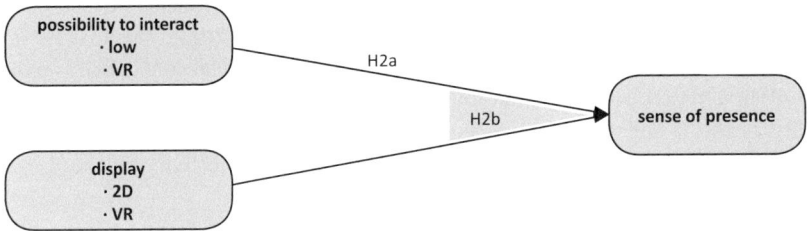

Abb. 6.2 Conceptual framework of study 2

- **H2b:** Online shopping with the high (vs. low) possibility to interact on a VR (vs. 2D) display will lead to the highest SoP.

6.1.2.3 Social Connectivity

The term herein described as "social connectivity" refers to the concept of social presence. Social presence is determined by the perceived psychological connection with other humans in a virtual environment (Algharabat et al. 2018; Kreijns et al. 2004). The relevance of social presence has already been demonstrated in empirical studies. For example, Algharabat et al. (2018) showed that social presence positively influences the consumer's brand engagement and Weibel et al. (2008) found out that the presence of a human competitor while playing a virtual online game promotes the feeling of the SoP. Based on these findings, it is described that the other human being becomes a part of the virtual world and therefore, the interaction with this person increases the SoP (Cairns et al. 2013).

STUDY 3

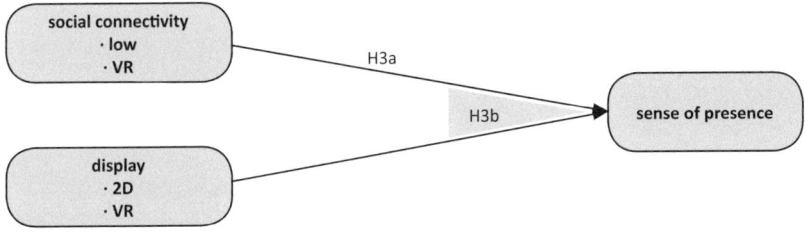

Abb. 6.3 Conceptual framework of study 3

However, there also exists the opposite view which postulates that the social connectivity is like a reminder of the real world and hence, appears as a disruption to experience the SoP in virtual surroundings (Cairns et al. 2013). Due to these inconsistent arguments, we want to clarify the influence of social connectivity on the SoP. In addition, we predict an interaction effect of social connectivity and the display on the SoP. Formally, we hypothesize (see Figure 6.3):
- **H3a:** Online shopping with high (vs. low) social connectivity will lead to a higher SoP.
- **H3b:** Online shopping with high (vs. low) social connectivity on a VR (vs. 2D) display will lead to the highest SoP.

6.1.3 Study 1

The participants (n = 101, 44.6 percent female, M_{age} = 31.9) were randomly assigned to view an online shop on a VR or 2D display of companies of the furniture and interior design industry. The experimenter instructed them to imagine that they wanted to buy a new floor covering and that they could take a deeper look on their selected floor covering in the online shop. Participants in the VR condition could move and walk in a virtual showroom whereas the 2D condition only allowed browsing selected pictures.

The results (see Figure 6.4) of a mediation analysis using PROCESS (Model 4, Hayes 2018) revealed that the participants in the VR (vs. 2D) condition experienced a significantly higher SoP ($p < .001$), which led to a lower perceived product risk ($p < .001$). The indirect path was significant on a 95 percent level which means that the higher SoP in the VR scenario, negatively affected the participants' perceived product risk. When controlling the effect of the SoP, the perceived product risk obtained a higher evaluation in the VR display condition ($p < .05$). Nevertheless, the findings support H1.

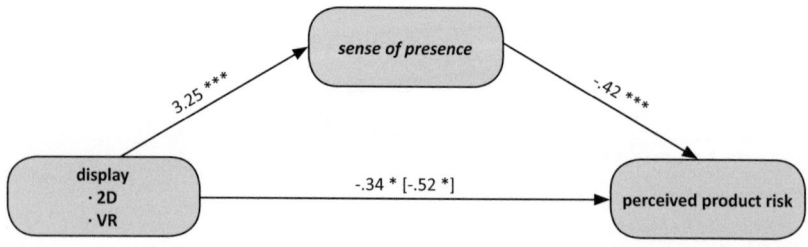

Abb. 6.4 Conceptual model of study 1 and the estimated relationships between the variables.

The coefficient in the square brackets displays the total effect. *$p < .05$. **$p < .01$. ***$p < .001$.

6.1.4 Study 2

Participants (n = 196, 52.6 percent female, $M_{age} = 31.1$) were randomly assigned to a 2 (possibility to interact: low vs. high) × 2 (display: 2D vs. VR) between-participants factorial design. To ensure the comparability with study 1 the questionnaire again focused on furniture and interior design. Both groups in the VR condition could move and walk in a virtual show room. Additionally, the respondents in the VR scenario with the high possibility to interact received two controllers, which allowed them to change the floor covering. In contrast, the probands in the VR scenario with the low possibility to interact were not given the controllers, so that they were not able to change the soil covering. The 2D condition with the high possibility to interact enabled the respondents to change the soil material in the shown online shop, whereas the participants in the 2D group with the low interactivity could only view a finished example of a specific floor covering.

An independent sample t-test for the manipulation check confirmed the effectiveness of the manipulation of the possibility to interact ($p < .001$). The participants with the high possibility to interact reported a higher perceived website interactivity ($M_{high} = 4.30$, SD = 1.90) than the participants with the low possibility to interact ($M_{low} = 3.38$, SD = 1.43).

To test the postulated hypotheses 2a and 2b, we carried out a 2 (possibility to interact) x 2 (display) Analysis of Variance (ANOVA). The findings (see Table 6.1) revealed that the predictive value of the possibility to interact for the SoP is rather weak by showing a main effect only below a significance level of 10 percent and a small effect size of .014. The results approved our assumptions and demonstrated that the participants indicated a significantly higher SoP in an online shop with the high possibility to interact ($M_{high} = 4.12$, SD = 2.02) rather than with a low possibility to interact ($M_{low} = 3.84$, SD = 2.03).

In accordance to the findings of study 1, a significant main effect of the display on the SoP was found ($p < .001$). Once again, the participants with the VR display rated the SoP higher ($M_{VR} = 5.64$, SD = 1.14) than those with the 2D display ($M_{2D} = 2.32$, SD = 1.18).

The ANOVA detected no significant two-way interaction between the possibility to interact and the type of display on the SoP. To conclude, the results support H2a and reject H2b.

Table 6.1: Results of the ANOVA of study 2

source	SoS	df	MS	F	sig.	p. eta²	obs. p.
corr. M	543.56ª	3	181.19	135.09	.000	.679	1.000
intercept	3099.81	1	3099.81	2311.21	.000	.923	1.000
possibility to interact (low vs. high)	3.74	1	3.74	2.79	.097	.014	.383
display (2D vs. VR)	538.92	1	538.92	401.82	.000	.677	1.000
possibility to interact x display	.26	1	.26	.20	.659	.001	.072
corr. Total	801.07	195					

6.1.5 Study 3

We conducted a third experiment which focused again on the furniture and interior design industry as research object to ensure the comparability with study 1 and 2. The respondents (n = 175, 59.4 percent, M_{age} = 26.8) were randomly assigned to a 2 (social connectivity: low vs. high) × 2 (display: 2D vs. VR) between-participants factorial design. To manipulate the social connectivity the respondents in the high social connectivity groups listened to a voice that made entertaining comments in order to represent the social connection with a friend while were viewing the online shop on a VR or 2D display.

An independent sample t-test on the respondents' perceived level of social connectivity provided evidence for a successful social connectivity manipulation ($p < .001$). The participants who heard the simulated voice rated the perceived social connectivity higher (M_{high} = 3.75, SD = 1.50) compared to the participants who did not hear this voice (M_{low} = 1.88, SD = 1.08).

We ran a 2 (social connectivity) x 2 (display) ANOVA to validate our assumptions. The results (see Table 6.2) affirm that a high social connectivity (M_{high} = 4.40, SD = 1.73) led to a higher rating of the SoP compared to a low social connectivity (M_{low} = 3.95, SD = 2.00). Once more, the findings confirmed that the representation on a VR (vs. 2D) display increases the SoP ($p < .001$; M_{VR} = 5.72, SD = .91 vs. M_{2D} = 2.71, SD = 1.29). Moreover, the outcomes showed a significant two-way interaction between the social connectivity and the display on the SoP ($p < .01$). Overall our postulations were supported, so that the interaction of the high social connectivity while shopping on a VR display led to the highest SoP (M_{VR} = 5.75, SD = .94). To sum up, H3a and H3b were confirmed.

Table 6.2: Results of the ANOVA of study 3

source	SoS	df	MS	F	sig.	p. eta²	obs. p.
corr. M	416.54ª	3	138.85	120.31	.000	.679	1.000
intercept	3104.43	1	3104.43	2689.93	.000	.940	1.000
social connectivity (high vs. low)	10.70	1	10.70	9.27	.003	.051	.857
display (2D vs. VR)	396.63	1	8.61	343.67	.000	.668	1.000
social connectivity x display	8.61	1	1.15	7.46	.007	.042	.775
corr. Total	613.89	174					

6.1.6 General Discussion

By conducting three empirical studies the current paper aimed to provide first insights on how a VR display can be used to reduce uncertainties concerning products in online shops and by which factors a SoP can be triggered. We showed that the flow theory may be applied to the research questions. Based on our results, we first found out that a VR display triggers the SoP more than a 2D display, which confirms the existing literature about the SoP. Surprisingly, the results demonstrated that independently of the SoP a representation in VR leads to a higher perceived product risk. This differs from previous findings about VR to reduce the perceived product risk and provides novel understandings for virtual experiences which stated that the perceived tangibility is already sufficient to reduce the perceived risk (Nepomuceno et al. 2014; Yim et al. 2012). However, Nepomuceno et al. (2014) found out in their empirical study that the effect of a mental tangibility in order to reduce the perceived risk is stronger in comparison with a merely physical tangibility. According to this insight, it might be possible that the representation of the products in VR, independently of the SoP, only lead to a physical tangibility. Therefore, we assume that the feeling of a SoP is necessary to form a mental tangibility. Hence, this outcome contributes to the research of the perceived product risk, by highlighting the special relevance of the SoP in combination of experiencing flow for information processing within the context of the risk reduction.

Building upon this, study 2 and 3 contribute to the literature of the SoP by showing that the possibility to interact as a technical component and the social connectivity as a psychological factor are predictors of the SoP. The outcomes show that the increase due to the possibility to interact does not depend on the display, but the positive influence on the SoP due to a social connectivity can be intensified through an interaction with a VR display. Hence, we contribute to the literature of social connectivity by clarifying its supportive influence for the evocation of the SoP.

However, our research is limited by the fact that in our empirical studies, we exclusively focused on the furniture and the interior design industry. Therefore, we recommend verifying the current findings by using other product categories. Furthermore, we conducted the experiments by gathering the data for the VR scenario in a lab experiment. Students of a University in Germany were randomly asked, whether they wanted to participate in the experiments. In contrast to that, the data for the 2D scenario were collected with the help of an online survey by requesting for volunteers in social networks. These different recruiting conditions could have led to side effects that we did not taken into account for the data analyses.

To sum up, the current paper provides a first insight into the effects and benefits of a VR display and the SoP for e-commerce. The analyses shed light on the efficacy of VR as a marketing tool that is able to evoke a SoP autonomously and hence, might lead to a more beneficial and less risky online shopping experience. For this reason, the usage of this technology offers extensive opportunities for all kind of industries, where real world simulations are favorable. Especially in industries, where consumers need to plan and imagine their products, such as in the context of room planning or car configuration, VR is a useful tool and should be integrated. Moreover, VR could be used to provide a preview into travel destinations in the tourism industry. Online-merchants should enable their customers to examine products in VR in their shops, whereas brick-and-mortar stores should expand and improve their local customer services by using in-store VR applications.

Based on our results, we further suggest that marketers should integrate social connectivity and the possibility to interact thus increasing the evocation of the SoP. For example, social connectivity could be implemented by a shared view of the virtual environment with a second person, e.g. a sales person or a friend. The possibility to interact could be realized by configuring of the products with touch controllers in case of a VR representation or with a mousepad, if a 2D display is utilized. The shown applications demonstrate a huge potential to use VR applications in order to reduce the perceived risk while shopping online. Nevertheless, we conclude that VR displays cannot replace a real-world shopping experience.

The authors

Mara F. Hohlbaum is a research assistant and doctoral candidate at the Chair of Marketing I of the Johannes Gutenberg University Mainz since October 2016.
Contact: hohlbaum@uni-mainz.de

Prof. Dr. Stephanie Huber is a professor at the Stuttgart University of Applied Sciences in the field of business psychology at the Faculty of Civil Engineering, Building Physics and Economics since September 2013. Since 2000, Stephanie Huber worked as a consultant and later as a senior consultant at the strategy and management consultancy 2hm & Associates GmbH in Mainz.
Contact: stephanie.huber@hft-stuttgart.de

Prof. Dr. Frank Huber holds the Chair of Marketing I at the Johannes Gutenberg-University Mainz, is Director of the Center of Market-Oriented Product and Product Management (CMPP) at Johannes Gutenberg-University Mainz and partner of the strategy and management consultancy 2hm & Associates GmbH in Mainz.
Contact: huberf@uni-mainz.de

Tanja C. Baumann is a Master candidate at the Chair of Marketing I at the Johannes Gutenberg University Mainz.
Contact: tabauman@students.uni-mainz.de

Katharina Schürmann is a Master candidate at the Chair of Marketing I at the Johannes Gutenberg University Mainz.
Contact: kathi-schuermann@web.de

Madeleine Haas is a graduate of the Master of Science in Management at the Johannes Gutenberg University Mainz.
Contact: haas.madeleine@gmail.com

References

Algharabat, R., Rana, N. P., Dwived, Y. K., Alalwan, A. A., & Qasem, Z. (2018). The effect of telepresence, social presence and involvement on consumer brand engagement. An empirical study of non-profit organizations. *Journal of Retailing and Consumer Services, 40*(January), 139–149.

Biocca, F. (1992). Virtual reality technology: A tutorial. *Journal of Communication, 42*(4), 23–50.

Biocca, F. (1997). The Cyborg's Dilemma. Progressive Embodiment in Virtual Environments. *Journal of Computer-Mediated Communication, 3*(2), 0–0.

Biocca, F., Harms, C., & Burgoon, J. K. (2003). Toward a More Robust Theory and Measure of Social Presence: Review and Suggested Criteria, *Presence: Teleoperators and Virtual Environments, 12*(5), 456–480.

Cairns, P., Cox, A. L., Day, M., Martin, H., & Perryman, T. (2013). Who but not where. The effect of social play on immersion in digital games. *International Journal of Human-Computer Studies, 71*(11), 1069–1077.

Centre for International Governance Innovation (CIGI) (2017). 2017 CIGI-Ipsos Global Survey on Internet Security and Trust. https://www.cigionline.org/internet-survey. Accessed on: 7th Sept. 2018.

Coates, G. (1992). *Program from Invisible Site—a virtual sho, a multimedia performance work presented by George Coates Performance Works*. San Francisco, CA (March).

Csikszentmihalyi, M. (1975). *Beyond boredom and anxiety*. San Francisco: Jossey-Bass.

Forsythe, S. M. & Shi, B. (2003). Consumer patronage and risk perceptions in Internet shopping. *Journal of Business Research, 56*(November), 867–875.

Fortin, D. R., & Dholakia, R. R. (2005). Interactivity and vividness effects on social presence and involvement with a web-based advertisement. *Journal of Business Research, 58*(3), 387–396.

Goldman Sachs (2016). Profiles in Innovation. http://www.goldmansachs.com/our-thinking/pages/technology-driving-innovation-folder/virtual-and-augmented-reality/report.pdf. Accessed on: 7th Sept. 2018.

Grabner-Kraeuter, S. (2002). The Role of Consumers' Trust in Online-Shopping. *Journal of Business Ethics, 39*(1), 43–50.

Hayes, A. F. (2018). *Introduction to Mediation, Moderation, and Conditional Process Analysis: A Regression-Based Approach*. New York: Guilford Press.

Hoffman, D. L., & Novak, T. P. (1996), Marketing in hypermedia computer-mediated environments: Conceptual Foundations. *Journal of Marketing, 60*(3), 50–68.

Hoffman, D. L., Novak, T. P., & Peralta, M. (1999). Building consumer trust online. *Communication of the ACM, 42*(4), 80–85.

Huang, M.-H. (2003). Designing website attributes to induce experiential encounters. *Computers in Human Behavior, 19*(4), 425–442.

Jiang, Z., & Benbasat, I. (2004). Virtual product experience: Effects of visual and functional control of products on perceived diagnosticity and flow in electronic shopping. *Journal of Management Information Systems, 21*(3), 111–147.

Kreijns, K., Kirschner, P. A., Jochems, W., & van Buuren, H. (2004). Determining sociability, social space, and social presence in (a)synchronous collaborative groups. *Cyberpsychol-*

ogy & Behavior: The Impact of the Internet, Multimedia and Virtual Reality on Behavior and Society, 7(2), 155–172.

Kristofferson, K., Daniels, M., & Morales, A. (2016). Positive Effects from Negative Virtual Experiences: How Virtual Reality Can Be Used Effectively in Marketing. In P. Moreau, S. Puntoni, Duluth (eds.), *NA – Advances in Consumer Research Volume 44*, (pp. 524–525). MN: Association for Consumer Research.

Li, H., Daugherty, T., & Biocca, F. (2002). Impact of 3-D Advertising on Product Knowledge, Brand Attitude, and Purchase Intention. The Mediating Role of Presence. *Journal of Advertising, 31*(3), 43–57.

Mahnke, R., Benlian, A., & Hess, T. (2014). Flow experience in information systems research: revisiting its conceptualization, conditions, and effects. *Proceedings of the Thirty Fifth International Conference on Information Systems, Auckland.* 1–22.

Makowski, D., Sperduti, M., Nicolas, S., & Piolino, P. (2017). "Being there" and remembering it: Presence improves memory encoding. *Consciousness and Cognition, 53*(August), 194–202.

Negash, S., Ryan, T., & Igbaria, M. (2003). Quality and effectiveness in Web-based customer support systems. *Information and Management, 40*(8), 757–768.

Ozkara, B. Y., Ozmen, M, & Kim, J. W. (2016). Exploring the relationship between information satisfaction and flow in the context of consumers' online search. *Computers in Human Behavior, 63*(October), 844–859.

Ozkara, B.Y., Ozmen, M., & Kim, J. W. (2017). Examining the effect of flow experience on online purchase. A novel approach to the flow theory based on hedonic and utilitarian value. *Journal of Retailing and Consumer Services, 37*(4), 119–131.

Park, S. R., Nah, F. F., DeWester, D., & Eschenbrenner, B. (2008). Virtual world affordances: Enhancing brand value. *Journal of Virtual Worlds Research, 1*(2), 1–18.

Sicilia, M., Ruiz, S., & Munuer, J. L. (2005). Effects of Interactivity in a Web Site: The Moderating Effect of Need for Cognition. *Journal of Advertising, 34*(3), 31–45.

Shin, N. (2006). Online learner's 'flow' experience: An empirical study. *British Journal of Educational Technology, 37*(5), 705–720.

Steuer, J. (1992). Defining virtual reality: Dimensions determining telepresence", *Journal of Communication, 42*(4), 73–93.

Webster, J., Trevino, L.J., & Ryan, L. (1993). The dimensionality and correlates of flow in human-computer interactions. *Computers in Human Behavior, 9*(4), 411–426.

Weibel, D., Wissmath, B., Habegger, S., Steiner, Y., & Groner, R. (2008). Playing online games against computer- vs. human-controlled opponents: Effects on presence, flow, and enjoyment, *Computers in Human Behavior, 24*(5), 2274–2291.

Weibel, D., & Wissmath, B. (2011). Immersion in Computer Games. The Role of Spatial Presence and Flow. *International Journal of Computer Games Technology, 28*(3), 1–14.

Yim, M. Y.-C., Cicchirillo, V. J., & Drumwright, M. E. (2012). The Impact of Stereoscopic Three-Dimensional (3-D) Advertising. *Journal of Advertising, 41*(2), 113–128.

Chancen und Herausforderungen der Digitalisierung für den Einzelhandel – Umgang mit Cross-Channel-Kunden

6.2

Sophia Anna Maria Miorin, Brigitte Braun und Thomas Bäumer

Abstract

Die Etablierung des Online-Shoppings und die voranschreitende Digitalisierung unserer Gesellschaft erfordern eine Reaktion und vielleicht auch ein Umdenken des stationären Handels. Der Einzelhandel unterlag seit jeher Veränderungen und besonders in den letzten Jahren einem starken Strukturwandel, welcher durch unterschiedlichste Faktoren ausgelöst wurde. Die Ursachen sind einerseits sich verändernde politische, wirtschaftliche und technologische Einflussfaktoren, aber andererseits auch die Konsumenten, deren Anforderungen, Bedürfnisse und Einkaufsverhalten sich stark gewandelt haben.

© Springer Fachmedien Wiesbaden GmbH, ein Teil von Springer Nature 2019
A. Lochmahr, P. Müller, P. Planing, T. Popović, *Digitalen Wandel gestalten*
https://doi.org/10.1007/978-3-658-24651-8_6.2

6.2.1 Problemstellung

Durch digitale Shopping-Angebote haben sich die Bedürfnisse und Anforderungen sowie das Kauf- und Konsumverhalten der Konsumenten gewandelt. Eine Studie des Institutes für Handelsforschung Köln nennt als einen der Hauptgründe für das geänderte Konsumverhalten Angebotslücken des stationären Handels (Eichholz-Klein, Preißner, Lerch, & Brylla, 2015). 45 Prozent der Verbraucher gaben zudem an, aufgrund zunehmender Online-Einkäufe weniger in die Innenstadt zu fahren, wobei dieser Effekt in kleineren Städten tendenziell noch größer ist (Eichholz-Klein, Preißner, Lerch, & Brylla, 2015). Doch was bedeuten die dargestellten Entwicklungen konkret für den Einzelhandel (EH)? Auf welche Veränderungen muss er reagieren? Wie kann der EH trotz des Strukturwandels und wachsender Online-Shoppingangebote seine Zielgruppen adäquat ansprechen sowie sein Angebot entsprechend ausrichten, um auch langfristig bestehen zu können? Um Antworten auf diese Fragen zu finden, wurde eine empirische Studie durchgeführt, die das Einkaufsverhalten von Konsumenten in Ludwigsburg untersucht hat. Im Fokus stand dabei eine genaueres Zielgruppenverständnis von Konsumenten bei der Wahl des Einkaufskanals. Konkret sollte in dieser Studie untersucht werden, was typische EH/Online-Handel(OH)-Käufer auszeichnet, welche Produkte bevorzugt im OH/EH gekauft werden und, welche Kaufmotive welchem Vertriebskanal (OH/EH) zugeordnet werden können. Des Weiteren wurden Status quo und Entwicklungsperspektiven von EH und OH eruiert sowie mögliche Problemfelder und Herausforderungen für den EH aufgezeigt. Auf Basis des tieferen Verständnisses seiner Kunden und ihres Einkaufsverhaltes, kann der EH gezielt (potentielle) Kunden ansprechen, seine Angebote an ihren Wünschen ausrichten sowie seine Einzigartigkeit propagieren. Im Rahmen der Studie wurden insgesamt zehn Probanden mittels qualitativer Interviews befragt, sowie zusätzlich ihr Einkaufsverhalten über einen Zeitraum von drei Wochen anhand einer App analysiert. Dabei wurde für jeden Einkauf beispielsweise der Vertriebskanal, die Produktgruppe und der Grund für die Wahl des jeweiligen Vertriebskanals erfasst. Aus den Ergebnissen wurden konkrete Handlungsoptionen für den EH abgeleitet, die notwendige Entwicklungsperspektiven, v.a. auch im Hinblick der fortschreitenden Digitalisierung, darstellen.

6.2.2 Zielgruppen von Einzelhandel und Online-Shopping: Das Phänomen Cross-Channel-Käufer

Im Zuge der fortschreitenden Digitalisierung ergeben sich für Konsumenten immer mehr Möglichkeiten, einzukaufen. Käufer sind nicht mehr gezwungen, ausschließlich nur *einen* Kaufkanal zu benutzen, sondern können sich (fast) jederzeit frei und flexibel entscheiden. Es gibt also vermehrt weniger reine EH/OH-Käufer und somit auch keine klaren Zielgruppen mehr bezüglich des Kaufkanals.

6.2.2.1 Definition Cross-Channel-Käufer

Der sogenannte Cross-Channel-Käufer ist ein Käufertyp, der sowohl stationär im EH als auch online einkauft. Laut dem Institut für Demoskopie Allensbach macht der Cross-Channel-Käufer den zweithöchsten Anteil aller Käufergruppen in der Gesamtbevölkerung aus (Köcher, 2012): Nach einem Anteil von 52 Prozent für den traditionellen Handelskäufer, folgt der Cross-Channel-Käufer mit einem Anteil von 31 Prozent. Online-Käufer können lediglich einen Anteil von elf Prozent aufweisen. Für die unter 30-Jährigen lässt sich sogar noch eine deutlichere Verschiebung erkennen. In diesem Segment sind nur noch 23 Prozent der Gruppe traditionelle Handelskäufer. Die Cross-Channel-Käufer stellen hier mit 52 Prozent die Mehrheit und auch die Online-Käufer sind mit 20 Prozent deutlich zahlreicher vertreten als in der Gesamtbevölkerung (Köcher, 2012). Auch die Ergebnisse der hier vorgestellten empirischen Studie unterstreichen die Bedeutung der Cross-Channel-Käufer: 90 Prozent aller Konsumenten in der Studie waren im Befra-

Abb. 6.5 Beispielhafte Darstellung von Produktgruppen im Offline-Bereich (eigene Darstellung)

gungszeitraum auf beiden Kaufkanälen, also stationär wie online, aktiv. Anhand dieser Ergebnisse erscheint es für den EH wichtig, vermehrt auch die Gruppe der Cross-Channel-Käufer anzusprechen. Dabei ist anzumerken, dass Cross-Channel-Käufer nicht sprunghaft sind, sondern es lässt sich anhand der Ergebnisse der hier vorgestellten empirischen Studie die Tendenz erkennen, dass sie sich gezielt bei unterschiedlichen Produktgruppen oder Motiven für einen der beiden Kaufkanäle entscheiden.

6.2.2.2 Produktgruppen der unterschiedlichen Kaufkanäle

Nicht alle Produktgruppen sind gleichermaßen gut für den Online-Vertrieb geeignet und vice versa. Je komplexer der logistische Aufwand für die Zustellung, je höher der Informationsbedarf der Kunden und je emotionaler die Beziehung zum Produkt ausgeprägt ist, desto weniger ist ein Gut für den Online-Vertrieb geeignet (Stepper, 2015; VirtualUniversity). Diese Erkenntnisse konnten auch in der hier vorgestellten empirischen Studie bestätigt werden. Es wurden einige Produktgruppen identifiziert, die überwiegend auf einem der beiden Kanäle gekauft wurden. Für den stationären Handel sprechen besonders Lebensmittel, Drogerie- sowie

Abb. 6.6 Beispielhafte Darstellung von Produktgruppen im Online-Bereich (eigene Darstellung)

Bekleidungs-/Textilartikel (s. Abb. 6.5). Online hingegen wurden am häufigsten Produkte aus dem Bereich Technik/Informationstechnologie (IT), Bücher, Gutscheine oder Konzertkarten sowie spezielle Produktartikel gekauft, die stationär nicht immer beziehungsweise nicht leicht verfügbar sind (z.b. Autoersatzteile) (s. Abb. 6.6).

6.2.2.3 Motive für die Verwendung der unterschiedlichen Kaufkanäle

Wenn Menschen einkaufen, haben sie dabei immer etwas, das sie dabei antreibt oder sie dazu verleitet, einkaufen zu gehen (Tauber, 1972; Arnold & Reynolds, 2003; Westbrook & Black, 1985; Ghosh, 1998; Wagner & Rudolph, 2010; Peck & Childers, 2003; Stone, 1954). In der hier vorgestellten Studie wurde versucht, die einzelnen Kaufmotive explizit einem Kaufkanal zuzuordnen. Die Annahme war dabei, dass je nach Kaufkanal spezifische Motive prägnant und für einen Einkauf auf dem jeweiligen Kanal ausschlaggebend sind. Beispielsweise wurde erwartet, dass ein Produkt eher im Internet gekauft wird, wenn nicht die Möglichkeit besteht, den EH aufzusuchen oder die Flexibilität des OH bevorzugt wird. Wohingegen ein Einkauf im EH dann präferiert wird, wenn man ein Produkt anfassen, anprobieren und eventuell sofort mitnehmen möchte. Auf Basis bisheriger Forschung wurden unterschiedlichste Kaufmotive für die hier vorgestellte Studie zusammengefasst und in den qualitativen Interviews sowie der Befragung via App untersucht. Die Ergebnisse bestätigen, dass es einzelne Motive gibt, die entweder für den EH oder den OH sprechen. Dem EH können eindeutig die Motive *physische Aktivität, soziale Interaktion, Social Shopping, Status und Autorität* sowie *Touch and Feel* zugeordnet werden (s. Abb. 3). Konsumenten gehen unter anderem deswegen gerne im EH einkaufen, weil sie es lieben, sich dabei mit Freunden zu treffen oder mit anderen Menschen sozial interagieren zu können. Gleichzeitig sprechen die physische Aktivität beim Einkaufen, das Gefühl als Kunde König zu sein und natürlich auch der Aspekt, dass man die Waren anfassen und begutachten kann, für einen Einkauf im EH. Für den OH spricht ganz klar das Motiv *Ungebundenheit an Öffnungszeiten* (s. Abb. 4). Es kann festgestellt werden, dass es mehr Motive gibt, die ausnahmslos auf den EH passen als andersherum auf den OH.

Zusätzlich war es für die Autoren noch interessant, herauszufinden, ob die Motive, die theoretisch für einen der beiden Kaufkanäle sprechen, auch für den tatsächlichen Einkauf auf diesem Kaufkanal ausschlaggebend sind. Die Ergebnisse der Erfassung des Shoppingverhaltens anhand der App zeigen einige Diskrepanzen zu den in den anschließenden qualitativen Interviews geäußerten Motiven. Die positi-

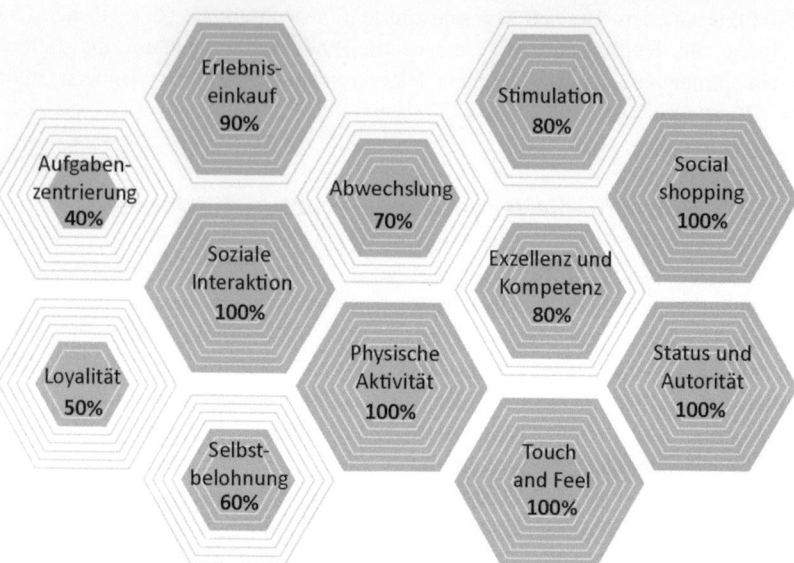

Abb. 6.7 Motive für den Offline-Kauf Ergebnisse der Interviews (eigene Darstellung)

ven Aspekte am EH, die von den Konsumenten am häufigsten in den qualitativen Interviews genannt wurden, sind nicht deckungsgleich mit den Gründen, die während des Einkaufs genannt wurden: In den Interviews wurden als häufigste Gründe unter anderem die *Möglichkeit zum Touch & Feel* der Ware sowie die *Interaktion beim Kauf* genannt (s. Abb. 6.7). Während des Einkaufs spielten diese Faktoren aber nur eine untergeordnete Rolle, wie die Dokumentation des getrackten Einkaufsverhaltens verdeutlicht. Dort war das am häufigsten genannte Motiv für den Offline-Kanal, dass es die *einzige Möglichkeit war, die Ware zu erwerben*. Außerdem war das *Bedürfnis/Notwendigkeit* für das Produkt die zweitwichtigste Triebfeder für die Konsumenten. Der EH steht in der Theorie also für die Vorzüge des Touch & Feel-Aspekts beim Kauf sowie für vielfältige Möglichkeiten einer Interaktion. Beim konkreten Einkauf spielen aber häufig eher triviale und zweckmäßige Motive eine Rolle, die nicht wirklich vom EH als Vorzug gegenüber dem OH ausgespielt werden können. Online hingegen waren die Ergebnisse der qualitativen Interviews mit denen der App-Erfassung mehr kongruent. Hier waren in beiden Fällen unter anderem ausschlaggebende Gründe, dass es *bequemer* und *schneller* ist, da man *nicht an Öffnungszeiten gebunden* ist (s. Abb. 6.8).

6.2 Chancen und Herausforderungen der Digitalisierung für den Einzelhandel 197

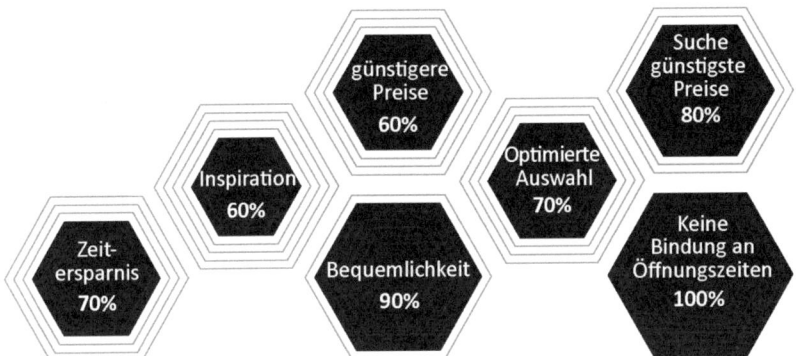

Abb. 6.8 Motive für den Online-Kauf Ergebnisse der Interviews (eigene Darstellung)

6.2.3 Der Einzelhandel der Zukunft

Die Konsumenten der empirischen Studie wurden abschließend auch zu den Entwicklungsperspektiven des EH befragt und sollten mögliche Problemfelder und Herausforderungen aufzeigen. Laut den befragten Konsumenten wird der EH auch künftig eine Rolle spielen und seine Berechtigung haben, weil Menschen soziale Wesen sind und ihnen die soziale Interaktion sowie die menschlichen Kontakte eben auch beim Einkauf wichtig sind. Allerdings greifen Online- und Offline-Kanäle beim Einkauf immer stärker ineinander was Cross-Chanel Käufern entgegenkommt und auch der EH ist gezwungen, die Digitalisierung in sein tägliches Geschäft mit zu integrieren (s. Abb. 6.9 und Kap. 4). Für viele der befragten Konsumenten wäre es beispielsweise wünschenswert, schon vor dem Einkauf online über die Warenverfügbarkeiten oder das Angebot im Laden informiert zu sein. Auch digitale Tools im Laden selber sind Aspekte, die Konsumenten beim stationären Einkauf noch mehr

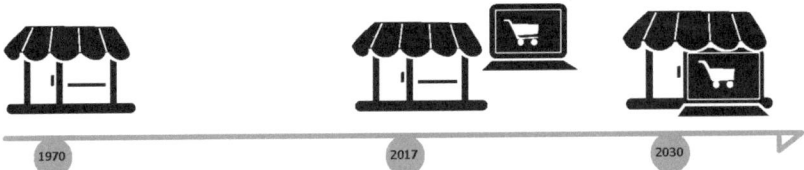

Abb. 6.9 Beispielhafte Darstellung des Einzelhandels der Zukunft (eigene Darstellung)

Freude und Erlebnis verspüren lassen. Der EH weist laut den Probanden genügend gegenüber dem OH vorteilhafte Komponenten auf, welche er dennoch mehr fokussieren und auch bewusst betonen sollte. Gleichzeitig muss es für den EH zum Standard werden, sich noch mehr an den Konsumentenwünschen und -bedürfnissen auszurichten, beispielsweise durch digitale Feedbackmöglichkeiten für Kunden. Der EH sollte dabei seine Kunden aktiv in seinen Veränderungsprozess miteinbinden.

6.2.4 Handlungsempfehlungen für den stationären Einzelhandel

Aus den Ergebnissen der vorgestellten empirischen Studie lassen sich einige zentrale Handlungsempfehlungen für den EH ableiten.

Dadurch, dass es, auch aufgrund der zunehmenden Digitalisierung, nicht mehr nur reine Handelskäufer oder Online-Shopper gibt, sondern Konsumenten als Cross-Channel-Käufer auf beiden Kanälen gleichermaßen aktiv sind, ist für den EH ein Umdenken unabdingbar. Es ist dabei für den EH wichtig, mit dem eigenen Unternehmen auch digital präsent zu sein. Das bedeutet nicht zwingend, einen eigenen Online-Shop aufzubauen, da das sehr kostenintensiv und aufwendig ist; aber es sollte mit dem Gedanken gespielt werden, eine technikunterstützte Beratung einzuführen oder durch die digitalen Medien das Sortiment zu erweitern und für die Konsumenten zu visualisieren. So ist es auch möglich, Ware, die nicht vorrätig ist, anzuschauen und gegebenfalls zu bestellen, was laut einer Studie der PricewaterhouseCoopers AG dem Wunsch von knapp 32 Prozent der deutschen Konsumenten entspricht (Bovensiepen, Bender, & Rumpff, 2016). Zusätzlich kann darüber nachgedacht werden, anstatt eines eigenen Online-Shops zumindest ein eigenes Versandsystem einzuführen. So kann im Laden vom Kunden die Haptik der Produkte beurteilt und Beratung in Anspruch genommen werden, aber gleichzeitig die Ware online bestellt und nach Hause geliefert werden. Auch sind virtuelle Anproben mittels Virtual Reality in vielen Geschäften schon häufiger zu finden (Bovensiepen et al., 2016). Natürlich muss der EH dabei immer Kosten und Nutzen gegeneinander abwägen und sich fragen, inwieweit diese Aspekte einen Mehrwert bei seiner Zielgruppe bringen.

Weiterhin ist es wichtig, dass das vordergründige Ziel der Einzelhändler nicht sein sollte nur *Waren* zu verkaufen, sondern vielmehr *Erlebnisse*. Dazu zählt auch, dass vermehrt Events geboten werden und diese mit einem Einkauf verbunden werden. Dieser sogenannte Erlebniseinkauf stellt auch ein Motiv für den EH dar (s. Abb. 6.7). Die Kunden von heute möchten verwöhnt werden und die Einzelhändler sollten sich mehr in der Rolle eines Gastgebers sehen und nicht nur als Verkäufer.

6.2 Chancen und Herausforderungen der Digitalisierung für den Einzelhandel

Auch die oben beschriebenen digitalen Tools können dazu beitragen, den Einkauf im stationären EH zu einem richtigen Erlebnis zu machen. Durch diese neuen Services ergeben sich für den Einzelhandel viel mehr Möglichkeiten, die Kunden personalisiert anzusprechen und zu beraten.

Der EH kann durch die digitale Präsenz ebenso das Informationsverhalten der Kunden vor dem Einkauf unterstützen. Diese möchten sich zunehmend vor dem Einkauf im EH über Angebote oder Warenverfügbarkeiten sowie über die jeweilige Stadt informieren. Dafür sind auch gemeinschaftliche Plattformen der Einzelhändler bzw. eine Kooperation untereinander geeignet. Auch das Stadtmarketing kann es sich zur Aufgabe machen, die Individualität des Einzelhandels am jeweiligen Standort zu bewerben, denn der EH macht die Stadt zu etwas Besonderem und grenzt sie von anderen Städten ab (Kraus, 2018). Laut der PricewaterhouseCoopers AG recherchieren 64 Prozent der deutschen Konsumenten online vor ihrem Kauf im Laden (Bovensiepen et al., 2016). Das bestätigten auch die Ergebnisse der hier vorgestellten empirischen Studie.

Was der EH selbst noch tun kann, ist, seine Stärken auszuspielen, die er gegenüber dem OH bietet und diese bewusst zu bewerben. Dazu zählen vor allem die

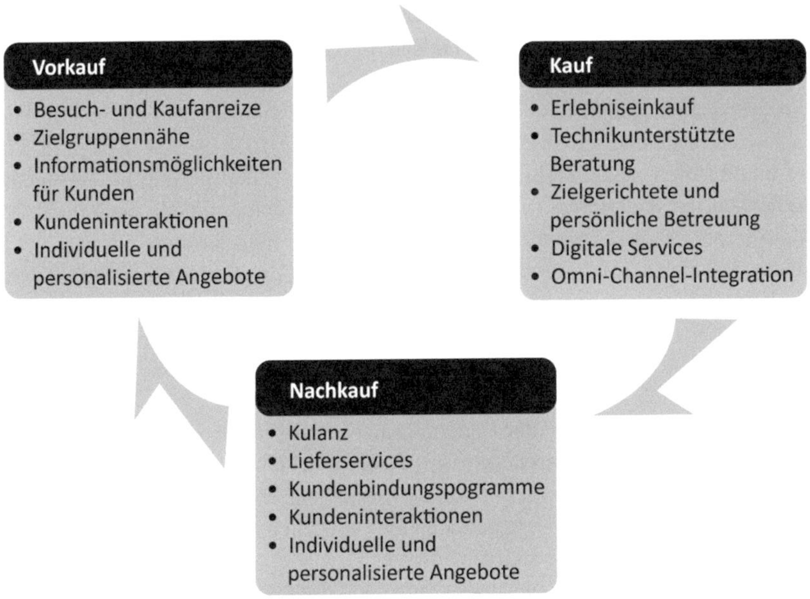

Vorkauf
- Besuch- und Kaufanreize
- Zielgruppennähe
- Informationsmöglichkeiten für Kunden
- Kundeninteraktionen
- Individuelle und personalisierte Angebote

Kauf
- Erlebniseinkauf
- Technikunterstützte Beratung
- Zielgerichtete und persönliche Betreuung
- Digitale Services
- Omni-Channel-Integration

Nachkauf
- Kulanz
- Lieferservices
- Kundenbindungsprogramme
- Kundeninteraktionen
- Individuelle und personalisierte Angebote

Abb. 6.10 Beispielhafte Darstellung einer neuen Customer Journey (eigene Darstellung)

persönliche Beratung, die interaktive Komponente, der Touch & Feel-Aspekt und die Möglichkeit, die Kunden zu verwöhnen und ihnen Erlebnisse zu bieten. Der EH muss es schaffen, dass die Konsumenten nicht nur aus trivialen und zweckmäßigen Motiven, wie beispielsweise dem sofortigen Bedürfnis nach einem Produkt, bei ihm einkaufen. Das Ziel sollte es sein, dass die Käufer bewusst wegen der oben genannten Aspekte den EH aufsuchen.

Außerdem muss der EH in den einzelnen Kaufphasen seine Stärken ausspielen, um den Kunden Vorteile zu bieten und diese an ihn zu binden (s. Abb. 6.10). Dazu zählt, dass er in der Vorkaufsphase Besuch- und Kaufanreize schafft. Dies kann beispielsweise dadurch geschehen, dass sich die Kunden vorab über Angebote und Warenverfügbarkeiten informieren können sowie die Kontaktbarrieren gesenkt und Kundeninteraktionen via Webseite, soziale Medien oder E-Mail zugelassen werden. Die Kaufphase kann dann durch den Erlebniseinkauf, die technikunterstützte Beratung oder digitale Geräte, wie oben bereits beschrieben, unterstützt werden. In der Nachkaufphase können durch eine ausgedehnte Kulanz, individuelle Gutschein-Aktionen oder angebotene Lieferservices den Kunden Anreize für einen Einkauf im EH geschaffen werden. Bereits heute existieren in der Praxis viele Positivbeispiele, die die Customer Journey sowie das Einkaufserlebnis revolutionieren. Beispielsweise bietet die Modekette Outfittery ihren Kunden persönliche Beratung via WhatsApp (Outfittery, 2015). Ikea nutzt Augmented Reality, um die Kunden via App sehen zu lassen, wie die Möbel in den eigenen vier Räumen aussehen würden (Lichtmann, 2017). Ein Positivbeispiel für die Nachkaufphase ist SportScheck, welcher den Kunden nach dem Einkauf Gutschein-Aktionen oder individuelle Angebote auf das Smartphone zuschickt (Schutzmann, 2015).

Es gibt zwar schon viele Einzelhändler, die die Digitalisierung in das eigene Ladenkonzept integrieren, dennoch ist dies zum jetzigen Zeitpunkt noch nicht die Norm. Laut Norbert Hillinger, einem Trendforscher, liegt das zum Großteil auch daran, dass sich die Vorteile nicht immer direkt an den Umsätzen festmachen lassen, sondern viel mehr an indirekten Faktoren, wie beispielsweise dem Wohlfühlfaktor eines Kunden (DMS, 2016). Jedoch wird es auch in Zukunft wichtig sein, dass sich die Einzelhändler bewusstmachen, dass sie aktiv werden müssen. Viele der Einflussfaktoren, die auf den EH einwirken, sind zwar politisch oder wirtschaftlich bedingt und liegen nicht in der Handlungsmacht des Einzelhandels. Dennoch gibt es einige Schraubstellen, an denen der EH bewusst selbst ansetzen kann. In einer Gesellschaft wie der unseren, die von Dynamik und schnelllebigen Prozessen geprägt ist, kann sich keine Unternehmung nur hinstellen und abwarten. Es wird für den EH genau wie für jede andere Unternehmung wichtig sein, sich permanent zu verbessern, kontinuierlich neu auszurichten und mit der voranschreitenden Digitalisierung umzugehen. Dies kann nur durch konstantes Einholen von Feedback der

Konsumenten geschehen. Die kundengetriebenen Entwicklungen sind, wie oben erwähnt, der wichtigste Erfolgsfaktor für den EH, da nur die Konsumenten sein Überleben sichern können. Zieht er diese aktiv in seinen Wandlungsprozess mit ein und gibt ihnen das Gefühl, gehört zu werden und wichtig zu sein, werden auch die Konsumenten (weiterhin) ein Bindungs- und Verantwortungsgefühl entwickeln.

6.2.5 Fazit

Der OH ist für den EH gleichermaßen Konkurrent wie Synergist. Der Online-Kanal und auch der Einsatz von einkaufsunterstützenden, digitalen Medien ermöglichen dem EH, zusätzlich Abätze zu generieren sowie Konsumenten anzusprechen, die er bisher auf den herkömmlichen Vertriebswegen noch nicht erreicht hat. Weiterhin hat sich aufgrund des Einflusses der digitalen Medien das Kauf- und Konsumverhalten stark gewandelt. Dadurch, dass es überwiegend Konsumenten gibt, die auf beiden Kanälen einkaufen, geht der EH durch ein Multi-Channel-Angebot auf deren Bedürfnisse und Anforderungen ein. Die hier vorgestellte Studie hat gezeigt, dass eine permanente Anpassung und Neuausrichtung auf die Bedürfnisse und Anforderungen der Konsumenten den Überlebensfaktor für den EH darstellen und diesen befähigen, sich für die Zukunft zu qualifizieren. Der EH ist also gezwungen, sich mit der Digitalisierung auseinanderzusetzen, aber auch, seine Stärken und Vorzüge beizubehalten, vermehrt zu bewerben sowie stellenweise noch weiter auszubauen.

Die AutorInnen

Sophia Anna Maria Miorin, geboren am 20.09.1995 in Memmingen, studiert Wirtschaftspsychologie an der Hochschule für Technik in Stuttgart. Die Themen Digitalisierung und das Überleben des Einzelhandels finden bei ihr großes Interesse. In ihrer Bachelorarbeit „Attraktivität des Einzelhandels in der Innenstadt: eine Befragung unterschiedlicher Zielgruppen im Raum Ludwigsburg" befasste sie sich deshalb damit, wie die Zielgruppenstruktur des Einzelhandels aussieht und wie dieser seine Einzigartigkeit propagieren kann.
Kontakt: sophia.miorin@outlook.de

Brigitte Braun studierte Industrie Design und gründete 2008 das Unternehmen FORMENformen. Ihre Schwerpunkte sind Marken- und Unternehmensstrategie sowie Trendanalysen. FORMENformen begleitet Unternehmen bei Fragestellungen zur Digitalisierung, Innovationsmanagement und Kommunikationsstrategie und sieht sich als eine Schnittstelle zwischen Forschung und Unternehmen.
Kontakt: b.braun@formenformen.com

Prof. Dr. Thomas Bäumer ist promovierter Sozialpsychologe mit einem Schwerpunkt auf Konsum- und Entscheidungsforschung. Er hat knapp 10 Jahre lang bei der GIM Gesellschaft für Innovative Marktforschung mbH als Studienleiter gearbeitet. Seit 5 Jahren ist er Professor für (psychologische) Marktforschung im Studiengang Wirtschaftspsychologie an der HFT Stuttgart. Gemeinsam mit Brigitte Braun von FORMENformen forscht er seit einigen Jahren zur Zukunft des Einzelhandels und der Innenstädte.
Kontakt: thomas.baeumer@hft-stuttgart.de

Literatur

Arnold, M. J. & Reynolds, K. E. (2003). Hedonic shopping motivations. *Journal of Retailing, 79* (2), 77–95.

Bovensiepen, G., Bender, S., & Rumpff, S. (2016). *Store 4.0 Zukunft des stationären Handels*. PWC. Zugriff am 14.10.2018. Verfügbar unter https://www.pwc.ch/de/publications/2017/store-4.0-zukunft-des-stationaeren-handels-pwc-1.pdf

DMS (2016). *Smart Shopping Digitale Medien im Retail*. Zugriff am 14.10.2018. Verfügbar unter http://www.digitale-medien.at/wp-content/uploads/2016/11/160621_DMS_WhitePaper.pdf

Eichholz-Klein, S., Preißner, M., Lerch, C., & Brylla, T. (2015). *Stadt, Land, Handel 2020: Auswirkungen der Digitalisierung auf Handel, Verbraucher, Städte und Regionen*.

Ghosh, S. (1998). Marketing business sense of the internet. *Harvard Business Review, March-April*, 127–135.

Köcher, R. (2012). *Handel 3.0: Dynamische Veränderungen des Handels* (ACTA 2012). Allensbach: Institut für Demoskopie. Zugriff am 24.08.2018. Verfügbar unter https://www.ifd-allensbach.de/fileadmin/ACTA/ACTA_Praesentationen/2012/ACTA2012_Koecher.pdf

Kraus, K. (2018). *Die Attraktivität mittelgroßer Innenstädte für Konsumenten: Erstellung eines Scoring-Modells*. Master-Thesis. Hochschule für Technik, Stuttgart.

Lichtmann, E. (2017). *Wie Ikea mit Augmented Reality (AR) mehr Möbel online verkaufen will*. Zugriff am 14.10.2018. Verfügbar unter https://www.mds.eu/produktvisualisierung/blog/ikea-augmented-reality-anwendung

Miorin, S. A. M. (2017). *Attraktivität des Einzelhandels in der Innenstadt. Eine Befragung unterschiedlicher Zielgruppen im Raum Ludwigsburg*. Bachelor-Arbeit. Hochschule für Technik Stuttgart, Stuttgart.

Outfittery. (2015). *Via WhatsApp zum perfekten Style*. Zugriff am 14.10.2018. Verfügbar unter https://www.outfittery.de/approved/1_website/press/press-releases/de/150818-outfittery_via-whatsapp-zum-perfekten-style_messenger-shopping_neu.pdf

Peck, J. & Childers, T. L. (2003). Individual Differences in Haptic Information Processing. The "Need for Touch" Scale. *Journal of Consumer Research, 30* (3), 430442.

Schutzmann, I. (2015). *Beacons bei Sport Scheck – internetworld.de*. Zugriff am 14.10.2018. Verfügabr unter https://www.internetworld.de/technik/beacon/beacons-sport-scheck-957798.html

Stepper, M. (2015). *Einkaufsstandort Innenstadt. Qualifizierung innerstädtischer Einzelhandelslagen vor dem Hintergrund des zunehmenden Online-Shopping*. Vom Fachbereich Raum-_und Umweltplanung der Technischen Universität Kaiserslautern zur Verleihung des akademischen Grades Dok-tor-Ingenieur (Dr.-Ing.) genehmigte Dissertation.

Stone, G. P. (1954). City Shoppers and Urban Identification. Observations on the Social Psychology of City Life. *American Journal of Sociology, 60* (1), 36–45. https://doi.org/10.1086/221483

VirtualUniversity, W.-S. I. G. (Hrsg.). *Eignung von Produkten für den Online Vertrieb*. Zugriff am 24.08.2018. Verfügbar unter http://www.virtualuniversity.ch/management/e-business/24.html

Tauber, E. M. (1972). Why Do People Shop? *Journal of Marketing, 36* (4), 46–49.

Wagner, T. & Rudolph, T. (2010). Towards a hierarchical theory of shopping motivation. *Journal of Retailing and Consumer Services, 17* (5), 415–429.

Westbrook, R. A. & Black, W. C. (1985). A Motivation-Based Shopper Typology. *Journal of Retailing, 61* (1), 78–103.

Success Factors for the Acceptance of Smart Home Technology Concepts
6.3

Gabriela Salomon and Patrick Müller

Abstract

Digitalization changes consumer markets rapidly. There is an increasing focus on technological innovations as well as concepts that improve daily routines and offer support for self-determined living. Various technology companies have recognized this need and developed different types of hard- and software products, so-called Smart Home (SH) technology. In Germany, the SH technology market is still in its infancy. To increase market success, there is a need to understand which factors influence the acceptance of those products. In this study, the acceptance of different SH concepts was examined, using the framework of the Unified Theory of Acceptance and Use of Technology (UTAUT). In a field experiment with 496 participants, acceptance models for two different SH concepts were assessed. The results of the empirical study suggest that the UTAUT is a valid framework for modelling the acceptance of SH technology. Overall success factors for the acceptance are Performance Expectancy, Effort Expectancy, Social Influence, and Facilitating Conditions. While there was no difference in the overall structure of the UTAUT models for the different SH concepts, distinct strengths emerged. Theoretical as well as practical implications of these findings for the marketing of SH products are discussed.

© Springer Fachmedien Wiesbaden GmbH, ein Teil von Springer Nature 2019
A. Lochmahr, P. Müller, P. Planing, T. Popović, *Digitalen Wandel gestalten*
https://doi.org/10.1007/978-3-658-24651-8_6.3

6.3.1 Introduction

In the age of digitalization, the interests and needs of consumers are changing and a completely new category of technological innovations has emerged. Physical products are combined with digital or virtual components of the internet (Yoo et al. 2010). There is also an increased focus on technological innovations that improve daily routines and offer support in self-determined living situations (Kazanli 2016). Various technology companies have recognized this need and developed different concepts of hard- and software products, the so-called SH technology. This technology collects and uses data to improve the living experience by automating daily processes, supporting private energy management and automatically adapting to environmental conditions (Birchley et al. 2017). However, in Germany the SH technology market is still in its infancy. The majority of current SH users have only recently acquired the technology and most consumers are generally interested but still sceptical about it (Splendid Research 2017). Survey results from 2017 show that 68 percent of men and 59 percent of women are interested in SH technology and its usage in general, however, only 36 percent currently use SH products (Splendid Research 2017). This implies there may be a lack of acceptance. As the acceptance of the target group is understood as the intention to buy a product, it is necessary to understand the critical factors which influence it (Halaszovich 2011). Unfortunately, up to now there is a lack of studies on the acceptance of SH technology.

Research Objectives
The main objective of this research is to develop and empirically validate a psychological model to explain the acceptance of SH technology. For this purpose, a suitable framework for the assessment of acceptance, the UTAUT (Venkatesh et al. 2003), is used and adapted to SH technology. A second research objective is to compare the implemented acceptance model for two different SH concepts and derive individual success factors.

6.3.2 SH Technology Concepts

The term SH describes a category of technological innovations that are designed to improve the adaption of the living environment to the user's individual needs (Abicht et al. 2010). SH technology products are technical devices that collect and react to a certain type of internal and external data of the living environment, for example the temperature of a room (Verbraucherzentrale Rheinland-Pfalz 2016). To combine several SH products to a system that is able to coordinate different types of stimuli and automates various processes it is necessary to have a control unit (Birchley et al. 2017). The control unit is only used as the basis for data management and does not actively interfere with the living environment itself. The SH products collect the data and send it directly to the control unit which then initiates certain reactions to certain stimuli. However, there are different types of control units and differences in how SH products can be combined to create an interacting SH system. On the German market there are currently two main SH technology concepts.

The first concept is a *single-brand solution*. Although most control units have the technical possibility to integrate different types and brands of SH products into the system, some manufacturers offer a holistic SH system with control unit and various SH devices from their own brand (Schiller 2018). They assume that customer would like to buy a system, that offers the benefit of compatibility, data security, and a good customer service rather than integrating other brands' products into the system. However, this usually means a higher entry price and a limited variety of products.

The second concept is a *standalone open source solution*. As a SH control unit usually is able to integrate different product brands, other manufacturers only offer an open source control unit. They do not offer any compatible SH products and leave the decision about the composition to the customer. This opens up an infinite number of possibilities for the customers to individually assemble their own system from different brands. Currently, the most popular example for this concept are Smart Speakers as control units. They not only function as a base for the data management but also offer additional benefits like controlling the SH system via voice commands (Schiller 2018). Due to the fact that the price is lower compared to a single-brand solution, additional services often have to be paid separately.

6.3.3 Technology Acceptance

The success of a technical innovation, among other things, depends on customers' acceptance. Rogers (1983) reports that people have their own experiences, problems, and needs that influence the degree to which they want to use an innovation. In addition, they are influenced by their social environment. Different researchers found different approaches on how to measure the acceptance of technology. Venkatesh and colleagues (2003) developed the UTAUT to create a unified view on this topic.

The model attempts to predict both Behavioral Intention (BI) and Use Behavior (UB) (cf. Figure 6.11). They are explained by Performance Expectancy (PE), Effort

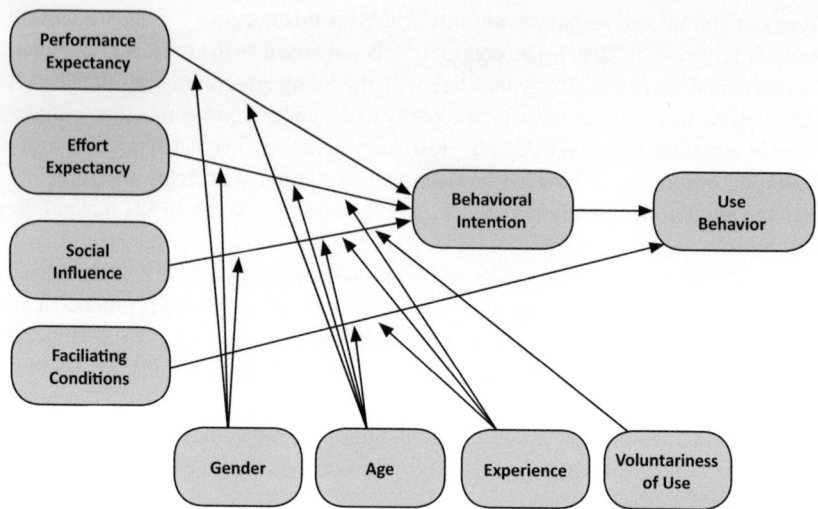

Abb. 6.11 Unified Theory of Acceptance and Use of Technology, Venkatesh et al. (2003)

Expectancy (EE), and Social Influence (SI), which have a direct impact on Behavioral Intention. Facilitating Conditions (FC) have a direct impact on the Use Behavior. All constructs will be described in detail in the next paragraph. Four variables (gender, age, experience, and voluntariness) are assumed to moderate these relationships.

The UTAUT helps to understand success factors and creates the opportunity to react proactively, for example with a tailored marketing strategy. It is also possible to differentiate strategies for certain target groups (Venkatesh et al. 2003). The model has been adopted to various types of technologies, for instance e-banking (Ghalandari 2012). However, to the authors knowledge no empirical study has been conducted on the acceptance of SH technology so far.

6.3.4 Methodology

In order to use the UTAUT-model for SH technology, the construct measurement needs to be adapted, since the UTAUT was originally developed for a different type of technology.

The *Performance Expectancy (PE)* refers to the users' expectation that the technology would improve their own professional performance (Venkatesh et al.

6.3 Success Factors for the Acceptance of Smart Home Technology Concepts

2003). Transferred to SH technology, examples for this performance are the current state of perceived comfort, experienced entertainment, perceived safety, or frequent energy costs. Performance Expectancy therefore can be defined as the expected amount a certain component of the current living situation will improve by using SH technology. To measure this construct, five items were developed based on the original UTAUT questionnaire (Venkatesh et al. 2003). On a four-point Likert scale, ranking from 1 "strongly disagree" to 4 "strongly agree", people ranked their agreement on saving time and money, reaching more comfort, feeling more secure, living eco-friendlier, and making life easier by using SH technology. *Effort Expectancy (EE)* measures the expectation of the effort and input associated with using the new technology ((Venkatesh et al. 2003). Therefore, in this study the effort is defined as the invested installation time, understanding how to use it or installing updates, and the money invested for setup and maintenance. On a four-point Likert scale, ranking from 1 "strongly disagree" to 4 "strongly agree", people ranked their agreement to the eight different statements. *Social Influence (SI)* is defined as the extent to which a person thinks their social environment wants them to use the technology (Venkatesh et al. 2003). Eight different statements were formulated and the respondents were asked to decide whether the answer is applicable or not. *Facilitating Conditions (FC)* measures the degree to which a person thinks the necessary framework to use the technology exists (Venkatesh et al. 2003). For SH technology that means, respondents believe they have the necessary technological requirements for the usage and the abilities for the installation. *Behavioral Intention (BI)* is described as the intention to use a technology (Venkatesh et al. 2003). In this survey, it is defined as the willingness to use or to buy SH technology. In this study, *Use Behavior (UB)* indicates if someone already uses SH technology or not. The survey respondents are asked whether different SH products are present in the household or not. *Voluntariness of Use (VoU)* functions as a moderator on the effect of Social Influence on Behavioral Intention. In the current study, it is defined as the degree to which someone is willing to live in an environment where SH technology already exists.

Based on the developed constructs and derived items, a questionnaire was created. It consisted of thirteen modules and was formulated in German. Two different versions of the questionnaire were designed. Before answering the questions outlined above, which were the same in both questionnaires, participants were either introduced to the *Single-Brand SH (group A)* concept or to the *Standalone Open Source SH (group B)* concept. Both groups were asked to fill out the questionnaire with this specific SH solution in mind.

The data collection was done in an online survey with the aim of reaching a broad spectrum of respondents. After the exclusion of incomplete responses, a final sample size of 496 participants was deemed suitable for analysis.

6.3.5 Results

The majority of the respondents were female (n=344, 69.4 percent), between the age of 15 and 25 (n= 287, 57.6 percent) and students (n=298, 60.1 percent). In total, 276 respondents (55.6 percent) were allocated to group A and 220 (44.4 percent) to group B. Most people have a high school (n= 209, 42.1percent) or university degree (n=201, 40.5 percent). The sample included 135 (27.3 percent) homeowners and 391 (78.8 percent) participants not living alone.

The UTAUT-model was analyzed using the partial least square structural equation approach (PLS-SEM, cf. Hair et al. 2014) in the statistical software package SmartPLS. PLS-SEM models can be evaluated based on four criteria: construct reliability, discriminant validity, size and significance of the path coefficients, and predictive validity (cf. Hulland 1999).

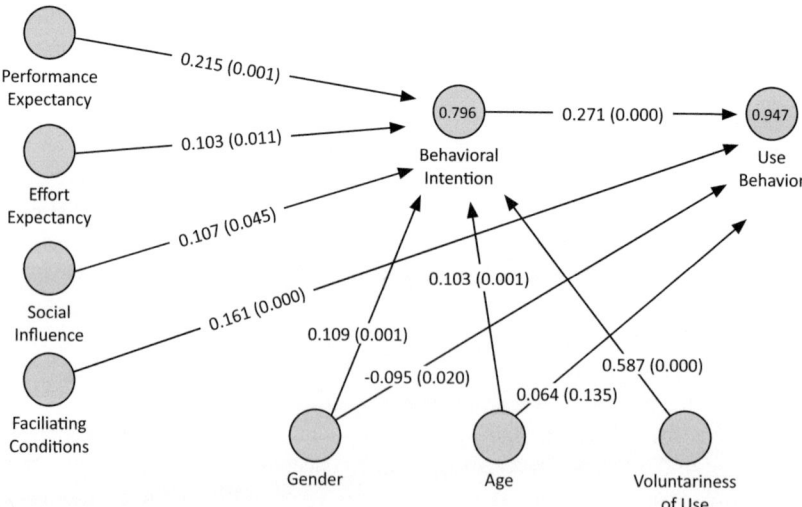

Abb. 6.12 Path model of the UTAUT-model for the acceptance of SH technology with the path coefficients, the p-values (in parentheses), and R^2 (for endogenous variables) visualized in SmartPLS.

6.3 Success Factors for the Acceptance of Smart Home Technology Concepts

With regard to construct reliability, the calculated Cronbach's Alphas for PE (0.81), EE (0.70), FC (0.84), BI (0.89), and VoU (0.87) were above 0.7 and therefore the constructs are sufficiently consistent (Nunnally and Bernstein 1994). UB (0.65) and SI (0.52) did not fully reach a good value. According to Nunally and Bernstein (1994), composite reliability values between 0.6 and 0.7 are acceptable for exploratory research. Of the 40 developed items 27 have an outer loading of less than 0.7 and 12 items even less than 0.4. Especially all items of UB have an outer loading less than 0.7. The Average Variance Extracted (AVE) of BI (0.809) and VoU (0.710) are above the required minimum, while EE (0.199), FC (0.466), PE (0.481), SI (0.165) and UB (0.230) are below.

The discriminant validities of PE, FC, BI, VoU, and UB are good. For EE only 6 of the 9 items and for SI 5 of 6 items load highest on the corresponding construct, and their discriminant validity therefore is considered to be weak.

With regard to the size and significance of the path coefficients, the following pattern was found: PE (pc=0.215, t=3.415, p<0.001), EE (pc=0.103, t=2.579, p<0.01) and SI (pc=0.107, t=1.999, p<0.05) have a significant effect on BI. FC (pc=0.161, t=3.314, p<0.001) and BI (pc=0.271, t=5.6, p<0.001) have a significant effect on UB. Also, Gender (pc=0.109, t=2.459, p<0.001), Age (pc=0.103, t=3.452, p<0.001), VoU (pc=0.587, t=0.068, p<0.001) and SHN (pc=-0.095, t=3.066, p<0.001) have a significant effect on BI. The outer loadings and their t-values and p-values are also mostly highly significant. The path model with the path coefficients and the p-values is shown in Figure 6.12. According to the calculated VIF values, which are all less than 5, multicollinearity is not causing problems and the formative measurement model is considered very good.

The explained variance (R^2) for BI is 0.796 and for UB is 0.947 (both calculated with the Consistent PLS Algorithm, see Hair et al. 2016). BI (0.567) and UB (0.195) have both a Q^2 value greater than 0. Therefore, according to Esposito Vinzi and colleagues (2010) the predictive relevance of the model for those two constructs is therefore given.

Differences between the models for both SH concepts

To test if there are differences in the UTAUT-models of the two SH concepts (groups A and B) separate PLS-SEM models were calculated and compared in a multi-group analysis. No significant differences in the path coefficients, indirect effects, or total effects of the independent variables on the depended variables for the two compared groups (A and B) were found. Also, the outer loadings were not significantly different. Therefore, the model depicted in Figure 2 can be seen as valid for both concepts.

In order to assess, whether the two groups (A and B) differ with regard to the absolute value of each of the constructs, t-tests were calculated for each construct composite. There was a significant difference (t(494)=3.50, p=0.001) in the scores of PE for A (M=2.72, SD=0.589) and B (M=2.52, SD=0.658). The scores of FC are also significantly different (t(494)=-2.75, p=0.06) for A (M=2.21, SD=0.634) and B (M=2.38, SD=0.682). Additionally, the difference in the means of VoU are also significant (t(494)=2.26, p=0.025) for A (M=2.97, SD=0.807) and B (M=2.80, SD=0.850). There are no significant differences in the scores for EE, SI, BI, and UB.

6.3.6 Discussion

The results of the study show a very good fit of the application of the UTAUT model on SH technology. All the path coefficients are highly significant and almost 95 percent of the variance of Use Behavior is explained by the developed model. Therefore, the structural model of the implemented UTAUT can be rated as very good. In contrast to this, weaknesses in the measurement model of the exogenous latent variables are found. The manifest variables' outer loadings are lower than the recommended value and they also do not explain enough variance of the latent constructs. Therefore, the measurement model is rated as weak.

All components of the developed SEM were calculated separately for the two SH concepts and compared in a multi-group analysis. The results of the empirical comparison show no significant differences. Hence, it is possible to derive mutual success factors for the acceptance for both SH technology concepts.

The first of these identified common success factors is the Performance Expectancy. The more people expect to save time and money and to increase security, the more they tend to use SH technology. The second factor is Effort Expectancy. It means, that if people do not expect SH technology to be complicated, expensive, and hard to get, it is more likely they want to use it.

Consumers' intention to use SH technology is also influenced by the positive or negative opinion of their social environment (Social Influence). Besides the intention to use SH technology, another success factor that has a positive effect on the actual Use Behavior is the expectation of people to have the necessary requirements or support to use SH technology (Facilitating Conditions). They are more likely to actually use SH technology if they feel technically and personally prepared for it.

The comparison of the concepts shows that respondents have significantly higher expectations regarding the performance of a *Single-Brand SH Solution* than regarding the performance of a *Standalone Open Source SH Solution*. However, they also believe they rather have the necessary facilitating conditions for the usage of a Standalone Solution than for the Single-Brand one.

Furthermore, several recommendations to enhance the acceptance of SH technology were derived. To enhance people's PE, the marketing should show potential customers that they can save time and money. Companies, for instance, can focus on the reduction of energy costs by using SH technology. To decrease the EE and give customers the feeling that SH technology is easy to use, there needs to be a focus on the simplicity of the installation of the technology and the interaction with the products. To achieve a positive SI, it is highly recommended to highlight situations in which groups successfully interact with the system. The last way is to influence the degree to which people think they have the necessary framework for the use (FC). This can be managed by providing additional content, for example about compatibilities with other technologies. Summarized, SH marketing should focus on the aspects of saving time and money, the simplicity of installation, and the few necessary requirements. Ideally, this is combined with authentic customer recommendations.

6.3.7 Limitations

There are a number of limitations to the current study. Due to the fact, that all respondents are from Germany, the results can only be interpreted for the German market. Also, young women were overrepresented in the sample. A second limitation of the study is the suboptimal measurement model. Future studies should try to refine the current study with a better measurement of the constructs. The third limitation of the study is based on two SH concepts. They are just the two most common concepts in the market. However, there are other concepts that could have different determinants for acceptance and this should also be examined in the future.

6.3.8 Conclusion

In all, UTAUT seems to be a suitable research framework for the acceptance of SH technology. The developed model has high explorative power. Performance Expectancy, Effort Expectancy, Social Influence, and the Facilitating Conditions were identified as success factors for the acceptance of SH technology. Although there were no differences found in the success factors for the acceptance, the respondents had different perceptions of the two concepts. Respondents expect a higher performance of the single-brand solution, but also think they fulfil the necessary conditions for a usage less. For the marketing of SH appliances all this highlights the need to improve the communication of the possible benefits for the private living environment, clarify the necessary requirements and create a positive image for SH Devices.

The authors

In august 2018, **Gabriela Salomon** successfully finished her Master of Science in Business Psychology with an empirical study about the success factors of the acceptance of SH technology concepts. She also completed her Bachelor's degree in Business Psychology at the Stuttgart University of Applied Sciences in 2016.
Contact: g.salomon@live.de

Prof. Dr. Patrick Müller has been Professor of Business Psychology – HRM at the Stuttgart University of Applied Sciences since 2012. He studied psychology and business administration in Mannheim and Waterloo, Canada. He received his doctorate at the University of Mannheim on the formation of justice judgments and their impact on economic decisions. After completing his doctorate, he taught as an assistant professor at the University of Utrecht in the Netherlands. He also worked in an international HRM consultancy and as a manager in the HR department of a large service company. He advises companies on talent management topics and is the author of numerous scientific publications on business psychology topics.
Contact: patrick.mueller@hft-stuttgart.de

References

Abicht, L., Brand, L., Freigang, S., Freikamp, H., & Hoffknecht, A. (2010). Internet der Dinge im Bereich Smart House. Retrieved from http://www.frequenz.net/uploads/tx_freqprojerg/Abschlussbericht_Id__im_Smart_House_final.pdf.

Birchley, G., Huxtable, R., Murtagh, M., Ter Meulen, R., Flach, P., & Gooberman-Hill, R. (2017). Smart Homes, private homes? An empirical study of technology researchers' perceptions of ethical issues in developing smart-home health technologies. *BMC medical ethics, 18*(1), 23.

Cohen, J. (1988). *Statistical power analysis for the behavioral sciences*. Hillsdale, NJ: Taylor & Francis.

Esposito Vinzi, V., Chin, W. W., Henseler, J., & Wang, H. (2010). *Handbook of partial least squares: Concepts, methods and applications*. Heidelberg: Springer.

Ghalandari, K. (2012). The effect of performance expectancy, effort expectancy, social influence and facilitating conditions on acceptance of e-banking services in Iran: The moderating role of age and gender. *Middle-East Journal of Scientific Research, 12*(6), 801–807.

Hair, J. F., Hult, G. T. M., Ringle, C., & Sarstedt, M. (2016). *A primer on partial least squares structural equation modeling (PLS-SEM)*. Thousand Oaks: Sage.

Hair, J. F., Sarstedt, M., Hopkins, L., & G. Kuppelwieser, V. (2014). Partial least squares structural equation modeling (PLS-SEM) An emerging tool in business research. *European Business Review, 26*(2), 106–121.

Halaszovich, T. F. (2010). *Neuprodukteinführungsstrategien schnelldrehender Konsumgüter: Eine empirische Wirkungsanalyse des Marketing Mix*. Wiesbaden: Springer.

Hulland, J. (1999). Use of Partial Least Squares (PLS) in Strategic Management Research: A Review of Four Recent Studies. *Strategic Management Journal, 20*, 195–204.

Kazanli, S. (2016). Smart Home – Internet der Dinge im privaten Umfeld – Konzeption und Entwurf eines intuitiven Anzeige- & Bedienkonzeptes für eine Medienzentrale eines exemplarischen SH Services (Unpublished bachelor's thesis). Hochschule der Medien, Stuttgart.

Nunnally, J. C., & Bernstein, I. H. (1994). *Psychometric Theory (McGraw-Hill Series in Psychology)* (Vol. 3). New York: McGraw-Hill.

Schiller, K. (2018). Was ist ein Smart Home? Geräte und Systeme. Retrieved from http://www.homeandsmart.de/was-ist-ein-smart-home.

Rogers, E. M. (1983). Diffusion of innovations, New York: Free Press.

Splendid Research (2017). Smart Home Monitor Deutschland 2017. Retrieved from https://de.statista.com/statistik/daten/studie/757023/umfrage/interesse-an-smart-home-anwendungen-nach-geschlecht-in-deutschland/.

Venkatesh, V., Morris, M. G., Davis, G. B., & Davis, F. D. (2003). User acceptance of information technology: Toward a unified view. *MIS quarterly, 27*, 425–478.

Verbraucherzentrale Rheinland-Pfalz (2016). Vierten Verbraucherdialog „Smart Home" – Chancen nutzen, Risiken minimieren. Retrieved from https://mjv.rlp.de/fileadmin/mjv/Themen/Verbraucherschutz/Ergebnispapier_mit_Empfehlungen_zum_Verbraucher__und_Datenschutz_bei_Smart_Home_Angeboten_fuer_Anbieter_sowie_Verbraucherinnen_und_Verbraucher_.pdf.

Yoo, Y., Henfridsson, O., & Lyytinen, K. (2010). The new organizing logic of digital innovation: an agenda for information systems research. *Information Systems Research, 21*, 724–735.

6.4 Digital Automation of Customer Contact Processes – an Empirical Research on Customer Acceptance of different Chatbot Use-cases

Christiane Völkle and Patrick Planing

Abstract

Today's economy is characterized by accelerated technological change which increases the automation of processes in companies. At the same time customers increasingly expect easy and quick customer service at all times. Chatbots are one technology that can help to fulfill these needs by using process automation and thus can create a competitive advantage. While chatbots have a huge potential, an important question, which needs to be addressed in this context is in which situations chatbots can be used most effectively. This study takes up this question and indicates in which contact processes chatbots are useful from a customer's point of view. An experiment with 30 students was conducted to test and evaluate chatbots from different application areas. The analysis of the results shows that the participants perceive chatbots as easy to use and fast but that their trust in the technology's data security is one main reason for resistance. In sum, chatbots are suitable for providing quick answers to simple questions. For processing complex, intimate or costly requests, human employees are favored.

© Springer Fachmedien Wiesbaden GmbH, ein Teil von Springer Nature 2019
A. Lochmahr, P. Müller, P. Planing, T. Popović, *Digitalen Wandel gestalten*
https.//doi.org/10.1007/978-3-658-24651-8_6.4

6.4.1 Chatbots as a way of customer communication

Robot waiters, self-driving cars and supermarkets without cash desks (Trentmann 2014) what sounded rather like science fiction a few years ago, has now become reality. Work processes are increasingly automated in different industries, but new technologies can also simplify peoples' everyday lives. In this regard, the communication of human beings with computer systems using natural language becomes more important an aim that is pursued by developers of so-called chatbots (Gentsch 2018). These chatbots have a wide coverage due to their integration in messenger services and are estimated to revolutionize the interaction between human and machine (Rios 2016). Chatbots are applied cross-sectors and used both to support employees and to communicate directly with customers (Wilde 2018). This study will focus on chatbots used for customer contact processes. It is also important to note that chatbots operate either by voice recognition or text input, whereas in this context only text input is considered. The topic of chatbots has already been debated and researched in many ways, whereby the identification of useful fields of applications was an important issue. In line with a discussion recently put forward in the *Harvard Business Review* (Buell 2018), this paper will aim at the following research question: *in which parts of direct customer contact processes can chatbots be used most effectively from a customer's point of view?* To answer this question, a laboratory experiment was conducted.

6.4.2 Theoretical Background

6.4.2.1 Definition and types of Chatbots

In the literature, different definitions of the word *chatbot* can be found. Griol, Carbó and Molina (2013) define a chatbot as a software, with which the user can communicate in natural language. In this way, an interaction or conversation between the software and the user emerges. The understanding of chatbots often differs regarding the extent to which they are based on artificial intelligence. Sometimes they are described as „... powered by artificial intelligence" (Desaulniers 2016) while in some cases artificial intelligence isn't even mentioned. For this study, chatbots are defined as follows:

> ▶ "A chatbot is a software that simulates an interaction in natural language that partly is based on artificial intelligence."

There are differences in the programming of chatbots. Generally, rule-based and self-learning chatbots can be distinguished. Rule-based chatbots use existing texts and answers. Self-learning chatbots, in contrast, interact with users, establish new connections and therefore are considered as artificial intelligent (Holub 2017). Frequently, companies integrate chatbots into their websites, apps or into messenger services (Gentsch 2018). The computer systems mostly are used for commercial purposes, for example to facilitate customer service, but also are applied for non-commercial aims or in the health sector (Lester et al. 2004)

6.4.2.2 Application areas of Chatbots from a customer's point of view

Applying chatbots for customer contact processes has several advantages: The firm and the customers get into contact easily with each other due to the embedding of chatbots in messenger services. Apart from easy service, customers increasingly expect it to be quick and available at all times (Maddox 2018). With the application of chatbots for automating easy concerns companies can fulfill these expectations and save service costs. As a result, the customers are measurably more satisfied what in turn can lead to loyal customers (Dämon 2017). The market research firm YouGov (2017c) asked 997 persons about reasons for the use of chatbots. The most important benefits for the participants are 24/7-service (62 percent) and the skirting of phone loops (61 percent). 2000 persons were asked about reasons against the use of chatbots (YouGov 2017d). More than half of the respondents criticizes the lack of skills to handle individual or complex inquiries. About a third of the participants sees the problem of insufficient data protection and the lack of technical maturity. Based on the previous explanations, some beneficial chatbot use-cases can be derived. As already mentioned, saving time is an important benefit of chatbots. In addition, a study of Kumar and Telang (2012) showed a reduction in phone calls to a call center by letting customers research simple, unambiguous information online. Thus, it isn't surprising that nearly 40 percent of the 1.500 participants in a survey of Fittkau & Maaß Consulting (2017) think that chatbots are appropriate for getting answers on easy questions quickly. In another survey of YouGov (2017b) with 205 participants, 69 percent would communicate with a chatbot to get easy information such as weather.

Apparently, easy and unambiguous issues are evaluated as useful applications. But as already outlined, customers don't trust in the chatbots' reliability regarding complex inquiries and think that their technology isn't mature yet. Besides, the calls to the call center in Kumar and Telang's (2012) study rose when processing ambiguous, complex requests. The assumption that chatbots aren't seen as equally competent and reliable in different application areas can be confirmed in a survey with 997 participants: Only a quarter of them would communicate with a chatbot for orders related to spending a lot of money and 37 percent for complaints or claims (YouGov, 2017a). In the survey of Fittkau & Maaß Consulting (2017), asking a chatbot for help if technical service problems occur is seen as useful by 16 percent of the respondents.

In the health sector a study indicated that the implementation of e-visits leads to more visits to the doctor (Bavafa et al. 2017). A probable cause for this could be that humans are social beings which need human contact (Buell 2018). This is confirmed by the fact that regarding personal problems such as health, the willingness to use chatbots is very low: Only 24 percent of the respondents in a survey of YouGov (2017a) would use chatbots for such requests. Furthermore, a study found that humans who are worried about their state of health are seeking advice from a colleague, friend or expert (Buell 2018).

6.4.2.3 Summary and Research Objectives

Based on the current state of research outlined so far, chatbots aren't accepted equally in every use-case. Possible differences can depend on the complexity and emotionality of the request. Thus, the following research question was derived: *In which parts of direct customer contact processes can chatbots be used most effectively from a customer's point of view?*

6.4.3 Methodology to derive Acceptance Factors for Chatbots

To answer this question, an empirical study in the form of a laboratory experiment was conducted.

For each participant, the independent variable was measured for each experimental condition, so a within-subject design was used. Besides, a mixed-methods approach was applied (Kelle 2014). The experiment took place in a laboratory of the HFT Stuttgart University. As a first step, the participants chose a random order of the chatbots which they tested. Afterwards they filled out a questionnaire on demographic data and went to a separated room with a laptop. The participants got a problem for the first chatbot which they solved with the aid of this chatbot. Then a questionnaire was filled out recording the participants' opinion about the chatbot.

6.4 Digital Automation of Customer Contact Processes

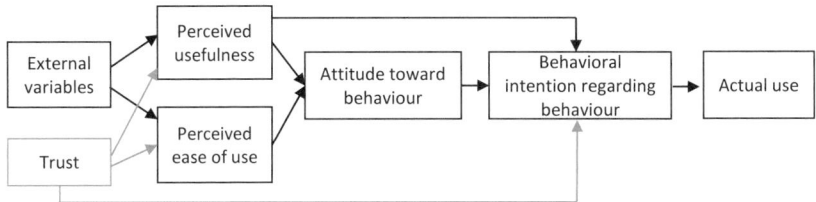

Abb. 6.13 Extended TAM (Source: based on Davis et al. 1989)

This process was revised for each chatbot. In the end of the experiment a semi-structured interview was conducted.

The selection of the chatbots was based on possible differences in the user acceptance concluded earlier. Kayak, the chatbot of a travel search engine, is an example for an application in information search about products and services (KAYAK News 2016). Chatbot Persil helps the user to remove stains and represents an assistant for customer service problems (CodeFlügel GmbH 2018). Finally, chatbot Gyant asks about disease symptoms and makes a diagnosis (Gyant 2018). Here the chatbot is applied for personal, complex problems.

The selection of the participants was completely random. 30 students were recruited for the experiment in total and before conducting the experiment, a pretest was conducted.

For the experiment, two questionnaires and an interview guideline were created. The first questionnaire included general questions regarding demography. The items of the second questionnaire were developed out of the measurement of the dependent variable, the user acceptance. One model to explain the acceptance of new technologies is the *Technology Acceptance Model (TAM)* of Davis et al. (1989) which was applied for the present study. The central message of this model is that information technologies are accepted by users, when they see them as useful and easy to use (Jockisch 2010). The basic elements (see fig. 6.13) are the perceived usefulness and ease of use which are influenced by external variables. These exert influence on the attitude, behavioral intention regarding the usage and thus on the actual usage (Davis et al. 1989).

For this paper, the component trust was added to the model due to its investigated importance in the context of online activities. The results of a meta-analysis of Wu et al. (2011) for example showed a positive influence of trust on the usability, ease of use and behavioral intention. In accordance with the explanations on the TAM, two hypotheses were formed for every component (see table 6.3).

Table 6.3: Hypotheses (own representation)

$H_1 1$	There is a difference regarding the understanding of the mode of communication with the chatbot between the groups.	Ease of use
$H_1 2$	There is a difference regarding the perception of the ease of operation of the chatbot between the groups.	
$H_1 3$	There is a difference regarding the trust towards the chatbot in the data protection between the groups.	Trust
$H_1 4$	There is a difference regarding the perception of the reliability of problem solving with such a chatbot versus conventional communication channels.	
$H_1 5$	There is a difference regarding the perception of the rapidity of problem solving with such a chatbot versus conventional communication channels.	Usefulness
$H_1 6$	There is a difference regarding the perception of the reasonableness of using such a chatbot for problem solving between the groups.	
$H_1 7$	There is a difference regarding the prospective preference of using such a chatbot for problem solving between the groups.	Behavioral intention
$H_1 8$	There is a difference regarding the intention to recommend using such a chatbot for problem solving between the groups.	

Based on these hypotheses the items of the second questionnaire were developed. As an answer format, the Likert scale was used which ranged from one (strongly disagree) to five (strongly agree) (Döring & Bortz 2016).

Finally, the guideline for a semi-structured interview was designed. The content of the questions was supposed to justify results of the quantitative analysis and to make special use-cases a subject of discussion.

6.4.4 Analysis and Results of the Experiment

6.4.4.1 Descriptive Statistics

The 30 students were between 19 and 54 years old (M = 23.37, SD = 6.33). 25 of these subjects (83,3 percent) were female, only five (16,7 percent) male. 27 of the students (90 percent) have already known chatbots, 17 (56,7 percent) already used them before the experiment.

For the analysis of the hypotheses, statistical significance tests in the form of analyses of variance (ANOVA) with repeated measures were conducted for every hypothesis at a five percent significance level (Döring & Bortz 2016). In the case of significant test results, post hoc tests with Bonferroni-correction were applied (Field 2013).

6.4.4.2 Hypotheses Testing: Ease of use

For the review of possible differences in the ease of use between the chatbots, the hypotheses one and two were analyzed. Figure 6.14 shows that the means of group Persil are the highest regarding both items, followed by Gyant and Kayak.

The test results show a significance of $p < .05$, thus the null hypotheses are rejected. Post hoc tests show, that only the differences between the chatbots Persil and Gyant as well as Persil and Kayak are significant: Persil is perceived as more understandable regarding the mode of communication and easier to operate than the other chatbots.

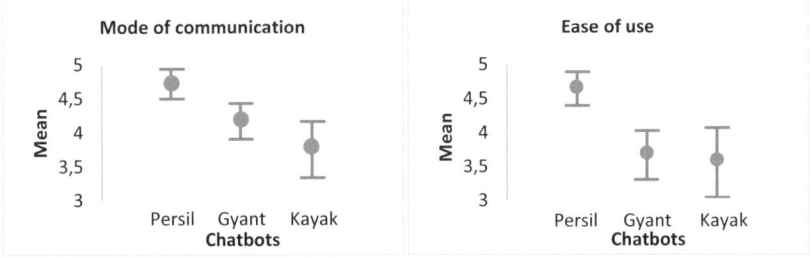

Abb. 6.14 Means and confidence intervals item one and two (own representation)

6.4.4.3 Hypotheses Testing: Trust

The hypotheses three and four were analyzed to find differences in trust. Only small mean differences regarding item four, but clear ones concerning item five can be pointed out: The mean of group Persil is higher than Kayak's and the lowest is Gyant's (see fig. 6.15).

Only the test result of item four is significant, so the third null hypothesis is assumed and the fifth rejected: There are only differences in trust between the groups regarding the perception of reliability. The post hoc tests show significance in all group combinations: The solution of a stain problem is perceived as most

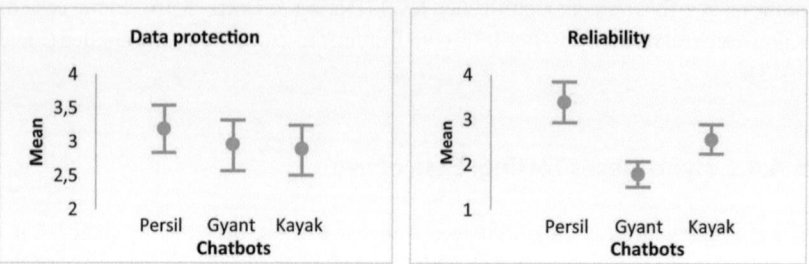

Abb. 6.15 Means and confidence intervals item three and four (own representation)

reliable with a chatbot such as Persil, compared to conventional methods. Besides, information search in this context is evaluated better than the help with health problems.

6.4.4.4 Hypotheses Testing: Usefulness

Differences in usefulness were tested with the hypotheses five and six. The mean of group Persil is higher than those of the other groups. Moreover, group Kayaks means are higher than those of Gyant (see fig. 6.16).

The test results are significant regarding both items, so the null hypotheses can be rejected. The post hoc tests for item six only show significant differences between the groups Persil and Gyant as well as Persil and Kayak. Those for item seven result in differences between the groups Persil and Gyant as well as Kayak and Gyant. This means that the solving of stain problems is perceived as faster with a chatbot than the information search or help with health problems. Besides, the

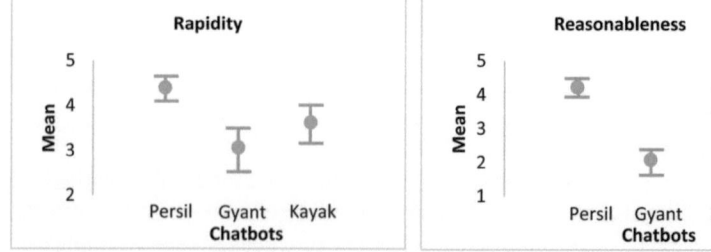

Abb. 6.16 Means and confidence intervals item five and six (own representation)

Abb. 6.17 Means and confidence intervals item seven and eight 7 (own representation)

application of chatbots in customer service and information search is rated as more reasonable than helping with personal problems.

6.4.4.5 Hypotheses Testing: Behavioral Intention

Differences between the groups regarding the behavioral intention were tested with hypotheses seven and eight. The highest mean can be pointed out regarding both items in group Persil, followed by Kayak and Gyant (see fig. 6.17).

The test results are significant, so both null hypotheses are rejected. Post hoc tests show differences between every group combination. This means, that chatbots such as Persil will rather be used and recommended than those for information search or the help with health problems. Besides, these behavioral intentions are stronger for information search than for the help with health problems.

6.4.5 Findings on the future application areas of chatbots

6.4.5.1 Implications from the Experiment Results

Chatbots are seen as predestined to get answers on easy questions quickly. However, if the problem becomes more complex or emotional, the help of a human employee is expected. These theoretical findings were underpinned by the results of the laboratory experiment. The application areas of the chatbots were evaluated differently regarding their usefulness: The help with problems regarding customer service as well as information search were assessed to be more useful than the help with personal problems. Main reasons regarding the former include the acceleration and simplification of problem solving and the assumption that the problem solving of chatbot and employee doesn't differ. Regarding the latter the participants worry about false diagnoses in the health sector. Besides, health is seen as complex and symptoms are difficult to describe. For practical reasons, appointment bookings emerged as another useful application of chatbots. Only half of the participants would use chatbots for travel booking due to feared errors and most of the participants reject bank account management for reasons of data security. Generally, the participants think that chatbots are easy to use, but their trust in the data security is expandable.

The results of this study include important scientific and economic implications. The so far conducted research regarding chatbots focused on their benefit for companies. This study focuses on use-cases that are useful from a customer's point of view instead. This knowledge can also be used to derive recommended action for the economy. Companies should apply chatbots consciously: First, a proper function of the chatbot should be ensured to avoid customers to be annoyed. Besides, the handling of data seems to be a critical issue, which is why transparent solutions should be developed. Due to the missing trust in chatbots' ability of solving complex problems, the automation of standard queries for the reduction of complexity is recommended initially. After the establishment of the chatbot, more complex queries can be integrated little by little. If a problem still is too demanding, the chatbot should be able to pass on the customer to a human employee. In this way, doubts concerning the competence are diminished and the companies can profit from the constant technological development. Until now, it seems that customers don't have enough trust in the technology to solve queries associated to a lot of money or personal issues like health. Therefore, chatbots should not be used in these application areas before the trust hasn't increased sufficiently.

6.4.5.2 Limitations and Recommendations for Further Research

A methodological limitation of this study is the external validity: The generalization of the results is rather low due to the artificial situation in the laboratory and therefore the participants could be acting unnatural. (Homburg 2017). Besides external validity, the chosen chatbots show potential difficulties. Their ease of use was perceived differently which might have distorted the evaluation of their applications. Further research should investigate possible sex or age differences regarding the evaluation of application areas so that companies can apply chatbots more consciously and adapted to target groups. What also would be interesting is the identification of possible differences depending on the users' foreknowledge or experiences regarding chatbots. With reference to the TAM, the following questions should be investigated more closely: Do they differ in their influence on the user acceptance? Which further components are relevant? With this knowledge, the customer acceptance could be increased and, in turn, new useful application areas would arise.

In conclusion, chatbots are accepted by customers whenever they ease or accelerate problem solving. This applies especially to uncomplicated requests, which are neither intimate nor associated with a lot of money. The creation of a comprehensive catalogue of criteria for the useful application of chatbots from a customer's point of view this is an objective which should be attained in the future.

The authors

Christiane Voelkle In August 2018 Christiane Voelkle finished her Bachelor's Degree in Business Psychology with a focus in the fields of Human Resources and Marketing / Market Research at Stuttgart University of Applied Science.
Contact: Christiane-voelkle@web.de

Prof. Dr. Patrick Planing Is a professor of Business Psychology at Stuttgart University of Applied Science. He has a research focus on innovation and consumer behavior.
Contact: Patrick.planing@hft-stuttgart.de

References

Bavafa, H., Hitt, L. M. & Terwiesch, C. (2017). The Impact of E-Visits on Visit Frequencies and Patient Health: Evidence from Primary Care.
Buell, R. W. (2018). The Parts Of Customer Service That Should Never Be Automated. *Harvard Business Review Digital Articles*, 2–5.
CodeFlügel GmbH (Ed.). (2018). Chatbots im Support. https://codefluegel.com/de/chatbots-imsupport/. Accessed 25th April 2018.
Dämon, K. (2017). Megatrend Chatbot: Was Chatbots der Wirtschaft bringen. https://www.wiwo.de/erfolg/trends/megatrend-chatbot-was-chatbots-der-wirtschaft-bringen/19997318.html. Accessed 23rd April 2018.
Davis, F. D., Bagozzi, R. P. & Warshaw, P. R. (1989). User Acceptance of Computer Technology: A Comparison of Two Theoretical Models. *Management Science*, 35 (8), 982–1003.
Desaulniers, S. (2016). Chatbots rise, and the future may be 're-written'. https://www.cnbc.com/2016/04/08/chatbots-rise-and-the-future-may-be-rewritten.html. Accessed 10th April 2018.
Döring, N. & Bortz, J. (2016). *Forschungsmethoden und Evaluation in den Sozial- und Humanwissenschaften* (5th ed.). Berlin: Springer.
Field, A. (2013). *Discovering statistics using IBM SPSS statistics* (4th ed.). London: Sage Publications Ltd.
Fittkau & Maaß Consulting (Ed.). (2017). In welchem Kontext sehen Sie geeignete Einsatzbereiche von Chatbots im Kundenkontakt?, Statista. https://de.statista.com/statistik/daten/studie/671295/umfrage/moeglicheeinsatzbereiche-von-chatbots-im-kundenkontakt/. Accessed 26th April 2018
Gentsch, P. (Ed.). (2018). *Künstliche Intelligenz für Sales, Marketing und Service*. Wiesbaden: Springer.
Griol, D., Carbó, J. & Molina, J. M. (2013). An automatic dialog simulation technique to develop and evaluate interactive conversational agents. *Applied Artificial Intelligence*, 27 (9), 759–780.
Gyant (Ed.) (2018). Hi there! I am Gyant, your health Chatbot. https://gyant.com/english/. Accessed 26th April 2018.
Holub, L. (2017). Whitepaper Chatbots. IQ mobile.
Homburg, C. (2017). *Marketingmanagement. Strategie – Instrumente – Umsetzung – Unternehmensführung* (6th ed.). Wiesbaden: Springer Gabler.
Jockisch, M. (2010). Das Technologieakzeptanzmodell. In G. Bandow & H. H. Holzmüller (Eds.), *„Das ist gar kein Modell!"* (p. 233–254). Wiesbaden: Springer Gabler.
KAYAK News (2016). NEU: KAYAK-Reisesuche über Facebook Messenger. https://www.kayak.de/news/kayak-facebook-messenger/. Accessed 25th April 2018.
Kelle, U. (2014). Mixed Methods. In N. Baur & J. Blasius (Eds.), *Handbuch Methoden der empirischen Sozialforschung* (p. 153–166). Wiesbaden: Springer.
Kumar, A. & Telang, R. (2012). Does the Web Reduce Customer Service Cost? Empirical Evidence from a Call Center. *Information Systems Research*, 23 (3), 721–737.
Lester, J., Branting, K. & Mott, B. (2004). Conversational Agents. In M. P. Singh (Hrsg.), *The Practical Handbook of Internet Computing* (p. 10-1–10-16). Boca Raton: Chapman & Hall/CRC.

6.4 Digital Automation of Customer Contact Processes

Maddox, M. (2018). Your customers are changing, your customer communications should too. https://www.enterpriseinnovation.net/article/your-customers-are-changingyour-customer-communications-should-too-1306468025. Accessed 19th April 2018.

Rios, F. (2016). Market Research and The Bot Revolution. Part 2. https://rwconnect.esomar.org/marketresearch-and-the-bot-revolution-part-2/. Accessed 12th March 2018.

Trentmann, N. (2014). Der chinesische R2D2 kocht und serviert das Essen. https://www.welt.de/wirtschaft/article133640605/Der-chinesische-R2D2- kocht-und-serviert-das-Essen.html. Accessed 31th March 2018.

Wilde, T. (2018). Customer Engagement mit Chatbots und Collaboration Bots: Vorgehen, Chancen und Risiken zum Einsatz von Bots in Service und Marketing. In P. Gentsch (Ed.), *Künstliche Intelligenz für Sales, Marketing und Service* (p. 138–149). Wiesbaden: Springer.

YouGov (Ed.). (2017a). Anteil der Befragten, die sich vorstellen können, in folgenden Situationen mit einem Chatbot zu kommunizieren, Statista. https://de.statista.com/statistik/daten/studie/747808/umfrage/absicht-dernutzung-von-chatbots-nach-einsatzbereichen-in-deutschland/. Accessed 26th April 2018.

YouGov (Ed.). (2017b). Der Chatbot als Ratgeber. Aus welchen Gründen würden Sie mit einem Chatbot kommunizieren wollen?, Statista. https://de.statista.com/infografik/9081/wofuer-die-deutschen-einenchatbot-nutzen-wuerden/ Accessed 26th April 2018.

YouGov (Ed.). (2017c). Was spricht aus Ihrer Sicht grundsätzlich für die Nutzung von so genannten „Chatbots"?, Statista. https://de.statista.com/statistik/daten/studie/747822/umfrage/gruende-fuerdie-nutzung-von-chatbots-aus-kundensicht-in-deutschland/ Accessed 25th April 2018.

YouGov (Ed.). (2017d). Was spricht aus Ihrer Sicht grundsätzlich gegen die Nutzung von so genannten "Chatbots"?, Statista. Retrieved from https://de.statista.com/statistik/daten/studie/747801/umfrage/vorbehaltegegenueber-chatbots-aus-kundensicht/. Accessed 25th April 2018.

MIX
Papier aus verantwortungsvollen Quellen
Paper from responsible sources
FSC® C105338

If you have any concerns about our products,
you can contact us on
ProductSafety@springernature.com

In case Publisher is established outside the EU,
the EU authorized representative is:
Springer Nature Customer Service Center GmbH
Europaplatz 3, 69115 Heidelberg, Germany

Printed by Libri Plureos GmbH
in Hamburg, Germany